STADT UMBAU 2010
Wir bauen für Sie um !
23.01.04 Workshop "Aufheben der Mitte" // 13. - 19.02.04 Ausstellung der Ergebnisse
Canon
CanoScan N650U

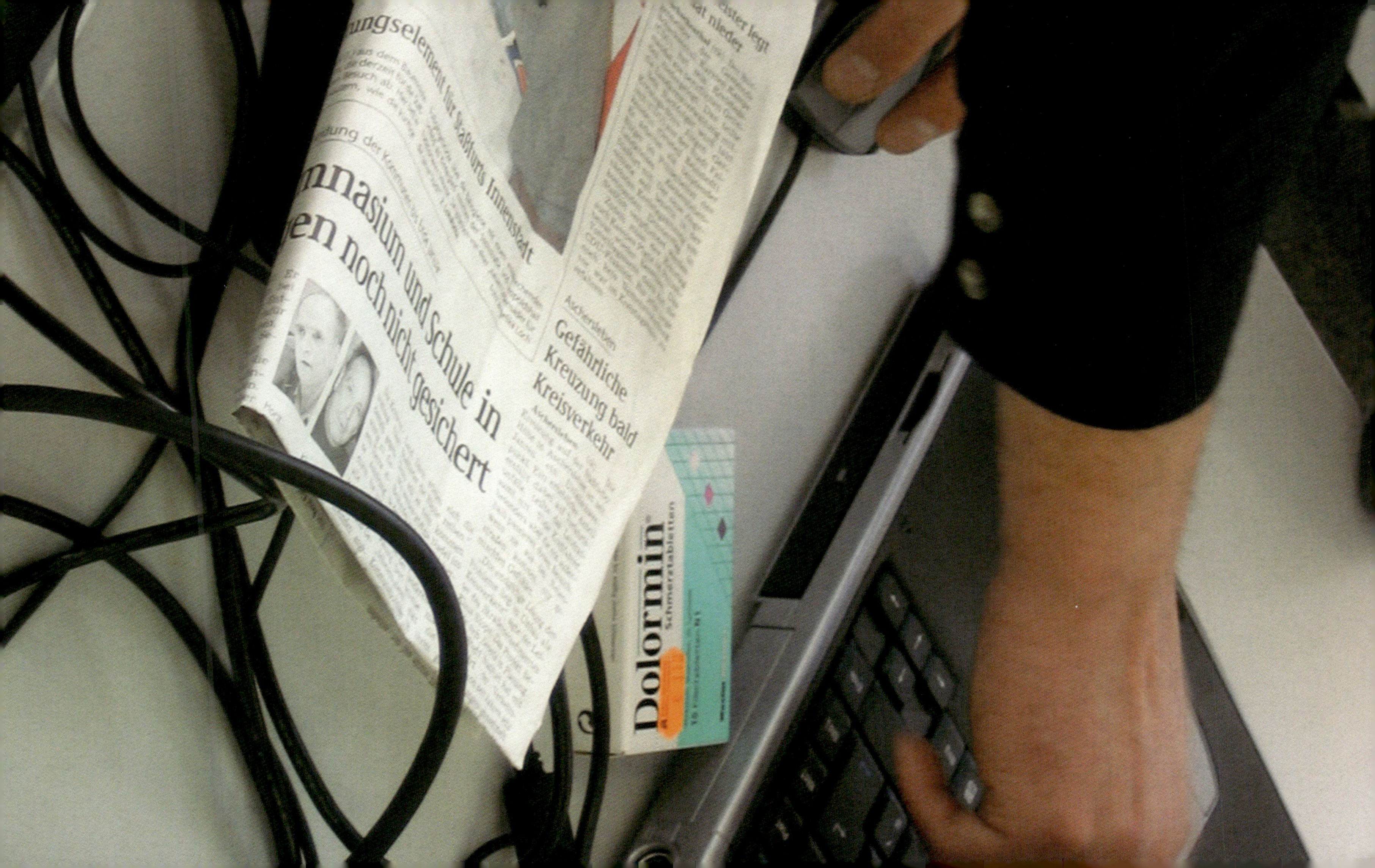
ungselement für Saßfurts Innenstadt
mnasium und Schule in
en noch nicht gesichert
ster legt
at nieder
Gefährliche
Kreuzung bald
Kreisverkehr
Dolormin
Schmerztabletten

EDITION BAUHAUS BAND 15 HERAUSGEGEBEN VON DER STIFTUNG BAUHAUS DESSAU

Die Stiftung Bauhaus Dessau ist eine gemeinnützige Stiftung des öffentlichen Rechts. Sie wird gefördert durch das Land Sachsen-Anhalt, die Beauftragte der Bundesregierung für Kultur und Medien und die Stadt Dessau. The Bauhaus Dessau Foundation is a non-profit foundation under public law. It is funded by the federal state of Saxony-Anhalt, the Federal Government Commissioner for Cultural Affairs and the Media, and the city of Dessau.

Die Internationale Bauausstellung Stadtumbau Sachsen-Anhalt 2010 wird im Auftrag des Landes Sachsen-Anhalt vom IBA-Büro durchgeführt. Träger des IBA-Büros sind die Stiftung Bauhaus Dessau und die Landesentwicklungsgesellschaft SALEG. ■ The International Building Exhibition Urban Redevelopment Saxony-Anhalt 2010 was commissioned by the State of Saxony-Anhalt and is being carried out by the IBA Office. Participators of the IBA Office are the Bauhaus Dessau Foundation and the State Development Company SALEG. ■ Das Werk einschließlich aller Teile ist urheberrechtlich geschützt. Jede Verwertung ist ohne Zustimmung des Verlages unzulässig. Das gilt insbesondere für Vervielfältigungen, Übersetzungen, Mikroverfilmungen und die Einspeicherung und Verarbeitung in elektronischen Systemen. Copyright © 2005 jovis Verlag GmbH, Berlin ■ The entire work, including all its parts, is protected by copyright. No part of this publication may be used without the prior permission of the publisher. This applies, in particular, to any duplication, translation, microfilming or storage in retrieval systems. Copyright © 2005 jovis Verlag GmbH Berlin ■ Redaktion Editing Omar Akbar, Sonja Beeck, Martin Krems ■ Buchgestaltung Book design Kerstin Faber, Susanne Rösler ■ Übersetzung Translation Lucinda Rennison ■ Lithographie Lithography Galrev Druck- und Verlagsgesellschaft, Berlin ■ Druck und Bindung Printing and binding GCC Grafisches Centrum Cuno, Calbe ■ Gedruckt auf säurefreiem und chlorfrei gebleichtem Papier. Printed in Germany Printed on acid-free and non-chlorine bleached paper. Printed in Germany ISBN 3-936314-95-0

Die anderen Städte

IBA Stadtumbau 2010

Herausgegeben vom IBA-Büro
Edited by the IBA Office

Band 1: Experiment

JOVIS

Inhalt
Contents

Grußwort

Wolfgang Böhmer
Ministerpräsident des Landes Sachsen-Anhalt

Der demographische Wandel stellt uns alle vor besondere Herausforderungen. Er wird Politik, Wirtschaft und Gesellschaft für mehrere Jahrzehnte prägen. Neben Wachstumsregionen wird es in Ost- wie Westdeutschland Gebiete mit einem erheblichen Bevölkerungsrückgang geben, der zwar durch wirtschaftliche Innovationen, familienfreundliche Politik und gezielte Zuwanderung gebremst, aber nicht aufgehalten werden kann. Gleichzeitig schreitet der Strukturwandel in unserer Industrie- und Dienstleistungsgesellschaft mit hohem Tempo voran.

Diese Entwicklungen können nicht ohne Auswirkungen auf unsere Städte bleiben. Erscheinungsbild, Infrastruktur und Lebensqualität müssen wir rechtzeitig darauf ausrichten. Die offensive Auseinandersetzung mit der Thematik „schrumpfende Stadt" ist der erste Schritt dazu, diesen Prozess bewusst zu gestalten. Das ist der Sinn der Internationalen Bauausstellung Stadtumbau Sachsen-Anhalt. Wir wollen handeln statt reagieren, Chancen nutzen statt Entwicklungen hinnehmen. Die bisherigen Erfahrungen sind ermutigend. Die Städte Sachsen-Anhalts und die Bürgerinnen und Bürger haben große Bereitschaft signalisiert, vor Ort an den Gestaltungsprozessen mitzuwirken und offen über Abriss, Rückbau und neue Nutzungen zu diskutieren. Kein Bürgermeister kann es sich heute mehr leisten, an irreale Wachstumsszenarien zu glauben. Gefragt ist ein Realismus, der auch unter den Bedingungen des Bevölkerungsrückgangs die Voraussetzungen für wirtschaftliches Wachstum in zukunftsfähigen Sektoren und urbanes Leben in liebenswerten Städten schafft.

Im Abschlussjahr 2010 der IBA Sachsen-Anhalt wollen wir Städte präsentieren, die unter den schwierigen Bedingungen des Wandels innovative und kreative Lösungen entwickelt haben. Wir wollen zeigen, dass der mutige Umgang mit neuen Herausforderungen der beste Beitrag zur Zukunftsfähigkeit unseres Landes ist. Auch die IBA soll zeigen: Sachsen-Anhalt ist überraschend anders.

Wolfgang Böhmer
Minister President of the State of Saxony-Anhalt

Demographic change poses exceptional challenges for us all, and it will continue to shape politics, the economy and society for several decades to come. Besides regions of growth, there will be areas in East and West Germany that experience a considerable decline in population. This can be decelerated by economic innovation, by policies favouring families and by a well-directed relocation of the labour force, but it cannot be arrested fully. At the same time, structural change in our industrial and service society is progressing at high speed.
These developments will inevitably have an effect on our cities. We need to adjust their appearance, infrastructure and quality of life in response to this state of affairs. The offensive debate on "shrinking cities" is a first step towards a conscious structuring of this process. That is the significance of the International Building Exhibition (IBA) Urban Redevelopment Saxony-Anhalt. We aim to act rather than to react, to use opportunities rather than to merely accept developments. Our experiences so far have been encouraging. The cities of Saxony-Anhalt and the citizens have indicated great readiness to participate in the redevelopment process and to hold open discussions on demolition, reduction and new usages. No city mayor today can afford to believe in unrealistic scenarios of growth. What is needed is a realism that creates the preconditions for economic growth in sectors with a future, and facilitates urban life in attractive cities - despite the decline in population.
In 2010, the final year of the IBA Saxony-Anhalt, we wish to present cities that have developed innovative and creative solutions under difficult conditions of change. We wish to show that a courageous approach to new challenges is the best contribution that can be made to a positive future for our state. The IBA also aims to demonstrate that Saxony-Anhalt is surprisingly different.

Die demographische Entwicklung, die Ziele des Stadtumbaus und die IBA

Karl-Heinz Daehre
Minister für Bau und Verkehr des Landes Sachsen-Anhalt

Nach den Ergebnissen der 3. Regionalisierten Bevölkerungsprognose des Landes Sachsen-Anhalt werden bei einer Fortdauer der heutigen Trends 2020 noch gut zwei Millionen Menschen in Sachsen-Anhalt leben. Bevölkerungsprognosen sagen keine zwangsläufigen Entwicklungen voraus. Sie zeigen aber auf, welche demographischen Veränderungen eine Region erfahren kann, wenn die gegenwärtigen wirtschaftlichen, sozialen und ökologischen Trends fortbestehen.

Nicht nur für Sachsen-Anhalt und die anderen ostdeutschen Länder, sondern auch für eine Reihe westeuropäischer Regionen verlangt dies ein Umdenken in vielen Politikfeldern, vor allem aber in der Raum- und Siedlungsentwicklung. Der demographische Wandel braucht Gestaltung – Stadtumbau als kreative Erneuerung, Stadtentwicklung als geordneter Rückbau durch Schaffung familien- und altersgerechter Wohnungen und Infrastrukturen.

Damit die unumgängliche Schrumpfung der Städte nicht zu einer rückläufigen Entwicklung führt, müssen neue Lösungspfade gesucht und betreten werden, damit auch bei abnehmender Bevölkerung eine lebenswerte Zukunft in attraktiven Städten mit hoher Lebensqualität ermöglicht wird. Chancen dafür gibt es, denn eine dünnere Besiedlung eröffnet auch neue Freiräume der Lebensgestaltung mit weniger sozialen Konflikten, mit weniger Ressourcen- und Naturverbrauch.

In der Siedlungsgeschichte gab es auch früher Schrumpfung, leerer werdende Landschaften, Dörfer und Städte. Seitdem es allerdings den Städtebau als Wissenschaftsdisziplin gibt, ging es in Mitteleuropa grundsätzlich nur um das Wachstum der Städte. Nicht nur für Fachleute war und ist es deshalb eine völlig neue Herausforderung, Stadtentwicklung jetzt unter umgekehrten Vorzeichen sehen zu müssen. Das ist die große Aufgabe, die die Landesregierung für die Internationale Bauausstellung (IBA) in Sachsen-Anhalt formuliert hat.

Vorrangiges Ziel ist nicht nur der schnelle Abriss von Wohngebäuden, damit Wohnungsleerstand nicht vom betriebswirtschaftlichen zum gesellschaftlichen Problem wird und Stadtentwicklungschancen ernsthaft beeinträchtigt werden. Dazu gehören auch die Sanierung und Modernisierung des verbleibenden Wohnungsbestandes unter Berücksichtigung der Wünsche jetziger und zukünftiger Generationen.

Es gibt einen breiten politischen Konsens, dass der Markt allein – jedenfalls im Osten – eine Gesundung nicht leisten kann und daraus die Verantwortung des Staates zum Eingreifen und Gestalten erwächst.

Inzwischen stehen in Sachsen-Anhalt knapp 200.000 Wohnungen leer. Dadurch sind die Zukunftschancen ganzer Stadtteile mit einem Fragezeichen versehen.

Dieser Entwicklung wollen wir als Land mit allen zur Verfügung stehenden Möglichkeiten entgegentreten. Von großer Bedeutung wird dabei sein, den Stadtentwicklungsprozess unter Berücksichtigung der Interessen aller Beteiligten und Betroffenen weitgehend zu optimieren, im Wissen um die begrenzten finanziellen Handlungsspielräume. Bei der Moderation und der Steuerung dieses Umbauprozesses kommt den Städten eine Schlüsselrolle zu.

Zur Beseitigung des Wohnungsleerstandes und zur städtebaulichen Aufwertung haben Bund und Länder 2001 das Programm „Stadtumbau Ost" verabschiedet. Für den Zeitraum von 2002 bis 2009 steht für die Förderung von Abriss- und Aufwertungsmaßnahmen sowie für die Wohneigentumsbildung in innerstädtischen Altbauquartieren in Sachsen-Anhalt ein Fördervolumen von insgesamt rund 475 Millionen Euro zur Verfügung.

Die Politik muss neben der öffentlichen Förderung des Stadtumbaus aber auch die Rahmenbedingungen für einen beschleunigten Stadtumbauprozess im Blick behalten. Es geht darum, wie die Wohnungswirtschaft von Altschulden aus DDR-Zeiten für alle dauerhaft leer stehenden Wohnungen über die bisherige gesetzliche Regelung hinaus weiter entlastet werden kann, oder auch um die Befreiung von der Grunderwerbssteuer bei Fusionen von Wohnungsunternehmen. Wir brauchen Weichenstellungen, die den Investitionsspielraum der Wohnungswirtschaft für den Stadtumbau vergrößern – nicht zuletzt deshalb, weil die öffentliche Hand nicht in der Lage sein wird, die Kosten auch nur annähernd zu tragen.

Angesichts dieser großen Herausforderungen soll die IBA Sachsen-Anhalt eine interdisziplinäre Diskussion entfachen und moderieren, den Austausch von Erfahrungen auf nationaler und internationaler Ebene organisieren und zugleich modellhafte Beispiele für Stadtteile unterschiedlicher Typologie entwickeln und deren Umsetzung begleiten. Art und Maß der Öffentlichkeitsarbeit, der Bürgerbeteiligung, der Konsenssuche aller Akteure und Betroffenen sind hierbei auszuweiten, wenn die Identifikation der Bewohner mit der Stadt erhalten werden soll. Die Bewohner müssen auch in einer kleiner werdenden Stadt gern bleiben und deren Zukunft bewusst mitgestalten wollen.

Stadtumbau braucht einen langfristigen und großräumigen Entwicklungsrahmen. Dieser darf nicht statisch sein, sondern muss auf neue Entwicklungen reagieren. Deshalb müssen die vorhandenen Stadtentwicklungskonzepte regional, gesamtstädtisch und stadtteilbezogen fortgeschrieben werden. Nur so können sowohl Fehlsubventionen der öffentlichen Hand als auch an der künftigen Nachfrage vorbeigehende private Investitionen vermieden werden.

Wir leben in einer Phase des demographischen Übergangs, der nicht zur demografischen Falle wird, wenn wir die sozialen, wirtschaftlichen und ökologischen Veränderungen als eine Herausforderung betrachten und die Chancen für eine neue Raum- und Siedlungsentwicklung nutzen.

Demographic Change, the Goals of Urban Redevelopment and the IBA

Karl-Heinz Daehre
Minister for Building and Traffic of the State of Saxony-Anhalt

According to the results of the "Third Regional Prognosis on Population" made by the state of Saxony-Anhalt, if today's trends continue, slightly more than two million people will still be living in Saxony-Anhalt in the year 2020. Population prognoses do not inevitably predict true developments, but they do indicate the demographic changes a region may experience if the present economic, social and ecological trends continue.

In Saxony-Anhalt and the other East German states, but also in a number of West European regions, this situation calls for new ideas in many political fields, most especially in environmental and housing development. Demographic change demands creative input – urban redevelopment must be seen as creative innovation, city planning as organised reduction leading to apartments and infrastructures suitable for families and old people.

New solutions must be found and implemented so that the unavoidable shrinking of our cities does not lead to a reverse development, so that the future promises opportunities for a high quality of life in attractive cities, despite the decreasing population. Chances certainly present themselves, as a lower level of population opens up fresh leeway to develop an environment with fewer social conflicts, using fewer resources and involving less exploitation of nature.

Shrinking has been a phenomenon throughout the history of human settlement: landscapes, villages and towns have always experienced reductions in population. However, since urban planning became a scientific discipline, the fundamental question in Central Europe has been the growth of cities up until now. It is therefore a completely new challenge, not only for the specialists, to be compelled to view urban development the other way around. This is the considerable task which the state government has formulated for the International Building Exhibition (IBA) in Saxony-Anhalt.

The primary aim is not only rapid demolition of residential buildings so that vacant apartments do not develop from an economic into a social problem, seriously damaging opportunities for urban development. It also involves the renovation and modernisation of the remaining residential properties, bearing in mind the wishes of present and future generations.

There is wide political consensus that the market – at least in the East – cannot recover of its own accord, and the state's responsibility to intervene and actively shape things stems from this recognition.

Almost 200,000 apartments in Saxony-Anhalt are standing empty today. This means that the future of entire city districts is being thrown into question. As a state, we wish to oppose this development with every means available to us. In the process, it is essential to optimise the urban development process, taking into account the interests of all those directly hit or otherwise involved, while remaining aware of the limited financial leeway for action. The cities have a key role in presenting and guiding this process of reengineering.

In order to get rid of vacant property and improve the value of urban areas, the Federation and the states adopted the programme "City Redevelopment East" in 2001. For the period from 2002 to 2009, a volume of funds amounting to 475 million Euros will be available to finance demolition and improvement and to create privately-owned apartments in inner city districts of older housing in Saxony-Anhalt.

However, in addition to public funding of urban changes, the policy-makers must bear in mind the framework for rapid urban redevelopment. How, for example, can the property market's burden of past debt for all permanently vacant apartments from the GDR period be eased, above and beyond the legal regulations to date? Might exemption from land-transfer tax be possible in the case of fusion between property companies? We must set the agenda so that the property companies' ability to invest increases in order to benefit urban redevelopment – not least because public funds will not be able to bear anything like the full total of ensuing costs.

In face of these tremendous challenges, the IBA Saxony-Anhalt aims to trigger and chair an interdisciplinary discussion, to organise the exchange of experience on a national and international level, and at the same time to develop diverse typological models for city districts and subsequently supervise their realisation. In the course of this, the form and extent of publicity work, citizens' participation, and the consensus of all those involved must be improved if the inhabitants' identification with their city is to be maintained. It is necessary for all inhabitants, including those of shrinking cities, to actively wish to stay there and consciously participate in designs for their own future.

The redevelopment of our cities calls for a long-term, wide range of development. This cannot afford to be static, but must react to new trends. For that reason, the existing concepts of urban development must continue to expand with respect to region, city and district. This is the only way to avoid misplaced subsidies from public funds and private investment which fails to meet the true demands of the future.

We are living in a phase of demographic transition. However, if we view social, economic and ecological changes as a challenge and use the opportunities for a new approach to environmental and housing development, there is no reason why this should become a demographic trap.

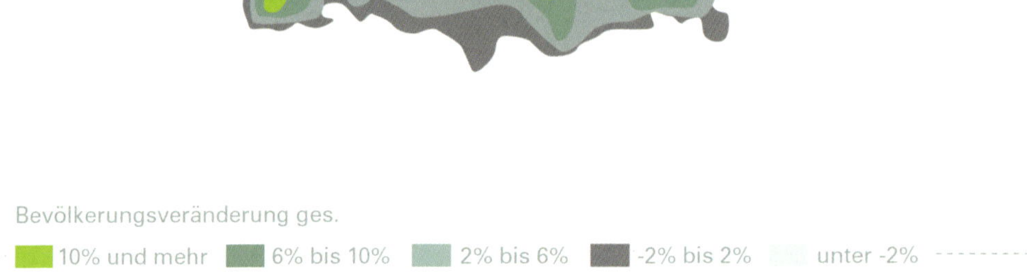
Bevölkerungsveränderung ges.
10% und mehr
6% bis 10%
2% bis 6%
-2% bis 2%
unter -2%

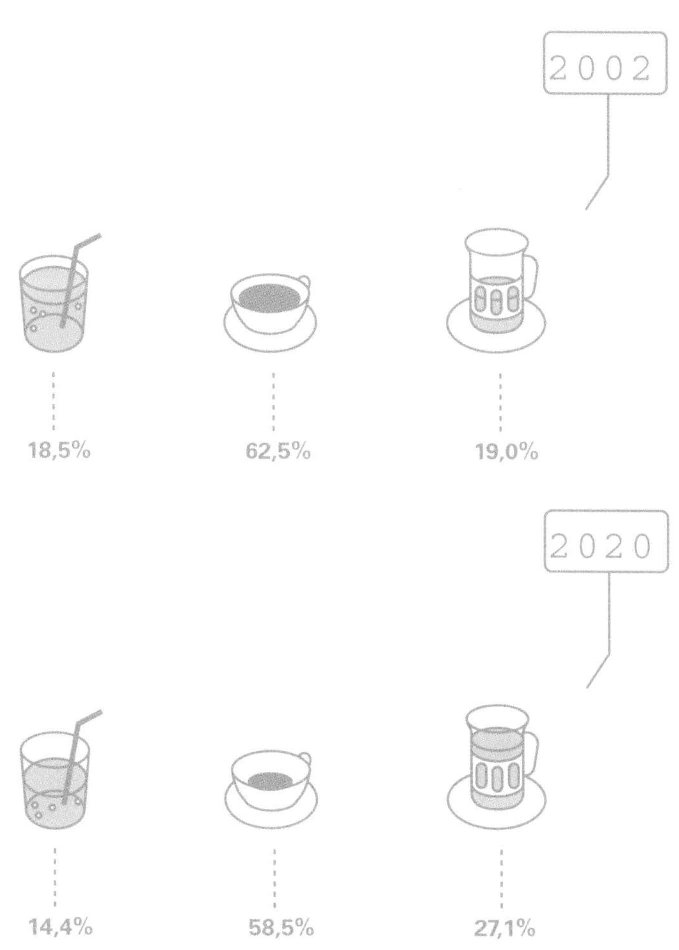
2002
18,5%
62,5%
19,0%
2020
14,4%
58,5%
27,1%

unter 20-jährige
20- bis unter 65-jährige

65 und älter

Schrumpfung – Herausforderung für die europäische Stadt

Omar Akbar
Elisabeth Kremer

Das „Ende der europäischen Stadt" ist ein Schlagwort, das seit Jahrzehnten durch den urbanistischen Diskurs geistert und nun mit dem Phänomen der schrumpfenden Stadt wieder auftaucht. In den siebziger Jahren wurde ihr Ende den städtebaulichen Entwürfen der klassischen Moderne zur Last gelegt; der mangelnde Respekt des Modernismus vor den Traditionen, sein Konzept der Funktionstrennung und der aufgelockerten Stadt würden die gewachsenen, kleinteiligen räumlichen Strukturen der europäischen Stadt zerstören. Doch auch der Trend zum Eigenheim am Stadtrand und zu den Großmärkten auf der grünen Wiese wurde als eine Amerikanisierung und Auflösung der europäischen Stadtstruktur betrachtet. Jetzt, da die Städte schrumpfen und vor dem Abriss von Gebäuden nicht mehr Halt gemacht werden kann, wird angesichts der Ausdünnung der baulich-räumlichen Struktur vor einem drohenden Verlust an Dichte und damit des genuin urbanen Charakters der europäischen Stadt gewarnt, ja Dichte scheint das zu sein, was das Urbane und mithin das Zivilisatorische überhaupt charakterisiert.
Doch in der Identifikation der europäischen Stadt und des Urbanen mit einer traditionellen Stadtgestalt und einer dichten Raumstruktur werden Entwicklungs- und Gestaltungsmöglichkeiten blockiert. Die schrumpfende Stadt kann so nur noch als Krisensymptom unter dem Aspekt des Niedergangs und des Verfalls wahrgenommen werden. Denn mit dem Bild einer europäischen Stadt wird häufig ein rückwärts gewandtes Desiderat aus dem Stadtbild des Mittelalters mit Stadtmauer, Zentralplatz und Hauptkirche und der bürgerlichen Stadt des 19. Jahrhunderts mit ihren Blockrandbebauungen, bürgerlichen Jugendstilhäusern und öffentlichen Plätzen beschworen. Es ist eine Stadt, die es so längst nicht mehr gibt und die inzwischen vielfachen Wandlungsprozessen unterworfen war. Der Marktplatz ist heute in den Zeiten einer globalisierten Konsumkultur längst den Shopping-Malls gewichen oder zum touristischen Ambiente aufgemöbelt worden. Und die Blockrandbebauung trennt heute längst nicht mehr das Private vom Öffentlichen ab, sofern das jemals der Fall war. Mit den medialen Kulturen der Zeitung, aber vor allem des Fernsehens, des Radios und des Internets überlagerten und verschränkten sich das Öffentliche und das Private, so dass es sich nicht mehr durch die baulichen Markierungen eines Innen und Außen definieren lässt.
Das jüngste Phänomen, das nicht nur in Ostdeutschland, sondern europaweit auftritt und mithin ein Teil der Prozesse ist, die europäische Städte charakterisieren, ist ihre Schrumpfung. Deindustrialisierung, arbeitsmarktbedingte Abwanderungen und demographischer Wandel hin zu einer älteren Bevölkerungsstruktur sind die

Auswirkungen eines weltweiten Strukturwandels, die den Bevölkerungsrückgang und die Schrumpfung in den ehemaligen industriellen Zentren Europas verursachen. Wie können nun die Tradition der europäischen Stadt für die schrumpfende Stadt und die Herausforderungen, die diese an die Planung stellt, neu interpretiert werden?

Hier soll nochmals ein anderes Verständnis der europäischen Stadt gewonnen werden, ein Verständnis, das die Identifikation der Stadt mit demokratischem Denken und emanzipativer Praxis im urbanistischen Diskurs als ein „symbolisches Kapital" zu nutzen trachtet. Denn, wie der Anthropologe Engin F. Isin in seiner Studie zu den europäischen Traditionen der Stadt erklärt: „It is impossible to separate the city, democracy and citizenship from each other."[1]

Auch für den Ethnologen Wolfgang Kaschuba ist es weniger die materielle Gestalt als vielmehr der ideologische, ja utopische Gehalt des Urbanen, der die besondere europäische Tradition der Stadt charakterisiert. Mehr als in ihrer Materialität erkennt er in ihrer ideengeschichtlichen Tradition einen symbolischen Überschuss, der die Bindungs- und Gestaltungskraft der europäischen Stadt ausmacht: „Sie war ein Modell politischer und sozialer Ordnung, das als Idee hohe Bedeutungsüberschüsse produziert und als Praxis gleichzeitig immer schon Funktionsdefizite aufwies. M. a. W.: Das Modell hat sich selbst schon früh fast mythische Qualität dadurch verliehen, dass es als Vorstellung von Bürgergesellschaft, von Stadtgesellschaft, von europäischer Stadt millionenfach beschrieben und bebildert wurde. (...) Dies (...) entfaltet über die funktionale Ebene hinaus eine zusätzliche Bindungs- und Gestaltungskraft."[2]

So ist auch die europäische Stadt einer der zentralen Topoi des Diskurses, mit dem die Kultur der Moderne und Postmoderne sich über sich selbst verständigt und reflektiert. Sie ist zu einem Ideenreservoir der Gestaltung geworden und hat verschiedene Internationale Bauausstellungen und Architekten inspiriert. Deshalb sollen hier die Diskurse über die europäische Stadt nochmals vergegenwärtigt werden, um sich über den Wandel des Urbanen zu verständigen und jenseits der allzu engen typologischen Fixierungen nach neuen Denkfiguren und Gestaltungsmöglichkeiten des Urbanen in der Schrumpfung zu suchen.

Die Erzählung der europäischen Stadt

Für Max Weber lag das spezifisch Europäische der Stadt oder besser: der besondere Beitrag Europas zur Geschichte der Stadt weniger in ihrer baulich-räumlichen Gestalt als vielmehr in ihrem spezifischen politischen und kulturellen Charakter. Nach ihm zeichnet sich die europäische Stadt durch ihren „Verbandscharakter" und „den Begriff des Stadtbürgers" aus.[3] Grundkonsens des städtischen Verbandes ist die gegenseitige Anerkennung der Bürger als Gleiche. Zweck dieser Korporation ist die gemeinsame Regulierung der wirtschaftlichen, rechtlichen und kulturellen Anliegen der Stadt. Der Verbandscharakter ermöglicht die nötige Flexibilität, auf wandelnde Gegebenheiten wirtschaftlicher, kommunikativer, politischer oder sozialer Art zu reagieren. Dieser demokratische Grundkonsens und die Zivilität des

Städtischen ist auch prägend für die urbane Kultur, für den öffentlichen Umgang miteinander.

Denn Max Weber begreift die Stadt als „eine Zusammensiedelung von Ortsfremden". So ist die genuine Existenzweise des Städters nicht nur Sesshaftigkeit oder Ortsgebundenheit, sondern auch Migration, Mobilität, Austausch und Kommunikation. Auch für Georg Simmel ist Fremdheit die Grundlage seiner Theorie der Großstadt des 19. Jahrhunderts und ihrer bürgerlichen Kultur. In der Begegnung von Fremden gewährleistet der zivile Umgang miteinander jene Distanz in der Nähe, die einen Umgang mit dem Verschiedenen als Gleichem ermöglicht. Jeder und jede wird als Gleicher und Gleiche behandelt, unabhängig von der geographischen Herkunft, der sozialen und ethnischen Zugehörigkeit, den politischen oder religiösen Überzeugungen. Die Anonymität der Großstadt und die zivile Reserviertheit ermöglichen sowohl Schutz für Minderheiten, Abweichungen und Besonderheiten wie auch die Liberalität und Indifferenz, damit umzugehen. In dieser Freiheit des städtischen Lebens, das sich den Begrenztheiten und der Enge der sozialen Kontrolle kleiner Gruppen wie Nachbarschaften und Familienverbände entzieht, liegt für Simmel auch das Entwicklungspotential der Stadtkultur. Sie fördert das Bestreben nach Individualität, danach, sich selbst zu stilisieren, um sich von anderen zu unterscheiden, und bringt so eine Vielfalt und Heterogenität der Interessen und damit auch eine zunehmend arbeitsteilige und komplexe Differenzierung der Wirtschaftstätigkeit hervor.[4] An diesen Diskurs der europäischen Stadt als Ort des Stadtbürgertums, der lokalen politischen Selbstbestimmung und Emanzipation, als Ort einer weltoffenen Lebensweise und der Begegnung mit dem Fremden wurde in der Stadttheorie auf vielfache Weise angeknüpft. So bezeichnet auch Armin Nassehi die Stadt als eine „Inklusionsmaschine", in der unterschiedliche Formen der Lebensführung und vielfältige Lebensstile synchronisiert werden, gleichzeitig nebeneinander und miteinander existieren. Und auch für Nassehi macht diese Heterogenität des Städtischen die innovative Kraft des Urbanen aus.[5] Doch dieses Bild der Integrationskraft und der Dynamik der europäischen Stadt verliert an Farbe und Leuchtkraft. Denn zunehmend treten soziale und politische Gruppen in den Arenen der städtischen Öffentlichkeit auf und monieren ebenso wie Stadtforscher, dass die Integrationskraft des Leitbildes einer europäischen Stadt vor allem auch darauf beruhte, dass sie die Gleichheit und Vielfalt ebenso wie den Zuzug von Fremden begrenzte. Die Kehrseite einer solchen Form von Integration, die sich an den Werten der bürgerlichen Lebensführung orientiert, waren und sind auch soziale Ausgrenzung, Unterdrückung und Segregationen.[6] Gerade an Max Weber lässt sich eine eurozentristische Denkweise aufzeigen, entfaltet er doch die Identität der europäischen Stadt im symbolischen Feld der Opposition von Okzident und Orient. Er rekonstruiert jenen Mythos der europäischen Stadt und der europäischen Geschichte, die den Stadtdiskurs der Aufklärung und des Bürgertums des 19. Jahrhunderts begründete. Die große Erzählung der europäischen Stadt nimmt ihren Ausgang bei der griechischen Antike und der Polis, zitiert die römische Republik und den tugendhaften Bürger, die freien Reichsstädte des Mittelalters und schreibt diese Traditionen ungebrochen bis heute fort – wieder und wieder wird in Entwürfen, Essays und Studien von Architekten und Stadtforschern die Agora, die Polis und das Forum zitiert. Diese Erzählung des Europäischen bringt wie bei Weber auch ihr Anderes hervor, da er die europäische mit der asiatischen Stadt und ihrer despotischen Herrschaftsform kontrastiert. Weber verkennt dabei, dass auch die europäische Stadt ihre Wiege in Kleinasien hatte, jüdische Bewohner ihre Kultur nachhaltig prägten, die arabische Kultur mit den Städten Spaniens und Italiens verschmolzen ist, die Völkerwanderungen aus dem asiatischen Raum Europa beeinflussten, was nichts anderes heißt, als dass die europäische Stadt im Laufe der Geschichte durch sehr viele unterschiedliche, auch außereuropäische Kulturen, durch Fremde, geprägt wurde. In dieser Verkennung wird im bürgerlichen Stadtdiskurs eine europäische Identität erzeugt, die auf der Abwehr und Nichtanerkennung asiatischer, jüdischer und arabischer Kulturen beruht. Ihre Einheit gründet sich auf der Dichotomie von Zivilisation und Barbarei, die ja bereits bei den Griechen und Römern eine gängige war und alles Fremde zum Barbarischen erklärte, mit der Absicht, die eigene Überlegenheit zu bestätigen und den Anspruch auf Vorherrschaft zu legitimieren.[7] Diese Dichotomie von Barbarei und Zivilisation findet bis heute ihren Widerhall, wenn von einer „Amerikanisierung" der Stadt die Rede ist. Sie konstruiert den Gegensatz von europäischer Hochkultur und US-amerikanischer Massenkultur und legt nahe, dass die europäische Hochkultur, das Stadtbürgertum und die Kernstadt durch die US-amerikanische Massenkultur bedroht sei, da sie mit Eigenheim, Shoppingmall und ungehemmtem Automobilismus die Landschaft zersiedele und die Innenstadt als Brache verfallen lasse. Problematisch erscheint nicht nur, dass das „Wir", die europäische Identität, sich in der Nichtachtung und Abwehr anderer Kulturen gründet. Noch problematischer ist, dass ein solches Selbstverständnis verkennt, dass die europäischen Traditionen vielstimmig und vielschichtig sind, dass sie nicht an irgendwelchen geographischen Grenzen halt machen und auch fremde, andere Kulturen an der europäischen Geschichte mitwirkten und zum Teil der europäischen Identität, Teil des „Wirs" geworden sind. Das, was man mit den territorialen Grenzziehungen draußen halten wollte und will, ist längst zum „Drinnen" geworden. Und nicht nur die Abgrenzungen nach außen, sondern auch Ausgrenzungen nach innen konstituierten das Stadtbürgertum. Für Weber war das Stadtbürgertum, ebenso wie die Zuerkennung von politischen Rechten, an Besitz und Eigentum gebunden. Die Stadtgesellschaft Webers ist die Gemeinschaft der besitzenden Klasse und gebildeten Elite, und es wurden damit all diejenigen, die durch Lohnarbeit ihren Lebensunterhalt verdienen mussten, ausgeschlossen. Ebenso war die Individualität des Stadtbürgers, die Simmel beschreibt, eine bürgerliche und eine männliche. Arbeiter verfügten Anfang des 19. Jahrhunderts über keine eigene abgeschlossene Wohnung, die ihnen eine eigene Privatheit und damit Individualität garantierte. Auch Frauen gestand das Bürgertum keine selbstbestimmte Individualität zu, da ihnen der Zugang zur Öffentlichkeit und eine eigene öffentliche Stimme verwehrt blieben. In der Konzentration auf den bürgerlichen Charakter der Stadt wurde in der Stadttheorie städtische Politik und Kultur allzu einseitig an die bürgerlichen Formen der Lebensführung, ihre Moral und Ästhetik gebunden und damit jede andere Form der Lebensführung ausgeblendet.

Heterogenität und Aushandlung – die neue Urbanität

Spätestens seit den sechziger Jahren setzte ein Prozess der Liberalisierung und Pluralisierung der städtischen Kultur ein: Die Grenzen zwischen bürgerlicher Hochkultur und Populärkultur verschwammen, die Lebensstile vervielfältigten sich, jugendliche Szenen und Subkulturen wurden auf der städtischen Bühne sichtbar. Im Zuge der Liberalisierung wurde auch die politische Kultur, die Vorstellung der bürgerlichen Öffentlichkeit als einziger Öffentlichkeit der Stadt hinterfragt. Insbesondere die Städte waren Orte der neuen sozialen Bewegungen, die die bürgerlichen Rechte auch für Frauen, Homosexuelle und Minderheiten einforderten. Ebenso entstanden hier lokale Initiativen zur Verbesserung der urbanen Lebensqualität. Sie bildeten Gegenöffentlichkeiten und beeinflussten dabei auch maßgeblich die Stadtentwicklung. Erinnert sei hier nur an die Sanierung von Altbauvierteln, Milieuschutz, Stadtbegrünungen, Mieterinitiativen, Radwege usw. Diese Entwicklung stellt nicht den Verfall des öffentlichen Lebens dar, wie Sennett erklärte,[8] oder den Abschied von der europäischen Stadt, vielmehr wurden die europäischen Traditionen der Stadt genau von jenen reklamiert, die bisher davon ausgeschlossen waren, von den Frauen, sozialen Bewegungen und Minderheiten. Dabei haben sich die Stadt und ihre Kultur allerdings auch nachhaltig gewandelt.

So gibt es heute nicht mehr die lokale städtische Gemeinschaft oder Identität, die sich in einer bestimmten baulichen Gestalt niederschlagen könnte. Vielmehr gibt es plurale und oft auch konträre Interpretationen dessen, was das jeweilige Urbane ist und in welchen baulichen Konstellationen und Formen es sich zeigt. Ist das Urbane für die einen Einkaufen und Konsumieren in der Innenstadt und Wohnen in Suburbia, so ist es für andere die Möglichkeit, sich einer spezifischen Subkultur oder Szene anzuschließen; wieder andere besuchen Museen, Theater und Orte der Hochkultur und schätzen die bildungsbürgerlichen Traditionen der Stadt als das spezifisch Urbane. Bedeutet Mitbestimmung und Partizipation für die einen, in Parteien mitzuwirken oder in Ehrenämtern sich zu betätigen, so ist es für andere ihre Mitwirkung in Stadtteilinitiativen, in Szenen oder internationalen Organisationen, wo sie sich gleichzeitig in lokalen und globalen Kontexten bewegen.

Und Globalisierung bedeutet nicht nur, dass Unternehmen und Finanzmärkte sich über Ländergrenzen hinweg weltweit organisieren oder die Wissensmilieus einen kontinuierlichen internationalen Austausch pflegen. (West-)Europäische Städte werden auch durch die Zunahme von transnationalen Wanderungsbewegungen, den Migrationen aus Osteuropa, Afrika und Asien, in globale Zusammenhänge eingebunden. Diese neuen Milieus der Migranten sind vielleicht das extremste Beispiel für das, was für viele Stadtbewohner inzwischen gilt; sie haben ihre Heimat oder ihr Zuhause an mehreren Orten, ihre sozialen Netzwerke erstrecken sich über mehrere Städte und ihre ökonomischen Beziehungen und Transfers sind grenzübergreifend. Auch für die Bewohner der schrumpfenden Städte ist mit der

Abwanderung von Freunden, Familienmitgliedern und Verwandten ebenso wie mit den Arbeitspendlern das Leben in translokalen sozialen und ökonomischen Netzen zur vertrauten alltäglichen Realität geworden.

Angesichts dieses Wandels des Urbanen und des Zivilen der europäischen Stadt plädiert der Stadtplaner Ugo Rossi in seiner kritischen Auseinandersetzung mit dem Begriff der Öffentlichkeit bei Habermas für eine neue urbane Planungskultur, die unterschiedliche Öffentlichkeiten und Gegenöffentlichkeiten mit einbezieht: „Dass die Akteure (...) nicht nur öffentliche Ansprüche geltend machen, sondern diese aktiv an der Produktion des Raums teilhaben und damit Prozesse des urbanen Wandels ermöglichen. Das heißt nicht nur formalisierte politische Handlungen (wie Stadterneuerungsprogramme, Stadtentwicklungspläne und andere lokalpolitische Projekte) beeinflussen den städtischen Wandel, sondern ebenso die alltäglichen Praktiken der politischen Mobilisierung".[9]

Die europäische Stadt ist heterogen in ihren Formen der Lebensführung, der Lebensstile und der Stimmen des politischen Lebens; es sind nicht mehr die lokalen Eliten, die Politik bestimmen, sondern auf der lokalen Ebene existieren unterschiedliche Gruppen mit widerstreitenden Interessen. Mit seinem prozessualen Begriff von Öffentlichkeit transponiert Rossi diese Qualität des Städtischen auf die politische Ebene.

So besteht die Fortsetzung der europäischen urbanen Traditionen nicht so sehr in der Bestimmung einer europäischen Identität, der Wiederbelebung des Stadtbürgertums oder einer baulichen Dichte oder einer Revitalisierung der Innenstädte, sondern in der Anerkennung von vielfältigen, oft widerstreitenden Öffentlichkeiten, Interpretationen und Praktiken des urbanen Lebens. Die Anerkennung ihres Beitrags ebenso wie die Beteiligung von unterschiedlichen Interessengruppen an den Programmen der Stadtentwicklung bedeutet, die europäischen Traditionen der Stadt aus ihren Fixierungen herauszulösen und zu verflüssigen. Stadtentwicklung als einen alltäglichen kontinuierlichen Aushandlungsprozess zwischen verschiedenen Milieus und zwischen verschiedenen Interessengruppen auf der politischen Ebene zu begreifen – das macht die europäische Stadt aus. Ein solches Konzept von Urbanität geht über die bloße Partizipation hinaus, da es die aktive Mitwirkung und Mitgestaltung der städtischen Akteure anerkennt und einfordert. Es zielt auf ein qualitatives Potential städtischer Entwicklung, nämlich das der Kooperation, der Vernetzung und Verknüpfung.

Auch schrumpfende Städte benötigen Strategien der Entwicklung und Akteure, die diese Entwicklung tragen. So gilt gerade auch für schrumpfende Städte, dass sie auf ihre endogenen Potentiale zurückgreifen, ihre lokalen ökonomischen Ressourcen entwickeln und ihre kulturellen Traditionen und Qualitäten profilieren müssen, um sich in der Konkurrenz zu anderen Städten zu unterscheiden und zu behaupten. Für die Mobilisierung dieser lokalen Qualitäten ist die Kooperation der ökonomischen, kulturellen und kommunalpolitischen Akteure notwendig. Karl-Dieter Keim bezeichnet diese Strategie als die Entwicklung der institutionellen Kapazitäten der Stadt, da hier auf „die Verbindungsebene zwischen den Strukturmerkmalen und

dem individuellen Akteurshandeln" abgezielt wird.[10] Ein weiteres Potential ist die
Kooperation der Stadtplanung und -verwaltungen mit den Vertretern des zivilen
Lebens, den Kirchen, Vereinen, Initiativen und Organisationen, die als Multiplika-
toren innerhalb von Milieus, als Träger der Kulturen und Öffentlichkeiten städtische
Entwicklung mitgestalten und vorantreiben können. Gerade ihre kreativen Ideen,
ihre Aktivitäten und kontroversen Meinungen sind gefragt, wenn es um die neue
Nutzung von Leerständen geht. Doch auch Schrumpfung beschränkt die Städte
nicht auf das Lokale, sondern fordert einen überregionalen und auch internationalen
Horizont. Ebenso wie die profilierte Unterscheidung der Städte untereinander ist
die intraregionale Kooperation der Städte mit ihren suburbanen Vororten und die
arbeitsteilige ökonomische Verflechtung und interregionale Kooperation der Städte
miteinander notwendig, um sich Perspektiven in der Schrumpfung zu eröffnen und
die Lebensqualität der Bewohner und Bewohnerinnen zu sichern.

Schrumpfung als Experiment

Schrumpfung – sei es die langsame, allmähliche durch Abwanderung und fehlen-
den Nachwuchs oder die abrupte, gewaltsame durch Seuchen oder Krieg – ist ein
Phänomen, das in der Geschichte immer wieder auftritt. Die Muster allerdings, nach
denen sie sich vollzieht, sind nicht vergleichbar, und so gibt es auch keine Patent-
rezepte zum Umgang mit diesem Phänomen. Jede schrumpfende Region in jeder
Zeit steht vor der Aufgabe, ihren eigenen Weg zur Bewältigung der mit der
Schrumpfung verbundenen Probleme zu finden.

Mit der Transformation wurden die ostdeutschen Städte in die Prozesse des
globalen Strukturwandels eingelassen. Die internationalen Stadtdiskurse haben
sich in den letzten Jahren vornehmlich auf die Megalopolen und urbanen Agglo-
merationen konzentriert, deren Wachstum völlig unkontrolliert verlief und nicht
mehr durch herkömmliche Planungsmethoden steuerbar war. In den Megacities
konzentrieren sich Geld, Wissen und die Kontrollkapazitäten der international tä-
tigen Unternehmen. Sie ziehen die zukunftsträchtigen Potentiale der Wissens- und
Dienstleistungsgesellschaft, die wissensbasierten Dienstleistungen, technische
Entwicklungsfirmen, Unternehmens- und Finanzberatungen, Design und Marketing
geradezu magisch an. Doch weitgehend unbeachtet von den Stadtdiskursen blieb
bislang die Kehrseite dieses Prozesses der Konzentration: Die Zonen der Deindustrialisierung, der Abwanderung von gut qualifizierten Arbeitskräften und Know-how
und der sozialen Verarmung. Nordengland, das Saarland und das Ruhrgebiet sind
nur einige Beispiele für Regionen, die von hoher Arbeitslosigkeit und Bevölkerungs-
verlusten in Millionenhöhe gekennzeichnet sind. Sie konterkarieren das Bild der
„Boomtown", das in den Zeiten der New Economy in den neunziger Jahren den
Stadtdiskurs dominierte. Mehr noch, die Vorstellung eines kontinuierlichen Städte-
wachstums, das spätestens seit der Industriellen Revolution die Stadtplanung, ihre
Methoden und Instrumentarien prägte, wird auf den Kopf gestellt.

Wenn die schrumpfenden Städte dann in den Diskursen auftauchen, werden „die
Schauer des Wohlstandspublikums bedient" und die Städte als „ein pittoreskes"

Krisensymptom vorgestellt, „als allgemeiner Verlust, als Depravierung sozialer Schichten, als Niedergang der Kultur, die doch im Urbanen wurzelt".[11]

Doch was wir am Diskurs der europäischen Stadt aufzeigten, ist noch zu wenig Teil des öffentlichen Bewusstseins geworden – wahrscheinlich, weil man sich allzu vorschnell auf die traditionellen Bilder des Urbanen fixiert. Mehr als alles andere benötigen auch schrumpfende Städte Strategien der Entwicklung, und sie haben auch die Ressourcen dafür. Es gibt dort nicht nur Tendenzen des ökonomischen Niedergangs, wie die Rede von der „Deökonomisierung"[12] nahe legt, sondern es gibt in jeder Stadt auch stabilisierende und dynamische Potentiale, die es zu fördern und zu profilieren gilt. Zu berücksichtigen ist hier, dass Schrumpfungsprozesse durch das unterschiedliche Zusammenwirken der Faktoren Schrumpfung, Suburbanisierung, Geburtendefizit und arbeitsmarktinduzierte Abwanderung ausgelöst werden können. Auch für Ostdeutschland gilt, dass nicht in allen Städten Menschen aus ökonomischen Gründen abwandern: In Leipzig oder Magdeburg zum Beispiel sind im Wesentlichen die starken Tendenzen der Suburbanisierung und das Geburtendefizit für den Bevölkerungsrückgang verantwortlich. Doch ob eine Stadt sich in die Region ausdehnt und deswegen die Kernstädte an Einwohnern verlieren oder ob Städte durch Abwanderung in andere Regionen Einwohner, Arbeitskräfte, Konsumpotential und Gewerbe einbüßen – das ist ein bedeutsamer Unterschied.[13]

Auch in Städten, die prosperieren, stellen sich die Probleme der Suburbanisierung oder der Überalterung – nur stellen sie sich hier vielleicht klarer und fordern dringlicher zur Lösung und Gestaltung heraus. Aber das ist auch eine Chance, um Experimente zu wagen. So ist die Beziehung von Innen und Außen, von Peripherie und Zentrum erneut zu untersuchen: Ist es möglich, Prozesse der Suburbanisierung wieder umzukehren? Gerade in den schrumpfenden Städten mit ihren Leerständen lässt es sich erproben, suburbane Qualitäten in urbane Strukturen der Innenstädte zurück zu übersetzen, um auch wieder Kinder und junge Familien für die Stadt zu gewinnen. Begrünung, landschaftliche Ambientes, Eigenheimsiedlungen, Freiräume für Kinder und verkehrliche Beruhigung sind nicht nur attraktiv für jüngere Milieus, sondern auch Potential einer nachhaltigen Entwicklung.

Wie die meisten europäischen Städte altern die schrumpfenden Städte, doch verstärkt durch die Abwanderung von jungen und qualifizierten Arbeitskräften zeigt sich hier die Situation am deutlichsten. Es reicht nicht aus, als Problem zu konstatieren, dass es zunehmend mehr Alte gibt, sondern auch hier sind neue Muster der Lebensplanung und des Generationenausgleichs zu beschreiten. Welche Gestaltungsmöglichkeiten städtischer Entwicklung liegen in solchen veränderten Mustern der Lebensverläufe und Lebensführung? Jedenfalls muss es eines der Ziele der Stadtentwicklung sein, die Selbständigkeit und Mobilität alternder Menschen zu erhalten und ihre alltägliche Versorgung zu sichern. Dazu tragen auch kleinteilige räumliche Strukturen mit einem intensiven Angebot an Dienstleistungen bei. Und es besteht in absehbarer Zeit ein Bedarf an Dienstleistungs-, Bildungs- und Freizeitangeboten, die noch für die neuen Generationen der alternden Menschen zu konzeptualisieren und zu entwickeln sind.

Auch gilt es in schrumpfenden Städten nicht nur die Attraktivität des unmittelbaren Umfeldes für die vorhandenen Bewohner zu erhalten bzw. zu stärken. Gleichzeitig müssen auch Visionen entwickelt werden, die andere anziehen – sei es kurzfristig als Besucher, mittelfristig als Arbeitsmigranten oder langfristig als Bewohner. Um temporäre oder auch dauerhafte Zuwanderung zu unterstützen, ist die Stadt sowohl in ihrem sozialen Leben wie auch in ihrem baulichen und kulturellen Ambiente für neue Milieus und Migranten attraktiv zu gestalten. Vor allem bietet die schrumpfende Stadt mit ihren Leerständen auch Freiraum für kreative und innovative Milieus. Bis heute sind die industriellen Brachen Ort der Inspiration für Erfinder, Künstler und Lebenskünstler, warum dann nicht auch die neuen innerstädtischen Brachen des Plattenbaus, der Kindergärten und Schulen?

Als ein viertes Experimentierfeld sind die Infrastrukturen zu nennen. Denn die wesentliche Herausforderung der Schrumpfung ist das Zuviel an Infrastruktur und das Zuwenig an Bewohnern; sie wieder zueinander ins Verhältnis zu setzen und zurückzubauen, ohne die Lebensqualität zu beeinträchtigen, ist eine vordringliche Aufgabe.

Ein Arbeitsansatz, der nicht defensiv auf die Behebung möglichst vieler „Mängel" der Städte setzt, sondern eine Atmosphäre schafft, in der Raum ist für Kooperationen und Kontroversen, für ungeplante Attraktionen und für Experimente, hat gute Chancen, eine neue Dynamik der Stadtentwicklung hervorzubringen.

1 Isin, Engin F.: City, *Democracy and Citizenship: Historical Images, Contemporary Practices.* In: Turner, Brian and Isin, Engin F. : *A Reader for Citizenship.* London 2001, S. 305.

2 Kaschuba, Wolfgang: *Von der Bürgerstadt zum Symbolischen Ort. Ethnologische Anmerkungen zu einer aktuellen Debatte.* In: Rietdorf, Werner (Hg.): *Auslaufmodell Europäische Stadt?* Berlin 2001, S. 98.

3 Weber, Max: *Wirtschaft und Gesellschaft.* Tübingen 1976, S. 736.

4 Simmel, Georg: *Die Großstädte und das Geistesleben.* In: *Aufsätze und Abhandlungen* 1901– 1908, Band I, Gesamtausgabe Band 7. Frankfurt a. M. 1995, S. 116 ff.

5 Nassehi, Armin: *Dichte Räume. Städte als Synchronisations- und Inklusionsmaschinen.* In: Löw, Martina: *Differenzierungen des Städtischen.* Opladen 2002, S. 228.

6 Vgl. Manderscheid, Katharina: „Städtische Vielfalt im Quartier als milieuspezifische Vorstellung vom guten Wohnen?" In: *Die alte Stadt*, 1/2004, S. 48, und Kaschuba, a. a. O.

7 Isin a. a. O., S. 306.

8 Sennett, Richard: *Die Tyrannei der Intimität. Verfall und Ende des öffentlichen Lebens.* Frankfurt a. M. 1998.

9 Rossi, Ugo: "Neapel als demokratische Stadt". *Berliner Debatte* 14, *Initial 4/5*, 2003, S. 187.

10 Keim, Karl-Dieter: *Ein kreativer Blick auf schrumpfende Städte.* In: Siebel, Werner (Hg.): *Die europäische Stadt.* Frankfurt a. M. 2004, S. 213.

11 Schulz, Bernhard: „Geballte Leere". *Tagespiegel*, 2.9.2004.

12 Hannemann, Christine: *Die Transformation der sozialistischen Stadt.* In: Siebel, Walter: *Die europäische Stadt.* Frankfurt a. M. 2004, S. 200.

13 Elisabeth, Kremer: „*Schrumpfende Städte und ihre Milieus".* Stiftung Bauhaus Dessau 2004.

Shrinking – A Challenge for the European City

Omar Akbar
Elisabeth Kremer

The "end of the European city" is a catchphrase that has haunted urbanist discourse for decades and has re-emerged now with the phenomenon of the shrinking city. During the seventies, its demise was blamed on the urban development concepts of classical modernism; modernism's lack of respect for tradition, its notions of functional division and urban dispersal were said to be destroying the evolved, compact environmental structures of the European city. But trends towards private housing on the edge of cities and hypermarkets on peripheral fields were also viewed as Americanisation and dissolution of the European city structure. Our cities are now shrinking so that there is no way of halting the demolition of buildings, and in face of today's reduction of building and environmental structures there are warnings of a threatening loss of density and thus of the genuine urban character of the European city. Density, it seems, is regarded as the true factor characterising the urban, and sometimes even as the key aspect of the civilised.

But we are blocking opportunities for development and fresh design by identifying the European city and the urban with a traditional city form and a dense environmental structure in this way. If we persist, it will only be possible to perceive the shrinking city as a symptom of crisis, from the perspective of decline and decay. A backward-looking notion is conjured up frequently with the concept of the European city – consisting of the mediaeval city image with its walls, central square and main church, or that of the bourgeois city of the 19th century with its peripheral blocks, bourgeois art nouveau houses and public squares. This form of city has long ago disappeared, for it has been subject to numerous changes in the meantime. Today the market place has long given way to shopping malls in an age of globalised consumer culture, or it has been spruced up into an ambience suitable for attracting tourists. The blocks on the periphery no longer separate the private and the public, if that was ever actually the case. The media culture of the press, but especially of television, radio and the Internet, means that the public and the private have overlapped and interlocked to such an extent that inside and outside the city can no longer be defined by walls.

The latest phenomenon that has arisen, not only in Germany but all over Europe – and one which is certainly part of the processes characterising the European city – is that of shrinking. Deindustrialisation, migration determined by the job market and demographic change towards an older population are the effects of a worldwide structural change which is causing a reduction in population and shrinking in the former industrial centres of Europe. How can the tradition of the European city be reinterpreted today, for the shrinking city and the challenges that this poses to planning?

Here it is necessary to adopt a different understanding of the European city, an understanding that aims to use the city's identification with democratic ideas and emancipatory practice as "symbolic capital" in the urbanist discourse. As the anthropologist Engin F. Isin declares in his study of European traditions of the city: "It is impossible to separate the city, democracy and citizenship from each other."[1]

The ethnologist Wolfgang Kaschuba sees not so much the concrete form, but the ideological, even utopian content of the urban as characterising the specific European tradition of the city. It is in its tradition of the history of ideas rather than in its materiality that he recognises a symbolic surplus encompassing the European city's power to bind and to influence: "It was a model of political and social order which, as an idea, produced a considerable surplus of meaning while almost always demonstrating functional deficits in practice. In other words: The model was granted almost mythical quality at an early date, having been described and illustrated a million times as a concept of citizenship, of urban society, of the European city. (…) Over and above the functional level (…) this evolved an additional power to bind and to influence."[2]

Thus the European city is also a central topic of the discourse by which modernist and post-modernist culture reflects upon and understands itself. It has become a reservoir of creative ideas and has inspired various international building exhibitions and architects. The discourse concerning the European city will therefore be recalled once again here in order to grasp the changes in the urban and to seek – beyond narrow typological definitions – new modes of thought and possibilities of urban design in shrinking cities.

The Narrative of the European City

Max Weber sees the specific aspect of the European city – or to put it better, the special contribution of Europe to the history of the city – in its political and cultural character rather than in its spatial, constructed form. According to Weber, the European city is distinguished by its "character as a unit" and the "concept of the citizen".[3] The basic consensus of the urban unit is its citizens' mutual recognition as equals. The purpose of this corporation is joint regulation of the economic, legal and cultural concerns of the city. Its character as a unit facilitates the necessary flexibility with which to react to changing conditions of an economic, communicative, political or social kind. This basic democratic consensus and the civil quality of the urban also shape urban culture and public behaviour within the group.

Weber grasps the city as the "cohabitation of strangers". The genuine mode of existence for the city-dweller is not only a settled form of existence and a sense of being bound to place, therefore, but also migration, mobility, exchange and communication. The fact of being strange or foreign also forms the basis of Georg Simmel's theory of the big city and its bourgeois culture during the 19th century. When strangers encounter one another, civil treatment guarantees a distance despite proximity which facilitates relations as equals among the very different. Everyone is treated as an equal, independent of geographical origins, social or ethnic roots, political or religious convictions. The anonymity of the big city and the reserved quality of civic life facilitate protection for minorities, deviations and peculiarities and also promote the liberalism and indifference which enable us to handle them. Simmel also sees the development potential for city culture in this freedom of urban life, which evades the limitations and the narrowness of social control practised in smaller groups such as neighbourhoods and families. It promotes a striving for individuality, for a stylising of self that differentiates us from others, and thus leads to a diversity and heterogeneity of interests, which in turn lead to an increasing division of labour and complex differentiation of economic activity.[4] Urban theory variously takes up this discourse of the European city as a place of citizenship, of local political self-determination and emancipation, and as the setting for an open way of life and an encounter with the foreign. Thus Armin Nassehi also defines the city as an "inclusion machine" in which different ways of life and diverse lifestyles are synchronised, simultaneously existing adjacent to and in connection with each other. And as Nassehi sees it, this heterogeneity of the urban is what constitutes its innovative power.[5] However, this image of the integrative force and the dynamics of the European city is losing its colour and brilliance. For there is an increasing emergence of social and political groups in the arena of public urban life which, like the city researchers, complain that the power of integration in the dominant image of a European city was based primarily on the fact that it actually restricted equality and diversity and indeed, the integration of the foreign. The other side of the coin of an integration that is oriented on the values of the bourgeois way of life are, and have been, social exclusion, suppression and segregation.[6] In the work of Max Weber in particular, it is possible to make out a Eurocentric way of thinking, since he develops the identity of the European city within a symbolic field contrasting Occident and Orient. He reconstructs the myth of the European city and of European history which was the foundation for the city discourse of the Enlightenment and of the 19th century bourgeoisie. The great narrative of the European city begins with Greek antiquity and the polis, cites the Roman republic, the virtuous citizen, and the free imperial cities of the Middle Ages, and it has continued to write these traditions without interruption until the present day – the agora, the polis and the forum are cited again and again in sketches, essays and studies by architects and urban researchers. But as in Weber's work, this narrative of the European also generates the "other", for it contrasts the European city with that of Asia and its despotic forms of government. In the process Weber fails to understand, however, that the European city also had its cradle in Asia Minor; that Jewish inhabitants have shaped its culture in a lasting way; that Arab culture is mingled with the cities of Spain and Italy; that mass migration from Asia influenced Europe. All of which means that in the course of history the European city has been shaped by very many different, also non-European cultures – by foreigners, in other words. As a consequence of this misunderstanding, in bourgeois city discourse we have created a European identity which is founded on a defence against and non-recognition of Asian, Jewish and Arab cultures. Its unity is based on the dichotomy of civilisation and barbarism, also prevailing at the time of the Greeks and Romans. This declared all that was foreign "barbaric", the aim being to confirm one's own superiority and legitimise a claim to supremacy.[7] The dichotomy of barbarism and civilisation is still echoed today when we refer to an "Americanisation" of cities. It constructs a polarisation between European high culture and US-American mass culture, suggesting that European high culture, urban citizenship and the core city are threatened by US-American mass culture, because the latter spoils the landscape with developments of private homes, shopping malls and unlimited auto-mobility, so causing our inner cities to become wastelands and decay. The problem is not only that the "we" – the European identity – is founded on a disregard for and rejection of other cultures. Even more problematic is that such an understanding of self fails to register that the European traditions are multifarious and complex; that they do not draw the line at any geographical boundaries; that other, foreign cultures have also had an influence on European culture, becoming a part of the European identity – of that "we". Long ago, whatever people sought, and still seek to keep outside by drawing territorial boundaries has become part of the "inside". Not only outward delimitation, but also delimitation in an inward direction is constituent of urban citizenship. For Weber, urban citizenship, like the conferring of political rights, was bound up with property and ownership. Weber's urban society is the community of the owning classes and the educated elite, while all those who were compelled to labour manually in order to earn a living were excluded from it. In the same way, the individuality of the urban citizen described by Simmel was that of the bourgeois, male citizen. At the beginning of the 19th century, workers did not have their own separate lodgings to guarantee them privacy and thus individuality. Nor did the bourgeoisie permit any self-determined individuality to women, who were denied access to public life and refused a public voice. As a consequence of its concentration on the bourgeois character of the city, urban theory constructed a too narrow link between municipal politics and culture and the bourgeois lifestyle with its prevailing morality and aesthetics, thus excluding every other lifestyle.

Heterogeneity and Negotiation – the New Urbanity

Since the sixties at the latest, a process of liberalisation and pluralisation of urban culture has begun: the boundaries between bourgeois high culture and popular culture have become blurred, lifestyles have multiplied, and youth scenes and subcultures have appeared on the urban stage. In the course of this liberalisation, political culture and the idea of bourgeois public life as the only public life of a city have also been questioned. Our cities in particular have offered locations for new social movements demanding citizens' rights for women, homosexuals and minorities. Local initiatives have also emerged to improve the quality of urban life. They represent a counterbalance to public forces and have also had a significant influence on urban development as a result. In this context, we should bear in mind the restoration of districts of old buildings, the protection of specific milieus, urban landscaping, tenants' initiatives, cycle tracks etc. This development does not represent the decay of public life, as Sennett declared[8], or constitute a farewell to the European city. On the contrary, the European traditions of the city have been reclaimed by precisely those who had been excluded formerly; by women, social movements and minorities. There have been sustained alterations to the city and its culture in the process. This means that today, the local urban community or identity which can be expressed through a specific architectural form no longer exists. Far more, there are plural and often contradictory interpretations of the urban, and of the architectural constellations and forms which it demonstrates. For one person, the urban may constitute shopping and consumerism in the inner city while living in suburbia, for another it is the possibility of joining a specific subculture or scene; others visit museums, theatres and the locales of high culture, still rating the educated bourgeois traditions of the city as urbanity. While codetermination and participation may mean party work or involvement in voluntary work for some, others see them as involvement in city district initiatives, specific scenes or international organisations in which they can act simultaneously within local and global contexts.

And globalisation does not only mean that businesses and financial markets are being organised across state borders world-wide, or that specialist fields of knowledge are cultivating a continuing international exchange. (West) European cities are also tied into global contexts due to an increase in transnational migration from Eastern Europe, Africa and Asia. These new migrant milieus are perhaps the most extreme example of what is now true for many city dwellers; their home country or their home is located in several places, their social networks stretch across several cities, and their economic contacts constantly cross the borders. Life in translocal social and economic networks has also become familiar, everyday reality for the inhabitants of the shrinking cities – brought about by the exodus of friends and family members, as well as those who commute regularly to work.

In face of these changes in the urban and the civic aspects of the European city, the city planner Ugo Rossi pleads for a new approach to urban development in his critical analysis of the concept of public life in Habermas' work; a new approach including the various forms of public life and their counterparts: "That protagonists (…) not only claim their public rights, but also participate actively in the production of the environment and thus facilitate processes of urban change. This means that not only formal political actions (like city renovation programmes, urban development plans and other local political projects) influence urban change, but that the everyday practice of political mobilisation also does so".[9]

The European city is heterogeneous in its ways of life, lifestyles and political voices; local elites no longer determine politics – now different groups with contradictory interests also exist on the local level. Rossi's processual concept of public life transfers this urban quality onto the political level.

The continuation of European urban traditions, therefore, does not so much consist in the definition of a European identity, the resurrection of urban citizenship, a density of building or a revitalisation of the inner cities, but in an acknowledgement of varied, often contradictory forms of public life and interpretations and practices of urban life. Recognition of their contribution, as well as the participation of different interest groups in programmes of urban development, mean that the European traditions of the city must be separated from their past definitions and made flexible. An understanding of urban development as an everyday, continual process of negotiation between various milieus and different interest groups on the political level is now constituent of the European city. Such a concept of urbanity extends beyond simple participation, for it recognises and demands the active participation and contribution of urban protagonists. It aims for a qualitative potential of urban development – that is, the potentials of cooperation, networking and integration.

Shrinking cities also require strategies of development and protagonists who sustain this development. Thus the shrinking cities in particular must draw on their endogenous potentials, develop their local economic resources and emphasise their cultural traditions and qualities in order to differentiate and assert themselves in competition with other cities. The cooperation of economic, cultural and local political protagonists will be necessary before such local qualities can be mobilised. Karl-Dieter Keim refers to this strategy as the development of the institutional capacities of a city, for it aims at "the bridging level between the structural features and the individual actions of those involved".[10] An additional potential is collaboration between urban planning and administration and the representatives of civic life, churches, clubs, initiatives and organisations. As multipliers within milieus, as supporters of cultures and forms of public life, these can participate in and forward urban development. Their creative ideas, their activities and controversial opinions are exactly what are required in a discussion of new functions for vacant property, for example. But even shrinking does not limit our cities to the local level; on the contrary, it promotes a supra-regional and international horizon. Like the differentiation of city profiles, there is a necessity for intraregional cooperation between cities together with their suburbs: despite shrinking, the division of labour between cities must be coordinated, and cities must cooperate with one another within their regions in order to open up perspectives and to guarantee the quality of life for all urban residents.

Shrinking as an Experiment

Shrinking – whether a slow, gradual process through migration and low birth-rate or the abrupt, violent variation brought about by epidemic or war – is a phenomenon which has occurred repeatedly in history. However, it never occurs according to exactly the same pattern, and so there are no patent recipes for dealing with the phenomenon. Every shrinking region, at whatever time, must develop its own way of coming to terms with the problems associated with shrinking.

The transformation of East German cities has now involved them in the process of structural change world-wide. In recent years, international urban discourses have concentrated primarily on the megapolises and urban agglomerations, whose growth was uncontrolled, meaning that it could no longer be regulated using traditional planning methods. The money, know-how and controlling capacities of internationally operating companies are concentrated in the megacities. In an almost magical way, they attract the future potentials of our information and service society – the services based on knowledge, technical development companies, business and financial advisors, design and marketing. But the reverse side of this process of concentration has been largely disregarded by urban discourse to date: the zones of deindustrialisation, the migration of well-qualified specialist personnel and know-how, and increasing social poverty. Northern England, Saarland and the Ruhr are only some examples of regions which are characterised by high unemployment and a loss of population running into the millions. They contradict the image of the "boomtown" which dominated urban discourse during the period of New Economy in the nineties. More than this, the notion of a continual growth of cities, which has shaped urban development and its methods and instruments at least since the Industrial Revolution, has been completely turned around.

If shrinking cities appear in discourse at all, their mention is to give "affluent listeners an opportunity to shudder", and such cities are presented as "a picturesque" symptom of crisis, "as a general loss, as the deprivation of social classes, as a decline in culture that is rooted in the urban".[11]

The public has not yet become sufficiently aware of what has been demonstrated here regarding the discourse on the European city – probably because people focus too rapidly on the traditional images of the urban. More than anything else, the shrinking cities require strategies of development – and they also have the resources for this. They do not only display tendencies of economic decline, as talk of "de-economization"[12] suggests: on the contrary, in every city there are also potentials for stabilisation and dynamism which must be promoted and emphasised. Here we must pay attention to the fact that processes of shrinking can be triggered by a diverse interplay of several factors: shrinking, suburbanisation, birth deficit and migration from towns determined by the labour-market. It is also true of East Germany that people are not leaving all the cities for economic reasons: in Leipzig or Magdeburg, for example, the strong tendencies of suburbanisation and the low birth-rate are essentially responsible for the fall in population. But it is a significant difference whether a city expands into the surrounding region and the core cities lose inhabitants for that reason, or whether cities lose inhabitants, labour force, consumer potential and industry through migration to other regions.[13] The problems of suburbanisation and population ageing also exist in cities that are prospering – but perhaps they are more clearly recognised and demand solutions and planning more urgently here. However, this also offers us an opportunity to experiment. The relation between inner and outer, between periphery and centre must be re-examined: is it possible to reverse the processes of suburbanisation? Particularly in shrinking cities with vacant buildings, it is possible to experiment with the transfer of suburban qualities back into urban structures within the inner cities –

the aim being to win back children and young families to the city. The planting of parks and green areas, a rural ambience, estates of private housing, space for children and the reduction of traffic noise are not only attractive to young milieus, but also represent the potential for lasting development.

As in most European cities, the population of shrinking cities is ageing, but the situation is demonstrated most clearly here, since it is intensified by an exodus of the young, qualified workforce. It is not enough to note that there is an increase in the number of old people and that this is a problem; here too, there is a need to realise new planning patterns which create a balance of generations. What opportunities for urban development lie in these altered lifetime patterns and new ways of life? It must certainly be one of the tasks of urban development to maintain the independence and mobility of older people and to assure everyday provision for them. Compact environmental structures with an intense provision of services can be a relevant contribution in this context. In the foreseeable future, a need will arise for services, education and leisure activities conceived and developed for the new generations of older people.

It is not only essential that we retain or increase the attractiveness of the direct environment for the present residents of shrinking cities. At the same time, visions must be developed to attract others – whether in the short-term as visitors, the mid-term as a mobile workforce, or the long-term as residents. In order to support temporary or permanent immigration, the city must be conceived in an attractive way, with respect to both its social life and its architectural and cultural ambience. Above all, the shrinking city with its empty buildings also presents free space for creative and innovative milieus. Up until the present day, the industrial wastelands have continued to be places of inspiration for inventors, artists and non-conformists: why should this not be true of the new inner-city wastelands made up of panel construction apartments, or vacant kindergartens and schools?

Infrastructure is, of course, a fourth field of experimentation, since the essential challenge of shrinking is a surplus of infrastructure and a lack of residents; one more urgent task is to restore the correct balance and reduce surplus without spoiling the quality of life.

Good chances of producing a new dynamism in urban development emerge from an approach which does not aim, in a strictly defensive way, to improve on as many "failings" of the cities as possible, but which creates an atmosphere with leeway for cooperation and controversies, for unplanned attractions and experiments.

1   Isin, Engin F.: *City, Democracy and Citizenship: Historical Images, Contemporary Practices.* In: Turner, Brian and Isin, Engin F. : *A Reader for Citizenship.* London 2001, p. 305.

2   Kaschuba, Wolfgang: *Von der Bürgerstadt zum Symbolischen Ort. Ethnologische Anmerkungen zu einer aktuellen Debatte.* In: Rietdorf, Werner (ed.): *Auslaufmodell Europäische Stadt?* Berlin 2001, p. 98.

3   Weber, Max: *Wirtschaft und Gesellschaft.* Tübingen 1976, p. 736.

4   Simmel, Georg: *Die Großstädte und das Geistesleben.* In: *Aufsätze und Abhandlungen*

1901–1908, vol. I, the collected edition vol. 7. Frankfurt a. M. 1995, p. 116 ff.

5 Nassehi, Armin: *Dichte Räume. Städte als Synchronisations- und Inklusionsmaschinen.* In: Löw, Martina: *Differenzierungen des Städtischen.* Opladen 2002, p. 228.

6 See Manderscheid, Katharina: "Städtische Vielfalt im Quartier als milieuspezifische Vorstellung vom guten Wohnen? " In: *Die alte Stadt,* 1/2004, p. 48, and Kaschuba, ibid.

7 Isin, ibid., p. 306

8 Sennett, Richard: *Die Tyrannei der Intimität. Verfall und Ende des öffentlichen Lebens.* Frankfurt a. M. 1998.

9 Rossi, Ugo: "Neapel als demokratische Stadt". *Berliner Debatte* 14, *Initial* 4/5, 2003, p. 187

10 Keim, Karl-Dieter: *Ein kreativer Blick auf schrumpfende Städte.* In: Siebel, Werner (ed.): *Die europäische Stadt.* Frankfurt a. M. 2004, p. 213

11 Schulz, Bernhard: "Geballte Leere". *Der Tagespiegel,* 2.9.2004.

12 Hannemann, Christine: *Die Transformation der sozialistischen Stadt.* In: Siebel, Walter: *Die europäische Stadt.* Frankfurt a. M. 2004, p. 200.

13 Elisabeth, Kremer: "Schrumpfende Städte und ihre Milieus". Stiftung Bauhaus Dessau 2004

Minsk, Oktober 2003: postsozialistische Raumsituation
Minsk, October 2003: environmental situation post-Socialism

Smolensk, Oktober 2003: „Verstädterung ohne Stadt"
Smolensk, October 2003: "Urbanisation without a city"

An den Quellen des Schrumpfens.
Zur Peripherisierung Ostdeutschlands
im internationalen Vergleich

Walter Prigge

Der Globalisierungsprozess ist seit den achtziger Jahren durch eine verschärfte politisch-ökonomische Geographie von Wachstum und Schrumpfung gekennzeichnet: Zentrale industrielle Stadtregionen schrumpfen, periphere Regionen entwickeln sich zu Knotenpunkten des Weltmarktes. Weltweit sind drei Quellen des Schrumpfens zu unterscheiden: Deindustrialisierung – das heißt Neuverteilung von Industrie und Dienstleistung im internationalen Raum der Arbeitsteilung, mit der Ab- und Aufwertung von Städten und Regionen (zum Beispiel Manchester/Liverpool); Suburbanisierung – das heißt Auswanderung von Bevölkerung, Industrie/Dienstleistung und Kultur aus den Großstadtkernen in die Region (zum Beispiel Detroit); Transformation – das heißt Strukturwandel der sozialistischen Organisation von Politik, Gesellschaft und Ökonomie in Osteuropa (zum Beispiel Ivanovo/Russland). In Ostdeutschland überlagern sich diese drei Quellen zu einem spezifischen Schrumpfungsprozess, der durch die jeweiligen Entwicklungspfade der unterschiedlichen Städte variiert wird. Im Folgenden wird ein erster, auf Ostdeutschland bezogener Vergleich dieser Schrumpfungsprozesse in den Dimensionen des Strukturwandels von Ökonomie, Stadt und sozialer Kultur vorgenommen.

Transformationen zwischen Industrie und Dienstleistung

Gemeinsam ist den osteuropäischen und ostdeutschen Ländern der Zusammenbruch des institutionellen politisch-gesellschaftlichen Systems, unterschiedlich ist die Art und Weise, diese Transformation zu verarbeiten. Der russische Weg führt vom Staatssozialismus in den Staatskapitalismus. Auf der Grundlage scheinbarer, nur zum Teil auch wirklicher Privatisierung wurden Industrie und Wirtschaft auf die Marktorientierung umgestellt. In Ostdeutschland fand eine wirkliche Privatisierung durch bewusste Deindustrialisierungspolitik statt, mit der geschrumpfte industrielle Kerne marktfähig gemacht werden sollten. Durch die Einführung sozialstaatlicher Institutionen wird der ostdeutsche Schrumpfungsprozess mit Transferzahlungen aus dem Westen sozialpolitisch abgefedert. In Russland dagegen werden die Individuen riskant aus der kollektiven gesellschaftlichen Organisation freigesetzt, mit den entsprechend individualisierten Risiken ungesicherter alltäglicher Lebensverhältnisse.

Beide „postsozialistischen" Transformationen sind in den neunziger Jahren konfrontiert mit der weltweiten Transformationskrise der fordistischen Regulierung von Ökonomie und Politik: Der Eintritt in die Weltmarktorientierung fordert zugleich die

Modernisierung der Betriebe und der Wirtschaftsordnungen. Unter dem begleitenden Rückgriff auf vormoderne Renationalisierungsideologien reagiert das entimperialisierte Russland mit der verstärkten Nationalisierung von Industrie und Wirtschaftskultur und fügt sich somit widersprüchlich in die „postnationale" Situation der Weltmarktkulturen ein. Durch die Integration in den bundesrepublikanischen Staatsraum stellt der Osten Deutschlands nun eine peripherisierte Industrieregion dar, die, mehr als andere altindustrielle Regionen, von Transferzahlungen aus dem Westen abhängig ist. Die in den neunziger Jahren rasch „nachgeholte Modernisierung" wirkte hier als Deindustrialisierung und beschreibt Ostdeutschland heute als eine spezifische Region mit niedrigem Besatz von Kernindustrie und produktionsorientierter Dienstleistung, niedrigen Lohnniveaus in kleineren Betrieben ohne ausreichendes Eigenkapital und einem wachsenden Sektor verarbeitender Industrie ohne Clusterbildung.

Diese Situation Ostdeutschlands ist mit den altindustriellen Regionen in Großbritannien vergleichbar. Der Wandel der internationalen Arbeitsteilung deindustrialisierte die westlichen Industriekulturen durch Dienstleistungsorientierung, Liberalisierung und Privatisierung – paradigmatisch im Thatcherismus, auch hier mit den entsprechenden Renationalisierungsversuchen bis hin zu Blairs „Cool Britannia". Da das westliche Industriemodell in der Nachkriegszeit eng mit der Entwicklung der Städte verbunden war, führte die Transformation der industriellen Produktionsweise hier bereits seit den siebziger Jahren zu einer tief greifenden Krise des europäischen Stadtmodells. Durch verstärkte Abwanderung von Industrie und auch Dienstleistungen sinken die industriellen und darauf bezogenen tertiären Ansiedlungs- und Beschäftigungsraten der Kernstädte, die zugunsten ländlicher Gewinner-Regionen massiv schrumpfen. Die daraus resultierende Krise der Kommunalpolitik kennzeichnet den exemplarischen Niedergang von deindustrialisierten Kernstädten wie Manchester oder Liverpool.

Ähnlich ist die Situation der deindustrialisierten Städte in den USA. Die staatlich subventionierte Suburbanisierung von Wohnen und Arbeiten auf den ausgebauten Highwaysystemen verschärfte die Krise der Kernstädte, Gewinner sind auch hier die Regionen. In den USA ist die Restrukturierung der Region allerdings verbunden mit der Re-Konzentration von städtischen Funktionen in den *edge cities* – im Gegensatz zu den an den Stadträndern verstreuten halbgefüllten Gewerbeparks in Ostdeutschland, die sich zu postindustriellen Logistiklandschaften an den Verkehrsbändern zwischen den schrumpfenden Stadtkernen ausdehnen können (wie die Bandstadt Halle-Leipzig).

Fragmentierungen zwischen Wachstum und Schrumpfung

Die historischen Raumstrukturen in Russland und Ostdeutschland sind gekennzeichnet durch „Verstädterungen ohne Stadt", in beiden Transformationen wirkt der gemeinsame sozialistische Zusammenhang von Industrialisierung und Urbanisierung nach. Durch die planwirtschaftliche Konzentration auf die große Industrie mit Stadtgründungen abseits der existierenden Städte, auch in der Form von Doppelstädten wie Halle-Alt- und -Neustadt, sollten der Ausgleich von Stadt und Land und somit gleiche moderne Lebensverhältnisse hergestellt werden. Diese „Neuen Städte" sind das Gegenprogramm zur europäischen Bürgerstadt mit Privateigentum und kommunaler Selbstverwaltung, deren Altstadtkerne verwahrlosen. Die Fabrik war der Stadtersatz: Sie war der sozialistische Vergesellschaftungsraum, der die kollektiven Einrichtungen für Versorgung, Freizeit und Kultur bereitstellte.

In den neunziger Jahren werden die leeren städtischen Zwischen- und Aufmarschräume in Russland durch informelle Kleinstunternehmer mit Kiosken besetzt oder an private Anlagen für globalisierte Konsumkulturen verpachtet. In Ostdeutschland wird der städtische Boden dagegen nach westlichem Vorbild parzelliert und privatisiert. Mit dem Eintritt in die globale Städtekonkurrenz konzentriert sich die Stadtpolitik nun auch im gesamten Osten auf die Ansiedlung von Dienstleistungen, Konsum- und Freizeitkulturen: Zentrale Stadträume werden reurbanisiert, museale Fragmente renoviert und touristisch aufbereitet. Die modernen russischen Peripherien dagegen bleiben sich selbst überlassen und verwahrlosen nun ihrerseits, da ihre kollektive Versorgung ausgedünnt und nur zum Teil durch private Unternehmer ersetzt wird: Die osteuropäische Privatisierungsstrategie misslingt, zumal die Bewohner ihre modernisierungsbedürftigen Standardwohnungen nicht einmal geschenkt haben wollen. Gleich daneben entstehen an den russischen Stadträndern *gated communities* für die gehobene Mittelschicht, vergleichbar den Einfamilienhaussiedlungen der ostdeutschen Peripherien. Durch die massive Abwanderung in den Westen stehen hier große Teile der Plattenbauten leer und zum Abriss bereit. Auf ihn konzentriert sich die ostdeutsche Stadtpolitik mit Wohnungsabrissen zur staatlichen Stützung des Wohnungsmarktes; zudem werden marode Altstadtkerne durch Ansiedlung von Konsum- und Dienstleistungsfunktionen reurbanisiert, während städtebauliche Aufwertungen von Quartieren nur sporadisch stattfinden.

Diese östliche „Rückkehr der Städte" in das europäische Vorbild findet zu einem Zeitpunkt statt, an dem die europäische Stadtstruktur im Westen – bis auf einzelne urbane Ausnahmefragmente mit dichter sozialer und kultureller Mischung – bereits flächendeckend wegrationalisiert wurde. Auch die östliche Stadtentwicklung ist nun mit den Widersprüchen der polyzentrisch fragmentierten, kapitalistischen Stadtentwicklung konfrontiert, die durch die Dynamik auf- und abgewerteter Quartiere und die Segregation differenzierter Lebensstile angezeigt werden. Die postmoderne Reurbanisierungspolitik konzentriert sich auf den Altstadtkern und verstärkt noch die Polarisierung der Stadt: zentrale Event- und Konsumwelten für global orientierte *new entrepreneurs* und Dienstleister der Wissensökonomie (*loftliving*, sanierte Altbauviertel, innerstädtische *gated communities*) stehen langfristiger Massenarbeitslosigkeit und abgesenkten Sozialstandards für untere Mittelschichten an den Innenstadträndern gegenüber (nicht sanierter sozialer Wohnungsbau und Einfamilienhausquartiere, beides aus den sechziger Jahren und leer stehend). Auch ostdeutsche Städte schrumpfen und wachsen zugleich. Und auch hier befördert das Schrumpfen die Einführung von sozialstaatlichen Sanierungsprogrammen und einen Paradigmenwechsel in der Stadtpolitik: In der Anknüpfung an vorsozialistische Stadtstrukturen soll die „europäische Stadt", wenigstens für den Altstadtkern, wieder erfunden werden. Das internationale Vorbild dieser Planungsmodelle für das Schrumpfen lautet „Reinventing the City Center Manchester".

Die ähnlichen Wiederbelebungsversuche von Downtown Detroit dagegen – sporadisches *loftliving*, nicht nachgefragte Sonderwirtschaftsgebiete, isolierte sportliche und kulturelle Leuchtturmprojekte – können nicht darüber hinwegtäuschen, dass Zukunft in Amerika woanders stattfindet. Die bereits Jahrzehnte während Deurbanisierung wird zudem in den USA vom Rassismus begleitet: Die prosperierende Region ist weiß, die innerstädtische Ruinenlandschaft schwarz. Spärliche staatliche Abrissprogramme und sporadische Besiedlung des Zentrums mit Einfamilienhäusern helfen nur wenig, die Misere von sozialräumlicher Fragmentierung der Quartiere, infrastruktureller Unterversorgung und kommunaler Armut zu lindern. Sie zeigen jedoch die generelle Richtung der posturbanen Stadtentwicklung in schrumpfenden Regionen an: Die Suburbanisierung sowohl der amerikanischen als auch europäischen Stadtzentren ist nicht mehr aufzuhalten, Malls und Einfamilienhaussiedlungen in den Innenstädten sind hier wie dort unübersehbarer Ausdruck dafür. Was bleibt also von „westlicher Urbanität" und „europäischer Stadt"?

Individualisierungen zwischen Kontinuität und Bruch

Die Ankunft schrumpfender ostdeutscher Städte in der westlichen Normalität peripherer Industrie- und Stadtentwicklungen wirft Fragen nach den langfristigen Mentalitäten in der raschen Umstellung von kollektiver Orientierung auf Individualisierung auf. Russland und Ostdeutschland kannten „öffentliche Räume ohne Öffentlichkeit", kollektive Räume des Jubels und nicht urbane Bühnen für die öffentliche Darstellung von privaten Lebensstilen städtischer Bürger. Das Wohnzimmer war, neben Datschen und Kleingärten, der dominante Ort für private gemeinschaftliche Geselligkeit, die hier weniger kollektiv kontrolliert werden konnte. Erst nach 1989 wird das Private, das Wohnzimmer, als Raum der strikten Individualisierung „entdeckt" und umgewertet – nämlich als Ort des Rückzugs gegenüber den Zumutungen des Alltags und als Möglichkeitsraum der Entfaltung von Individualität zugleich. Ebenso die Familie, die nun als solidarischer Verband gegen individualisierte soziale und auch ökonomische Risiken des Bruchs mit dem Kollektiv „zurückkehrt". Öffentliche Räume werden heute in Russland selbstverständlich leger als erweitertes Wohnzimmer genutzt oder als Überlebensraum für individuelle Subsistenzwirtschaft privat angeeignet; den Ostdeutschen eröffnen die im Zentrum konzentrierten neuen Konsumwelten Chancen zur Teilhabe am öffentlichen Straßenleben.

Der Bruch mit der kollektiv organisierten Lebensweise führt in der postsozialistischen Situation Russlands zu riskanten Individualisierungen mit allgegenwärtiger Unsicherheit: Der Rückgriff auf „gewohnte" Muster der kollektiven Lebensführung in sozialen Netzwerken stiftet hier noch versichernde Kontinuität. In Ostdeutschland dagegen sind die Individuen nun eingebunden in den Sozialstaatstransfer, der die individuellen Risiken durch staatliche Versorgungen zwar minimiert, jedoch nicht aufhebt. Denn sowohl in Russland als auch in Ostdeutschland erzwingen die Auflösung und die Enträumlichung der homogenen Normalitäten des sozialistischen Alltags individuelle Mobilitätsanforderungen: Die Individuen öffnen sich der neuen Welt oder schließen sich von ihr ab – in beiden Fällen schrumpfen die gewohnten, ehemals kollektiv integrierenden sozialen Milieus. Zwischen diesen beiden Polen Öffnung/Globalisierung und Schließung/Lokalisierung der sozialen Milieus entscheidet sich, wer kommt, geht oder bleibt. Und auch ostdeutsche Städte kennen Schrumpfungspaniken: Rückzüge und Abschottungstendenzen befördern Angst, Fremdenfeindlichkeit und Kriminalität.

Die postproletarischen Kulturen im Westen sind durch langfristige Massenarbeitslosigkeit und sozialen Abstieg in Armutskarrieren charakterisiert. Das Ende der wohlfahrtsstaatlichen Sozialpolitik und die Liberalisierung und Flexibilisierung des normalen industriellen Arbeitstages erzwingen mehrere Teilzeitjobs zum Überleben, die Dienstleistungsorientierung löst den solidarischen Zusammenhang von Arbeit und Leben in den Stadtquartieren auf; den Wandel der geschlechtsspezifischen Rollen in Familie, Fabrik und Büro gewinnen die flexibleren, qualifizierten Frauen – Männer sind in schrumpfenden Regionen die Verlierer.

Interessant wäre daher ein Vergleich der postsozialistischen und postproletarischen sozialen Milieus mit ihren jeweiligen Kontinuitäten und Brüchen in den entsprechenden Vergemeinschaftungspraktiken: Führt die Entnormalisierung aus der Gemeinschaft der fabrikbezogenen „Arbeitsgesellschaft" (Arbeitskultur DDR: Brigade, Syndikalismus, Betriebsvereine etc.) zu ähnlichen Individualisierungsformen wie die Entnormalisierung aus der kampfbereiten städtischen „Klassengesellschaft" (Solidaritätskultur Großbritannien: Gewerkschaften, Nachbarschaft, Arbeiterviertel etc.)? Zudem transformieren sich hier wie dort die proletarischen Massenkulturen, die individuelle Identitäten kollektiv sicherten. Massensport zwischen bindender Vereinszugehörigkeit und punktuellem Event, Technikbegeisterung, populärer Musik- und Medienkonsum zwischen lokaler Club- und globalisierter TV-/Computerkultur: Welche Chancen und Bindungen bieten diese nun medialisierten und temporären Gemeinschaften für die Individualisierungsprozesse in den schrumpfenden Stadtkulturen des Westens wie des Ostens?

Sicher ist, dass sich hier wie dort die *mental maps* der schrumpfenden Raumpraktiken des Posturbanismus – in der Reduktion des Alltagslebens auf Familien-Wohnung, Auto-Mobilität und Mall-Kultur – aneinander angleichen: „American Beauty" überall. Trotz versuchter „europäischer" Reurbanisierung des zentralen Fragments werden die urbanen Kulturen in den schrumpfenden Städten Ostdeutschlands „suburbanisiert", das heißt unübersehbar auf suburbane Lebensformen reduziert und ausgehöhlt. Spricht diese Kontinuität in der Verstädterung ohne Stadt und ohne Stadtbewusstsein für einen leichteren Übergang des Ostens in die aktuelle Kultur der postfordistischen Flexibilisierung und Individualisierung von

Arbeit und Leben – einen Übergang, der die sozialräumlichen Persistenzen und komplexen Widersprüche der westeuropäischen Stadtkultur überspringt?

Leicht gekürzt aus: Oswalt, Philipp (Hg.): *Schrumpfende Städte*, Bd. 1: *Internationale Untersuchung*, Ostfildern-Ruit 2004

The Origins of Shrinking. The Peripheralisation of Eastern Germany: An International Comparison

Walter Prigge

Since the eighties, the globalisation process has been characterised by a heightened politico-economic geography of growth and decline. Central urban industrial regions are shrinking; peripheral regions are developing into nodes of the world market. World-wide, it is possible to differentiate three sources of this shrinkage: deindustrialisation – i.e. a new distribution of industry and services with respect to the global division of labour, meaning certain cities and regions have gained or lost significance (for example Manchester/Liverpool); suburbanisation – i.e. the exodus of population, industry/services and culture from the big city centres into the outlying regions (for example Detroit); transformation – i.e. change in the structure of the socialist organisation of politics, society and economy in Eastern Europe (for example Ivanovo/Russia). In East Germany, these three factors overlap to form a specific shrinking process, additionally diversified by the course of development in each individual city. A first comparison will be made between those shrinking processes in the following essay, referring to East Germany and examining the dimensions of structural change in the economy, the city and social culture.

Transformation between Industry and Services

The collapse of the institutional politico-social system has been experienced in both the Eastern European countries and the federal states of East Germany, but the ways and means of dealing with this transformation have been different. The Russian approach leads from state socialism to state capitalism. Industry and the economy have been given new market orientation on the basis of apparent, but only partially genuine privatisation. In East Germany, genuine privatisation has taken place through a conscious policy of deindustrialisation, the intention being to make the reduced core of industrial activities fit for the market. On the socio-political level, the process of decline in East Germany is being cushioned by transfer payments from the West which have enabled the introduction of welfare state institutions. In Russia, by contrast, people have been catapulted from collective social organisation into risk, including the individual risk of insecure social conditions in everyday life.

During the nineties, both "post-socialist" transformations were confronted by an international crisis of radical change in the Fordist structure of the world economy and politics. At the same time, fresh orientation on the world market called for the modernisation of businesses and economic systems at once. The accompanying move towards pre-modernist re-nationalisation ideologies meant that de-imperialised Russia reacted with increased nationalisation of industrial and economic culture and thus found its place, by rather contradictory means, in the "post-national" situation of world-market cultures. As a consequence of its integration into the Federal Republic, Eastern Germany is now a peripheralised industrial region, and - more than other former industrial regions – it is dependent on transfer payments from the West. Here, the "catching up on modernisation" rapidly achieved during the nineties has meant deindustrialisation, defining East Germany today as a region with a low level of core industry and production-oriented services, low wage levels in small, low-capital businesses and a growing sector of processing industries, but without the formation of clusters.

This situation in East Germany is comparable to that of the old industrial regions of Great Britain. Change in the international division of labour deindustrialised western industrial structures by means of a new orientation on services, liberalisation and privatisation – paradigmatic to Thatcherism –, and this was also accompanied by corresponding attempts at re-nationalisation, continuing up to Blair's concept of "Cool Britannia". Because the western industrial model of the post-war era was closely linked to the development of the cities, transformation in the mode of industrial production has already led to a far-reaching crisis regarding the model of the European city, a crisis that began during the seventies. Due to an increased exodus of industry and services, the industrial and related tertiary levels of population and employment fell in the core cities, and these shrank massively to the benefit of rural regions. The resulting crisis in local politics characterised the exemplary decline of deindustrialised core cities such as Manchester or Liverpool.

The situation of the deindustrialised cities in the USA is similar. The state-subsidised suburbanisation of life and work along the routes of developed highway systems has increased the crisis of core cities, and here too, the winners have been the outlying regions. In the USA, however, the restructuring of the regions has gone along with a re-concentration of municipal functions in the edge cities – by contrast to the half-occupied industrial estates distributed on the edge of cities in East Germany, which could expand into post-industrial logistics landscapes located along the traffic links between shrinking city centres (an example being the strip city Halle-Leipzig).

Fragmentation between Growth and Decline

The historical contextual structures in Russia and East Germany were characterised by "urbanisation without cities"; in both cases, the common socialist link between industrialisation and urbanisation continues to exert an influence despite transformation. The planned economy's concentration on major industry and the foundation of new cities away from existing ones, sometimes in the form of double cities such as Halle-Altstadt and Halle-Neustadt, was intended to create a balance between city and rural areas and thus establish modern living conditions. These "new cities" were the counter programme to the European bourgeois cities with their private property, self-administration and old, desolate centres. The factory replaced the city: it was the sphere of socialisation within the socialist system, providing collective facilities for services, leisure time and culture.

During the nineties, empty urban spaces and former assembly grounds in Russia were occupied by informal mini-businesses with kiosks, or leased to private investors as centres of international consumer culture. In East Germany, by contrast, the urban space was parcelled off and privatised according to the western model. Entry into global urban competition meant that urban policies in the whole of the East now concentrated on the establishment of services, consumerist cultures and leisure: central city areas were re-urbanised, historic remains were renovated and restored for tourists. The modern Russian peripheral areas, by contrast, remain abandoned and decaying, because their collective amenities have been cut back and only partially replaced by private initiatives. The strategy of eastern European privatisation is proving unsuccessful, especially as city-dwellers often would not even gratefully accept their standardised apartments – still much in need of modernisation – if they were given to them free of charge. Close by, on the edge of these Russian cities, gated communities are appearing for the upper middle classes; these are comparable to the private residential estates of detached houses on the periphery of East German cities. Due to massive exodus to the West, here the majority of the prefabricated apartment blocks are empty and waiting to be torn down. East German urban policy concentrates on demolishing buildings to support the property market; in addition, decaying city centres are re-urbanised by introducing consumer and service functions, while urban planning improvements to districts take place only sporadically.

This eastern "return of cities" to the European model is taking place at a time when the European city structure in the West – apart from isolated, exceptional urban fragments with a concentrated social and cultural mix – has already been rationalised right across the board, even to the point of disappearance. Now the urban development in the East also faces the contradictions of polycentric, fragmented, capitalist urban development – as is indicated by the dynamics of enhanced and degraded districts and the segregation of different lifestyles. Post-modern re-urbanisation policy concentrates on the old city centres and increases the polarisation of the city even more: central events and consumerism for new, globally-oriented entrepreneurs and the information economy's service providers (loft living in restored areas of old buildings, gated inner city communities) represent a contrast to long-term mass unemployment and reduced social standards for the lower middle classes on the edge of these centres (unmodernised council housing and areas of detached houses from the sixties, both standing empty). The East German cities are simultaneously shrinking and growing. Here too, shrinking prompts the introduction of welfare state programmes of modernisation and a change in the paradigms of urban policy: taking up pre-socialist city structures, the aim is to reinvent the "European city"; at least as far as the city centre is concerned. The international example of this planning model for the shrinking city is known as "Reinventing the City Center Manchester".

By contrast, similar attempts to revitalise downtown Detroit – sporadic loft living, specialised economic areas meeting little demand, isolated sporting and cultural projects – cannot hide the fact that the future of America is taking place elsewhere. In the USA, the de-urbanisation which has already been going on for decades is accompanied by racism; the prospering region is white and the ruinous inner city landscape is black. Sparing state demolition programmes and sporadic building of detached housing in the centre help only a little to reduce the misery of social and environmental fragmentation in the districts, poor provision of infrastructure and communal poverty. However, they indicate the general direction of post-urban city development in shrinking regions: the suburbanisation of both the American and the European city centres cannot be halted; malls and residential communities in the inner cities are its obvious expression both here and there. So what remains of "western urbanity" and the "European city"?

Individualisation between Continuity and Discontinuity

The shrinking East German cities' arrival at the western norms of peripheral industrial and urban development poses questions regarding long-term mentalities in the context of such rapid change from collective orientation to individualisation. Russia and East Germany were accustomed to "public places without publicity" – a city's public places were intended for collective celebration rather than as urban stages for a public presentation of their citizens' private lifestyles. Living rooms, holiday cabins and allotment gardens were the dominant settings for private socialisation, as they were less controlled by the collective. It was not until 1989 that the private – the living room – was "discovered" and re-evaluated as a space of strict individualisation – it became a place of retreat from the demands of everyday life and a sphere where individuality could be developed. The same was true of the family, which now "returned" as an alliance of solidarity against the individual social and economic risks generated by the break with the collective. Today public spaces in Russia are used casually and as a matter of course as an extended living room, or privately acquired as a means of economic survival on a subsistence level. Meanwhile, the new consumer worlds that have opened up in their city centres offer East Germans an opportunity to participate in public street life.

In the post-socialist situation in Russia, the end of the collectively-organised way of life has led to individualisation packed with risks and an omnipresent uncertainty: here, a reversion to the "familiar" patterns of the collective way of life in social networks offers reassuring continuity. In East Germany, by contrast, individuals are now incorporated into the welfare state, which certainly minimises individual risks through state funding, although it does not abolish them. In both Russia and East

Germany, the dissolution and delocalisation of the homogeneous norms of daily socialist life have led to demands for mobility: individuals either open up to the new world or withdraw from it – in both cases, there is a decline in those familiar milieus which previously integrated people into the collective. Between the two poles – an opening up/globalisation or withdrawal/localisation of social milieus – decisions are made concerning who comes, goes or remains. East German cities are also experiencing "shrinking panic": tendencies towards withdrawal and isolation promote fear, xenophobia and crime.

The post-proletarian cultures in the West are characterised by long-term mass unemployment and gradual social decline into poverty. The end of the welfare state's social policies and the liberalisation and increased flexibility of the normal industrial working day have inevitably meant that people must take on several part-time jobs to survive, and orientation on services has dissolved the communal framework of work and life in city districts; changes in gender-specific roles within the family, factories and offices attract more flexible, qualified women – men are turning out to be the losers in shrinking regions.

For that reason, it would be interesting to compare post-socialist and post-proletarian social milieus and their continuity or lack of it within the corresponding community-creating praxis: does a change in norms away from the factory-related "working community" (work culture GDR: brigade, syndicate, factory clubs etc.) lead to similar forms of individualisation as its equivalent in the combative urban "class society" (culture of solidarity in Great Britain: unions, neighbourhoods, working class districts etc.)? In both cases, there have also been changes in the mass proletarian cultures which once guaranteed individual identity in a collective context. Mass sporting activities ranging from the ties of club membership to isolated events, enthusiasm for technology, popular music and media consumption ranging from the local music club to globalised TV or computer culture – what opportunities do these media-dominated and temporary communities offer for individualisation within the shrinking urban cultures of both East and West?

Both here and there, the "mental maps" of shrinking post-urbanist environmental praxis – the reduction of everyday life to family-apartment, car-mobility and mall-culture – are certainly becoming more aligned: "American Beauty" is everywhere. Despite attempts at a "European" re-urbanisation of the central fragment, the urban cultures in the shrinking cities of East Germany are being "suburbanised" – i.e. unmistakably reduced and hollowed out into suburban ways of life. Does this continuity of urbanisation without cities or urban awareness favour the East's chances of a more straightforward transition to the current culture of post-Fordist flexibilisation and individualisation of work and life – a transition avoiding the socio-environmental persistencies and complex contradictions experienced by western European urban culture?

Slightly abridged version from: Oswalt, Philipp (ed.): Schrumpfende Städte, vol. 1: Internationale Untersuchung, Ostfildern-Ruit 2004

Bestandsaufnahme Dessau, Februar 2004
Stock-taking, Dessau, February 2004

Stadtumbau als Reformbaustein

Jochen Korfmacher

Spätestens mit dem im Jahre 2000 vorgelegten Bericht der Expertenkommission
„Wohnungswirtschaftlicher Strukturwandel in den neuen Bundesländern" ist eine
Lawine von Debatten über Ursachen und Konzepte zur Lösung der zunächst für
Ostdeutschland festgestellten Wohnungsleerstände losgetreten worden. Die In-
ternet-Suchmaschine Google listet beim Begriff Stadtumbau inzwischen mehr als
100.000 Fundstellen auf, „Stadtumbau-Kompetenz-Zentren" an vielen Orten: für
viele wissenschaftliche Disziplinen ein neues spannendes Thema und für Experten
aller Art ein kommerzielles Betätigungsfeld.

Die IBA Stadtumbau Sachsen-Anhalt 2010 mittendrin

Bereits in den ersten, Probleme und Ursachen arrondierenden Diskussionen in der
Stiftung Bauhaus Dessau 2001 wurde der Blick über Sachsen-Anhalt und Ostdeutschland auf Europa und darüber hinaus gerichtet. Besonders die Feststellung,
dass hierzulande in besonders zugespitzter Form ein Prozess vonstatten geht, der
auch anderswo bereits abgelaufen ist und mit großer Wahrscheinlichkeit als
grundlegender Strukturwandel weitere Länder, Regionen und Städte überall auf der
Welt erfassen wird, führte zu der Überlegung, die Globalität des Phänomens in der
Bezeichnung „Internationale Bauausstellung" aufzugreifen.
Dabei wurde auch festgehalten, dass die größten Probleme unseres Planeten in
den letzten und auch in den nächsten Jahrzehnten nicht im Bevölkerungsrückgang
der wohlhabenderen Gesellschaften, sondern in einer dramatischen Zunahme der
Bevölkerung und einer Verstädterung der Menschheit in den riesigen Agglomera-
tionsräumen der *global cities* liegen, von denen so manche die Bevölkerung Ostdeutschlands übersteigt. In der internationalen Agenda der wichtigsten Jahr-
tausendziele der Vereinten Nationen (Millenium Development Goals) steht die
Armutsbekämpfung in Großstädten mit explodierenden Bevölkerungszahlen mit an
vorderster Stelle, ebenso wie die Schaffung von Unterkünften, Zugang zu sau-
berem Trinkwasser und elementaren Nahrungsmitteln bis zum Jahre 2020 für die
Hälfte der über 500 Millionen Menschen, die darüber weltweit nicht verfügt – im
selben Zeitrahmen, in dem in Ostdeutschland nach vorliegenden Prognosen ein
weiterer Bevölkerungsrückgang die Entleerung von Städten und Regionen be-
schleunigt.
Außerdem stellt sich die wirtschaftliche und soziale Transformation im globalen
Maßstab stets auch als Gleichzeitigkeit des Gegensätzlichen dar: Schrumpfung und
Wachstum an unterschiedlichen Orten sind ebenso reale Alltäglichkeit wie – nach
wie vor – dynamisches Wachstum mit erstaunlichen Zuwachsraten. Der Niedergang
klassischer Industrieregionen zum Beispiel in den entwickelten Ländern Europas –
einschließlich der ehemaligen Sowjetunion – und Nordamerikas wird begleitet

durch einen bisher nicht gekannten ökonomischen Aufschwung in einigen großen Volkswirtschaften Asiens. Es scheint deshalb notwendig, die derzeit gern benutzte Formel vom Ende der Wachstumsepoche zu relativieren. Wenn sich die Standorte, Regionen und Städte der volkswirtschaftlichen Wertschöpfung im globalen Raumgefüge verschieben und dabei vielerorts Schrumpfungs- und Verfallsprozesse entstehen, mag das wohl das Ende des Wachstums im klassischen Sinne für diese betroffenen Orte, Regionen oder Länder bedeuten. Ein solcher Wandel kann hier aber auch den Weg zu einer anderen Qualität von Wachstum eröffnen, die sich nicht auf die Zuwachsraten des ökonomischen Wertschöpfungsprozesses verengen lässt, sondern stärker auf soziale, ökologische und solidarische Komponenten setzt. Deshalb geht es auch eher darum, Wachstum und Schrumpfung als einen eng miteinander verzahnten Prozess zu begreifen, statt voreilig das Ende des Wachstums und den Beginn der Schrumpfepoche als neues Paradigma zu verkünden.

Zurück zu den Tatbeständen in Ostdeutschland: Vorausgegangen war mit der Begründung fehlender globaler Wettbewerbsfähigkeit in den Vorjahren seit der Wende eine Deindustrialisierung vieler Produktionsstandorte der früheren DDR-Industriepolitik, begleitet von einer Demilitarisierung durch die Aufgabe von Standorten nach Abzug der Besatzungstruppen und einer „De-LPGisierung", die in großem Umfang Flächen und Gebäude überflüssig machten und neue Nutzungen, aber auch neue Betriebs- und Betreiberformen verlangten. Die Abschaffung zentraler Elemente der DDR-Ökonomie und -Gesellschaft galt als Vorbedingung für „blühende Landschaften" der Zukunft. Alarmzeichen einer grundlegenden wirtschaftlichen, gesellschaftlichen und kulturellen Krise wurden kaum ernst genommen. Mit den in Westdeutschland und Westeuropa erprobten Instrumenten zur Unterstützung des Strukturwandels klassischer Industrieregionen sollte auch in Ostdeutschland weiteres Wachstum ermöglicht werden. Bei diesem Wandel hin zu zukunftsfähigeren Wirtschaftsregionen neuen Typs liegt der Schwerpunkt auf neuen Produktionstechnologien, Forschung und Entwicklungsaufgaben in den Bereichen Information und Kommunikation, aber auch industriegeschichtlichen Freizeitparks.

Erst rückläufige Wachstumsraten auch in Westdeutschland erzwangen die Einsicht, dass nicht zuletzt auf Grund einer zu optimistischen Bewertung ökonomischer Chancen eines wiedervereinigten Deutschlands die bereits vorher sich abzeichnende notwendige Reform von Wirtschaft und Gesellschaft nicht länger aufzuschieben war. Hauptursachen waren neben strukturellen und konjunkturellen Einbrüchen der Wirtschaft die gesellschaftlichen Kosten der Wiedervereinigung und die wachsende Arbeitslosigkeit mit ihren sinkenden Beiträgen für die sozialen Systeme, deren Tragfähigkeit auf Dauer in Frage gestellt wurde.

Mit etwa einer Dekade Verspätung gegenüber vielen anderen westeuropäischen Industrieländern nahmen auch die durch den globalen Wandel hervorgerufenen wirtschaftlichen Umbrüche mit ihren Auswirkungen auf den Arbeitsmarkt in Deutschland an Geschwindigkeit zu. Die notwendigen Reformen sind auch heute längst nicht abgeschlossen.

Die ermittelten und prognostizierten Bevölkerungsabwanderungen und die Wohnungsleerstände in den Städten Ostdeutschlands sind eine weitere Folge des Strukturwandels und nicht dessen Ursachen.

Mit der Auflage des Förderprogramms Stadtumbau Ost (mit einer Laufzeit bis 2010) und einem Volumen von ca. 2,7 Milliarden Euro an Bund- und Ländermitteln für entsprechende Gegenmaßnahmen reagierte die Bundesregierung auf den Schrumpfungsprozess. Dessen Ursachen sind zwischenzeitig als komplex erkannt worden und gelten nicht länger als isoliertes wohnungswirtschaftliches Problem.

Der für alle Städte Ostdeutschlands ausgelobte obligatorische Wettbewerb forderte mit der Erstellung der Stadtentwicklungskonzepte zum ersten Mal seit der Wende eine ungeschminkte und nüchterne Analyse der Perspektiven und Entwicklungschancen auf der Grundlage von demographischen Prognosen und wirtschaftlich relevanten Produktions- und Dienstleistungsaussichten für jede der teilnehmenden Gemeinden in Ostdeutschland. Dabei wurden auch städtische Leitbilder und realistische Ressourcen berücksichtigt. Auf dieser Grundlage soll eine Förderung mit den eingestellten Bund- und Ländermitteln des Programms ermöglicht werden, mit deren Hilfe sowohl der Abriss und Rückbau von Wohngebäuden als auch die Aufwertung von langfristig als gesichert eingestuften Beständen und der städtischen Infrastruktur sowie die Wohneigentumsbildung unterstützt werden können. Nutznießer des Programms sind nicht zuletzt die Wohnungsunternehmen, deren Verluste durch Mietausfälle zumindest teilweise ausgeglichen werden können.

Die bisherige Laufzeit des Förderprogramms Stadtumbau Ost wird bis in die unmittelbare Gegenwart begleitet durch die allgemeine Reformdebatte, die als zentrales Anliegen der Bundesregierung zu ersten Veränderungen in Gesundheits-, Sozial- und Steuerpolitik geführt hat. Sie ist von kontroversen Lösungsmodellen und mehr oder weniger radikalen Alternativvorschlägen zur Änderung bestehender Systeme und Strukturen geprägt und wird von heftigen Protesten begleitet.

Die Notwendigkeit einer Reform ist allen Akteuren gleichermaßen bewusst, der zivilgesellschaftliche Aushandlungsprozess ihrer konkreten Ausgestaltung ist jedoch eine langwierige Prozedur. Sie lässt Befürchtungen aufkommen, dass weder radikale und langfristige Lösungen noch besonders innovative Konzepte zum Tragen kommen werden. Begründung dafür ist das politische Paradigma der Zivilgesellschaft, für alle Akteure, Organisatoren und Betroffenen einen bestmöglichen Konsens zu erreichen, ein bestimmendes Element der politischen Kultur neben den ökonomischen und politisch mobilisierbaren Potentialen einzelner Akteure. Dadurch ist der „tragfähige Kompromiss" als Ergebnis des Reformprozesses vorprogrammiert, der jedoch nicht zwangsläufig eine radikale Trendwende signalisiert, sondern eine Reform, die als Widerspiegelung aktueller Machtverhältnisse die Parameter zukünftiger Stadtentwicklungsprozesse festlegt. Ihre Angemessenheit und Nachhaltigkeit wird erst in den Folgejahren zu bewerten sein.

Diese Feststellungen lassen sich auch auf den angelaufenen Stadtumbau in vielen Städten in Ostdeutschland übertragen.

Es kommt hinzu, dass einige der einflussreichen Akteure des Stadtumbaus bisher noch wenig überzeugt sind, an diesem Projekt teilzunehmen, wenn ihnen unter anderem die Reduzierung nicht mehr finanzierbarer staatlicher Fördermittel, die Rückgabe von Steuerprivilegien und Wertberichtigungen ihrer Vermögen auf aktuelle Marktpreise ohne Kompensations- und Entschädigungsleistungen abverlangt werden: Zu ihnen zählen auf städtischer Ebene staatliche und semi-staatliche Infrastrukturdienstleister von der Post bis zur Bahn, Stadtwerke für kommunale Stadttechnik, Wohnungsunternehmen in der Nachfolge der DDR-Wohnungsversorgungsbetriebe, Abwicklungs- und Auffanggesellschaften insolventer Unternehmen, aber auch öffentlich-rechtliche und private Nachwendeeigner großer Industriebetriebe, die längst nicht mehr produzieren. Sie verfügen häufig noch über schwer vermarktbare Liegenschaften, zum Teil mit Hypotheken belastet, die auf überhöhten Bodenrichtwerten beruhen. In Verbindung mit einflussreichen Kapitalgesellschaften und Kreditinstituten, die in der Vergangenheit Hypotheken auf zweifelhafte Bodenrichtwerte ausgegeben haben, sperren sie sich gegen planungsrechtliche Veränderungen durch eine Neufestsetzung von Nutzungen, die deutlich den Wert und damit den Beleihungswert der Grundstücke verringern.

In diesem Dilemma, in dem viele der einflussreichen Akteure stehen, ist es notwendig, mit ihnen radikale Diskurse über den Stadtumbau zu führen, ihre partikularen Interessen zu verstehen und gemeinsam nach Lösungen zu suchen. Besitzstandswahrung durch Abwarten gilt in vielen Städten zwar bisher noch als ein probates Mittel gegen Veränderungen. Lokale Einflussnahmen auf die oft regional und national operierenden Unternehmen und Institutionen sind oft schwierig, rigorose Inanspruchnahme durchaus bestehender Rechtsmittel wie Enteignungen werden in der Regel nur selten angewandt. Nichtsdestotrotz sind es gerade diese komplexen Auseinandersetzungen, die als Voraussetzung für grundlegende Änderungen erforderlich sind.

Die IBA Stadtumbau 2010 agiert in diesem Kontext und muss ihre besondere Strategie, die sie in ihren Grundsätzen formuliert hat und in den Modellvorhaben in den Städten exemplarisch umzusetzen versucht, darauf ausrichten, eine Antwort auf die aufgeworfenen Fragen zu geben.

In diesem Beitrag werden drei Fragen und Antworten darauf zur Diskussion gestellt:

1. Auf welche Rahmenbedingungen und Parameter stößt der Stadtumbau als wichtige stadtentwicklungspolitische Reformstrategie, und welche Chancen bestehen, sie innovativ und radikal anders als bisher zu gestalten? Die Ausgangsthese ist dabei zunächst: Stadtumbau als Teil der städtischen Reformpolitik kann nur so zeitgemäß, kreativ, zukunftsfähig und effizient sein wie die allgemeine gesellschaftlich-politisch-ökonomische Reform, in die er eingebettet ist. Insbesondere ist damit die viel beschworene Reform- und Risikobereitschaft gemeint, die in einem kontroversen Interessengeflecht unterschiedlicher Akteure auch Blockaden erzeugen kann.

Noch wird der angelaufene Alltag des Stadtumbaus in vielen Gemeinden überwiegend als reduzierte Strategie der Abrisse und des Rückbaus von Wohngebäuden durchgeführt. Dazu verleitet werden die Städte besonders durch die
vorrangige Verfügbarkeit von Fördermitteln für den Abriss von leer stehenden Wohnungen, der außer einer vermeintlich notwendigen Verringerung des Überangebots
auch die auf vielen Wohnungsbeständen liegenden Altschulden der Wohnungsunternehmen zurücknimmt. Wenn überhaupt in nennenswerter Größenordnung
bisher Mittel für die komplementäre Aufwertung in Anspruch genommen werden,
sind dies häufig Modernisierungsmaßnahmen von Wohnungen und Wohnum-
feldern eben dieser Wohnungsunternehmen, Umnutzungen von nicht mehr be-
nötigten städtischen Gemeinbedarfseinrichtungen (zum Beispiel Kindertagesstätten zu Seniorentreffs) und auch Kostenerstattungen von Rückbaumaßnahmen
der stadttechnischen Systeme. Allerdings zeichnet sich ab, dass nach derzeitigen
Kalkulationen bestenfalls 40 Prozent der notwendigen Abrisskosten durch Fördermittel beglichen werden können und ab 2005/2006 stärker als bisher die
Aufwertungsförderung greifen soll. Solange jedoch trotz anderer Verlautbarungen
über die Vielschichtigkeit des Stadtumbaus verfügbare öffentliche Fördermittel zu
einem großen Teil für direkte oder indirekte wohnungswirtschaftliche Stützungs-
maßnahmen verausgabt werden, kann zwar Schadensbegrenzung erreicht, nicht
aber eine Kursänderung eingeleitet werden.
Die Aufgabe der IBA muss in diesem Kontext darin liegen, mit ihren Vorhaben als
gezielte Intervention einen Fixpunkt für die weitere Konsolidierung der städtischen
Zukunft zu setzen. Das IBA-Projekt formuliert dabei seine Zielstellung im gesamt-
städtischen Umbauprozess: Das perspektivische, jeweils stadtspezifische Profil
wird durch die von der IBA gestützten Aktivitäten geschärft, und es werden Chancen und Optionen eines städtischen Stabilisierungsverfahrens erprobt, die auch
unter den Bedingungen weiterer Stagnation und Schrumpfung als ein Netz mit
festen Knoten für das städtische Gemeinwesen funktionieren. Dabei geht es in den
bisher qualifizierten IBA-Projektstädten je nach Größenordnung um unterschiedliche Dimensionen des Exemplarischen: Kleinere Städte diskutieren eine umfassende gesamtstädtische Perspektive und Strategie, für die größeren sind es
einzelne Aspekte und Segmente, die einer breiten Palette stadtweiter Entwick-
lungs- und Konsolidierungsdiskurse hinzugefügt werden können.
Es ist aber deutlich zu machen, dass IBA-Vorhaben nicht als separate Einzelprojekte
die Tristesse des Schrumpfungsprozesses mit mehr oder weniger innovativen
Konzepten aufheitern können. Es geht darum, diese beispielhaften Interventionen,
die vom künstlerischen Event über Expertisen eines Fachgutachters bis zur baulichen Maßnahme reichen, als Orientierung für den Stadtumbau, als *benchmarking*
einer reformverpflichteten, neuen Stadt- und Städtebaupolitik und einer adäquaten
Stadtentwicklungsplanung zu verstehen.
Die auch in den Medien vermittelten Zustände der sozialen Lebenswelten in vielen
Städten Ostdeutschlands werden in den letzten Jahren dominiert durch Indikatoren
wie hohe Arbeitslosigkeit, Abwanderung, Überalterung, wachsende Armut und

düstere Zukunftsszenarien für die Gemeinden – allesamt Tatbestände, denen mit kommunaler Politik nur sehr wenig entgegenzusetzen ist.

Es wird deshalb besonders darauf ankommen, die lokalen Innovationspotentiale und ihre Protagonisten zu identifizieren und sie zu ermutigen, trotz deprimierender Indikatoren ein kommunales Reformklima gegen Resignation zu schaffen. Dazu gehört auch die kritische Debatte mit den genannten einflussreichen, derzeit noch stark auf partikulare Interessen fixierten Akteuren, um zu vermeiden, dass der Stadtumbau auf getrennten Ebenen durchgeführt wird oder sich unterschiedliche Ansprüche wechselseitig blockieren. Die IBA wird neben der Aufschließung kreativer Potentiale auch eine kontroverse, interessengeleitete Debatte moderieren müssen.

Dazu soll die internationale Ausrichtung der IBA beitragen: Das Zusammenstellen von Erfahrungen im Umgang mit wirtschaftlichen und sozialen Umbrüchen, die zu Bevölkerungsrückgängen und Migrationen sowie zur Entwertung und Aufgabe einst prosperierender Wirtschaftsregionen in Europa und etwa in den Vereinigten Staaten oder Australien führten, ist in mehrfacher Hinsicht hilfreich für die Debatte hierzulande. So kann beispielsweise die Normalität solcher Umbrüche in der Vergangenheit die häufig übertriebene existentielle Dramatik relativieren und derzeit hier noch als utopische Phantasien kritisierte Radikallösungen diskussionsfähig machen.

Der internationale Vergleich soll aber nicht nur Verfahren, Instrumente und Strategien von außen als Erfahrungswissen transportieren und als Maßstab für die Evaluierung der hiesigen Aktivitäten dienen: Wie in den vergangenen Jahren auch haben sich insbesondere planungs- und beteiligungsorientierte Modelle verbreitet und als Verfahren auch in anderen Ländern bewährt. Das Konzept der „behutsamen Stadterneuerung" – ein zentrales Element der IBA Stadterneuerung 1984 in Berlin – wurde in vielen Ländern erfolgreich als eine neue Planungskultur diskutiert. Ähnlich verhält es sich mit dem aktuellen Programm „Soziale Stadt", das ebenfalls deutsche Lösungen als ein Beispiel vielschichtiger Armutsbekämpfung zur Debatte stellt. In diesem Sinne können auch die methodischen und konzeptionellen Modelle des Stadtumbaus den Werkzeugkasten städtischer Planungskultur erweitern.

2. In welchem Umfang kann der Stadtumbau eine umfassende Reform kommunaler Politik befördern, und welche Chancen einer Neubestimmung städtischer Lebenswelten durch die Beschränkung und Konzentration auf die stabilen Elemente des spezifischen Stadtprofils und ihre Konsolidierung gibt es dafür? Die These dabei lautet: Stadtumbau umfasst alle Bereiche kommunalen Lebens, alle städtischen Akteure und greift in die meisten Lebenswelten und Milieus ein. Erfolgreich ist der Stadtumbau nur, wenn dementsprechend alle beteiligten Gruppen und Handlungsfelder berücksichtigt werden.

Durch den Stadtumbau wurde eine Chance eröffnet, auch in der Stadt eine Debatte über ihre Leitbilder und Perspektiven neu zu führen. Die unmittelbare Betroffenheit aller Stadtbürger und die deutlichen Auswirkungen auf Systeme und Strukturen der kommunalen Daseinsvorsorge sozialstaatlicher Prägung erfordern eine Neubestimmung bürgerschaftlicher Mitwirkung und Entscheidung. Die Tragweite des Stadtumbaus vor dem Hintergrund anhaltender ökonomischer Krisen und begrenzter Ressourcen für staatliche Interventionen erfordert eine Einbeziehung der Bürgerschaft, die eine Neubestimmung der lokalen Demokratie nicht nur wegen der allgemeinen Politikskepsis erforderlich macht. In Zeiten ökonomischer und sozialer Stabilität reichte es aus, wenn Bürgerinitiativen und ähnliche bürgerschaftliche Organisationen als außerparlamentarisches Korrektiv fungierten und häufig über formelle Bürgerbeteiligungsverfahren ihren Forderungen Aufmerksamkeit sichern konnten.

Die nunmehr aufgeworfenen Fragen zielen sehr rasch und direkt auf grundsätzliche Entscheidungen wichtiger Gruppen der Stadtbewohner: Welche Aspekte sprechen für und welche gegen ein dauerhaftes Verbleiben oder Wegziehen aus der bisher vertrauten Lebenswelt? Die Antwort wird immer häufiger davon geprägt, welche Perspektiven sich vor Ort entwickeln lassen und welchen Einfluss die sesshaften und bleibewilligen Bürger auf tragfähige und verlässliche Maßnahmen und Projekte nehmen können, welche neuen und zusätzlichen Vorteile ihnen Zukunftschancen vor Ort eröffnen.

Mit einer vielfältigen Palette kommunikativer Veranstaltungen von gemeinsamen Werkstätten und Ideenworkshops bis zu Fachkonferenzen und empirischen Analysen sowie künstlerisch und gestalterisch geprägten Kommunikationsmodellen einschließlich des regelmäßigen Erfahrungsaustauschs unter den interessierten Städten Sachsen-Anhalts sucht und testet die IBA neue Formen einer substantielleren Bürgerbeteiligung im Zusammenhang mit der Einrichtung wichtiger Akteursgruppen für den innovativen Stadtumbau.

In der Planungs- und Projektumsetzungskultur geht es auch um die Weiterentwicklung von Planungsinstrumenten, Richtlinien und mehr oder weniger bewährten Routinen. Es geht dabei um schnellere Reaktionsgeschwindigkeiten statt langer Vorbereitungs-, Planungs- und Implementierungszeiträume in ihrer zeit-linearen Aneinanderreihung. Die traditionell in der Stadtentwicklungspolitik eher starre Abfolge einzelner Schritte ist durch die zeitlich enge Verknüpfung der ersten Abschnitte von Planung und Durchführung effizienter zu gestalten.

Hilfreicher als die langwierige Diskussion komplexer Abhängigkeiten der Projekte und ihre möglichst detaillierte Vorbereitung ist es, sich auf einfache erste Schritte zu verständigen: In der alltäglichen Stadtumbaupraxis geht es nicht zuallererst um flächendeckende Breitenwirkung einer umfangreichen Reform, sondern darum, Impulse für Verhaltensänderungen zu geben, ohne dabei zu versuchen, komplette Programmatiken umzusetzen. Generelle und möglichst landesweit übertragbare Lösungen können nicht das allein entscheidende Kriterium für Erfolg und Misserfolg sein, auch kurzfristig erzielbare Optimierungen können effektiv sein und Mut machen für die nächsten Aufgaben. Es geht in den gemeinsamen Diskursen schon um Problemlösungen, jedoch steht die Gestaltung von Konsolidierung und Entwicklung der Stadt im Vordergrund und nicht die planmäßige Implementierung von Projekten und Programmen nach einem langwierigen analytischen und programmatischen Vorlauf, dem auch noch die ebenfalls oft zeitraubende Mittelbeschaffung für die Realisierung vorausgeht.

3. Welche Vorreiterrolle kann der Stadtumbau in Ostdeutschland für andere Städte, Orte und Regionen Deutschlands und weltweit spielen, die absehbar mit ähnlichen Umbrüchen und Schrumpfungsprozessen konfrontiert werden? Die These zu diesem Punkt ist: Verfahrensschritte eines innovativen Stadtumbaus hierzulande können Anregungen und Ideen liefern, auch wenn der Erfolg maßgeblich vom Reformklima und der Flexibilität derjenigen Akteure anderorts abhängig ist, die den dortigen Stadtumbau bewerkstelligen.

Der IBA-Grundsatz Nummer 10 postuliert die schrumpfenden Städte als ein international auftretendes Phänomen und erklärt die Erarbeitung von Kompetenz für entsprechende Analysen und Lösungsvorschläge als ein über Ostdeutschland weit hinausreichendes, vermarktungsfähiges Know-how zukünftiger Stadtentwicklung und als einen wichtigen Beitrag zum internationalen urbanistischen Diskurs.

Aus den Ausführungen zu den vorherigen Punkten sollte deutlich werden, welche neuen Wege die IBA Stadtumbau 2010 beschreiten kann und welche Werkzeuge und Instrumente dabei Verwendung finden. Diese Erfahrungen zu kommunizieren und als Gegenleistung entsprechende Erfahrungen aus anderen Ländern zu diskutieren, ist ein wichtiger IBA-Strukturbaustein. Der internationale Austausch von Erfahrungswissen soll dabei nicht auf eine spätere Etappe verschoben werden, bei der nach entsprechenden Zeitvorgaben Kenntnisse und *best practices* auf den einschlägigen Tagungen vorgetragen und diskutiert werden. Es geht darum, frühzeitig einen Dialog von Fachleuten und Bürgern mit unterschiedlichen Kenntnissen des durch Schrumpfung und Strukturwandel bedingten Stadtumbaus vorzubereiten. Alle Beteiligten sollen aus der Perspektive ihrer jeweils spezifischen Orte und Strategien heraus eine Zeit lang vor Ort gemeinsam mit den lokalen Akteuren und Verantwortlichen an klar definierten Problemlagen und Aufgaben arbeiten. Es werden sowohl analytische Ergebnisse als auch handlungsleitende Umsetzungsvorschläge zusammengestellt.

Die praktische Anwendung von vermittelten Erfahrungen und anderswo gewonnenen Kenntnissen wird auf den einschlägigen Tagungen oft hinter schwer durchschaubaren und kompliziert formulierten Erläuterungen verborgen und in anspruchsvolle holistische Systeme projiziert. Es kommt für die IBA jedoch mehr darauf an, neben der Einordnung des neuen Paradigmas der Schrumpfung in die Theorie der Stadtentwicklung für die Zukunft auch pragmatische Empfehlungen im konkreten Alltag zu systematisieren, die in dieser schwierigen Phase von den Städten als brauchbare Arbeitshilfe anerkannt werden.

Urban Redevelopment as a Component of Reform

Jochen Korfmacher

In 2000, a report issued by the specialist commission "Structural Change in the Housing Market of the New Federal States" represented the final catalyst for a landslide of debates concerning the source of vacant apartments in East Germany and putting forward concepts for a solution to the problem. The Internet search machine Google now lists more than 100,000 hits for the German word Stadtumbau – urban redevelopment – and many towns and cities have centres responsible for redevelopment: it has become a new, exciting topic within many academic disciplines and a field of commercial activity for experts of all kinds.

The IBA Urban Redevelopment Saxony-Anhalt 2010 at the Centre of Events

During the first discussions outlining the problems and their sources at the Bauhaus Dessau Foundation in 2001, our attention was already directed beyond Saxony-Anhalt and East Germany to the rest of Europe and even further. Here we are experiencing the particularly exaggerated form of a process which has already occurred elsewhere and will in all probability hit other countries, regions and cities all over the world as a fundamental structural change, and this realisation led us to include the global aspect of the phenomenon in the title "International Building Exhibition". It was also acknowledged that the greatest problems of our planet during recent and coming decades do not stem from the declining populations of wealthier societies, but from a dramatic increase of the population and an urbanisation of mankind in the huge agglomerate areas of global cities, some of which exceed the population of East Germany. The United Nations' international agenda of "Millennium Development Goals" names one of its most important as the struggle against poverty in big cities with exploding populations, as well as the provision – by the year 2020 – of accommodation, clean drinking water and basic foodstuffs for at least half of the over 500 million people world-wide who still lack these essentials. This is the same time frame within which, according to the existing prognosis, a further drop in East Germany's population will accelerate the exodus from cities and regions here.

In addition, on a global scale, economic and social transformation must always be seen as the simultaneity of opposites: Shrinking and growth – in different locations – continue to be real, everyday occurrences, parallel to continuing dynamic growth with astounding rates of increase. The decline of classical industrial regions in the developed states of Europe – including the former Soviet Union – and North America is accompanied by inconceivable economic upswing in some large economies in Asia, for example. It therefore appears necessary to relativise the current, rather glib formula "the end of the age of growth". If the locations, regions and cities of economic importance shift within the global constellation and this culminates in processes of shrinkage and decline in many places, it may indeed signify the end of growth in the classical sense for those places, regions or states affected. But such change may also open the way to a different quality of growth, which cannot be narrowed down to economic evaluation and its rates of increase, but is more firmly based on components of ecology, sociology and solidarity. That is why it is necessary to understand growth and shrinking as one closely interwoven process, rather than over-hastily announcing the end of growth and the beginning of the age of shrinking as a new paradigm.

Back to the state of affairs in East Germany: It was preceded by a deindustrialisation of many production locations dependent on the industrial policy of the former GDR, based on the argument that these had lacked global competitiveness in the years directly before unification. This was accompanied by demilitarisation – numerous locations were abandoned as a result of the withdrawal of occupying military forces – and "de-LPGisation" (the abandonment of collective factories and farms), which made a large number of urban areas and buildings superfluous, demanding new usage and new forms of business and industrial operation. The removal of central elements of the GDR economy and society was considered a precondition to the "flourishing landscapes" of the future. Alarm signals indicating a fundamental economic, social and cultural crisis were rarely taken seriously. Further growth was to be facilitated in East Germany using instruments to promote the structural change of classic industrial regions already tried and tested in West Germany and Western Europe. In this process of change into economic regions of a new type, the emphasis was on new production technologies, research and development in the fields of information and communication, and also on theme parks presenting industrial history.

It was not until the onset of reverse growth rates, in West Germany as well, that the necessary reform of economy and society already foreseen by many could no longer be postponed, not least because the evaluation of economic prospects for a reunified Germany had proved over-optimistic. The main causes, apart from structural and economic setbacks, were the costs of reunification for the whole of society and growing unemployment with its accompanying fall in contributions to the welfare systems, meaning that the continuing workability of the social system became debatable.

Around ten years later than in many other Western European industrial nations, the radical economic changes and their effect on the employment market – brought about by global change – accelerated in Germany. The necessary reforms are far from complete, even today.

In the cities of East Germany, the already ascertained and foreseen exodus of the population and large numbers of vacant apartments are a further consequence of the change in structure and not its source.

The Federal Government has reacted to the process of shrinking by launching the subsidy programme "Urban Redevelopment East" (in operation until 2010) and providing a volume of c. 2.7 billion Euros of federal and state funds for suitable counter measures. In the meantime, the reasons for the situation have been acknowledged complex and are no longer regarded as an isolated problem of the property market. The obligatory competition announced for all the cities of East Germany demanded, for the first time since unification, an unvarnished and sober analysis of perspectives, prognoses and economically relevant production prospects and services for every participating community in East Germany as vital components of the submitted urban development schemes. Dominant urban features and available resources were also taken into account. On this basis, the idea is to facilitate aid using the available funds from the Federation and the states, assisting both the demolition and cutting back of apartment buildings, the improvement of existing buildings categorised secure in the long-term, the urban infrastructure, and the creation of private residential property. The beneficiaries of the programme are, not least, the property companies, whose losses due to failing rents can be compensated at least partially in this way.

The operation of the subsidy programme "Urban Redevelopment East" to date has taken place parallel to the general reform debate; a central concern of the Federal Government, this has led to the first changes in health, social and taxation policies. It is characterised by controversial models for solutions and more or less radical alternative suggestions for change in existing systems and structures, and is being accompanied by hefty protest.

All the protagonists are equally aware of the necessity for reform, but the civil law process to negotiate its concrete form is a long and complex procedure. This leads to fears that neither radical, long-term solutions nor particularly innovative concepts will come to fruition. The reason for this lies in the political paradigm of the civil society: the aim to achieve the best possible consensus between all protagonists, organisers and those ultimately affected is a determining factor of political culture, besides the potentials of individual protagonists which can be mobilised economically and politically. It is surely inevitable that the reform process will culminate in a "viable compromise". This will not necessarily signalise a radical change of trend, but a reform that lays down the parameters of future urban development processes in a way that reflects the current balance of power. It will only prove possible to evaluate its suitability and lasting success after a number of years.

These conclusions may also be applied to the urban redevelopment that has begun in many cities in East Germany.

In addition, some of the influential protagonists of urban redevelopment are not yet convinced of the need for participation in this project, at least if they continue to face the following conditions: the reduction of state subsidies due to lack of funds, the withdrawal of tax privileges, and the revaluation of their capital to current market prices with no right to compensation and reimbursement. On the municipal level, these protagonists include state and semi-state run infrastructure services from the post-office to the railways, municipal works operating local urban technology, property companies that have taken over the GDR housing organisations, companies for the conclusion and rescue of bankrupt concerns, and post-unification owners – public and private – of large industrial operations which have been unproductive for some time. Often they are still in possession of scarcely marketable real-estate, some burdened with mortgages founded on excessive land price guidelines. Together with influential capital companies and lending institutes which have given mortgages on the basis of doubtful earlier land price guidelines, they obstruct change in planning regulations involving new definitions of usage that clearly reduce the value and thus the credit value of their real estate.

The dilemma in which many influential protagonists find themselves calls for their participation in radical discussion on urban redevelopment, so that their specific interests may be understood and mutual solutions may be sought. It is true that up until now, retaining ownership simply by waiting has been considered an effective means of avoiding change. It is often difficult to exert local influence on such companies and institutions, which often operate regionally and nationally, and the harsh implementation of existing legal methods – such as dispossession – is rarely practised. Nonetheless, precisely these complex discussions are a precondition to fundamental changes.

The IBA Urban Redevelopment 2010 operates within this context and must direct its specific strategy – formulated in its principles and applied through the exemplary model plans for its cities – towards an answer to the questions raised.

This essay presents three questions and their answers for discussion:

1. What conditions and parameters are encountered by urban redevelopment as an important reform strategy of urban development policy, and what opportunities exist to structure this in an innovative, radically different way? In this context, the initial thesis reads: As an aspect of urban reform policy, urban redevelopment can only be as up-to-date, creative, viable and efficient as the overall social-political-economic reform in which it is embedded. In particular, this refers to the frequently conjured up readiness for reform and risk, which may lead to obstacles within a controversial network reflecting the interests of a wide-range of protagonists.

The already existent, day-to-day practice of urban redevelopment in many communities is still primarily a reduced strategy of demolition and cutbacks in residential property. The cities have been led to this by the primary availability of subsidies for the demolition of vacant apartments, which – apart from a supposedly necessary reduction of the surplus – also cancels the property companies' debts on many apartment houses. If funds worth mentioning have been claimed for complementary upgrading, up until now these have often been for modernisation measures in apartments and residential areas belonging to the same property companies, for measures to convert superfluous community service institutions (for example, children's day care has been turned into senior citizens' centres), and for the reimbursement of costs used to cut back urban technical infrastructure. However, according to present calculations, there are indications that 40 percent, at best, of the necessary demolition costs can be met by subsidies and that from

2005/06 onwards the subsidies for improvement should be gaining ground. But as long as the available public subsidies are being spent mainly on direct or indirect measures to support the property market, despite contradictory announcements concerning the complexity of urban redevelopment, we may be able to restrict the damage, but will be unable to introduce a true change of course.

In this context, the task of the IBA must be to define what further consolidates the urban future by means of purposeful intervention. The IBA formulates its aim within the overall urban redevelopment process: the profile specific to each city is more clearly defined by the measures promoted by the IBA, opportunities and options are evaluated for a process of urban stabilisation which also functions as a firm and reliable network for urban communities under conditions of further stagnation and shrinking. In the qualified IBA cities to date, emphasis is placed on different exemplary dimensions dependent on their size: smaller cities discuss a comprehensive overall urban perspective and strategy, while for the larger cities, certain aspects and segments may be added to a wider range of city-wide debates on development and consolidation.

However, it must be made quite clear that IBA plans – as separate individual projects – cannot counter the misery of the shrinking process with either more or less innovative concepts. It is a matter of understanding these exemplary interventions – which may range from an artistic event to the expertise of a specialist consultant, or even to construction measures – as orientation for urban redevelopment, as benchmarking for a new urban construction policy devoted to reform, and for appropriate urban development planning.

The state of the social environments in many cities of East Germany, as the media have also demonstrated, has been dominated in recent years by indicators such as high unemployment, exodus of the population, ageing, growing poverty and dismal scenarios for the future of communities – all facts which local policies can do little to obviate.

It will be a matter of particular importance, therefore, to identify the local potentials for innovation and their protagonists and to encourage them to create a local reform climate opposed to resignation despite depressing indicators. Part of this consists of critical debate with the influential protagonists already mentioned – at present strongly focused on their own specific interests – in order to prevent city redevelopment being carried out on separate levels, or the mutual disruption caused by a clash of different demands. Besides the release of creative potentials, the IBA must also chair a controversial debate dictated by interests.

The international orientation of the IBA should contribute to this: gathering experience in handling radical economic and social changes leading to declines in population, to migration and the devaluation and abandonment of previously prosperous economic regions that has already been gathered in Europe and in the United States, for example, will be helpful in many respects for the debate in this country. The "normality" of such radical change in the past can relativise the often exaggerated existential drama and encourage discussion of the radical solutions still currently criticised as utopian fantasies.

However, international comparison should not only translate outside processes, instruments and strategies – the knowledge gained from experience – into the evaluation of practices here: As in past years, models oriented on participation and planning have become especially widespread and have also proved their worth in other countries. The concept of "careful urban renewal" – a central element of the 1984 "IBA Urban Renewal" in Berlin – has been successfully discussed as a new approach to planning in many countries. This is also true of the current programme "The Social City", which also puts forward German solutions for debate on the struggle against poverty on many levels. In this sense, methodic and conceptual models of urban redevelopment can extend the range of tools employed in our approach to urban planning.

2. To what extent can urban redevelopment support the comprehensive reform of local policies, and what chances for a new definition of urban environments may result from restriction and concentration on the stable elements of each specific city and their consolidation? Here the thesis is: Urban redevelopment affects all fields of community life and every urban protagonist, and it intervenes in most living environments and milieus. Urban redevelopment is only successful if all the groups and fields of activity involved are correspondingly considered.

Through urban redevelopment, an opportunity has unfolded for a new debate about the city's leading images and perspectives. The aimed-for involvement of all citizens and the clear effects on systems and structures of local social welfare demand a new definition of citizens' participation and decision-making. The consequences of urban redevelopment before the background of lasting economic crises and limited resources for state intervention require the involvement of citizens to an extent which in turn demands a new definition of local democracy, not only because of generally prevailing scepticism with respect to politics. In times of economic and social stability, it was sufficient for citizens' initiatives and similar citizens' organisations to function as an extra-parliamentary corrective; these were often able to assure attention for their demands via formal processes involving civic participation.

Rapidly, the questions now raised are directly aimed at fundamental decisions by important groups of city-dwellers: what aspects speak for or against staying in the long-term; should they move away from their familiar environment? More and more frequently, the answer is influenced by long term perspectives that can be developed and the influence which settled citizens – those who are willing to stay – are able to exert on tenable, reliable measures and projects; what additional, new advantages will open up for them here in the future?

The IBA seeks and evaluates new forms of more substantial citizens' participation, establishing important groups of protagonists in innovative urban redevelopment with a diverse range of communicative events from joint workshops and brainstorming sessions to specialist conferences and empirical analyses, as well as artistically and creatively conceived communication models involving a regular exchange of experience among interested cities in Saxony-Anhalt.

Planning and project realisation are also a matter of further development with respect to the instruments of planning, guidelines and more or less tried and trusted routines. The key is more rapid reaction rather than long periods of preparation, planning and implementation over an extended stretch of time. The traditional, rather rigid sequence of individual steps in urban development policy must be organised more efficiently by reducing the time between the first stages of planning and realisation.

An agreement on simple first steps would be more helpful than long discussion on projects' complex interdependencies and their detailed preparation: The everyday practice of urban development is not, first and foremost, a matter of the comprehensive, widespread effect of a large-scale reform, but of sending impulses for an altered strategy without attempting to realise complete programmes in the process. General solutions – ones that can be applied over the entire state as far as possible – cannot be the only decisive criterion for success and failure; realisable, short-term optimising can also be effective and offer encouragement for subsequent tasks. Joint discussions are already concerned with problem-solving, but the concept of city consolidation and development is of prior importance rather than the planned implementation of projects and programmes on the basis of long analytical and programmatic preparation, which is often preceded in turn by the time-consuming collection of funds for its realisation.

3. What forerunner role can urban redevelopment in East Germany play for other cities, towns and regions in Germany and world-wide which are likely to be confronted by similar radical changes and processes of shrinking in the foreseeable future? The thesis regarding this question is: Procedural steps of innovative urban redevelopment here can offer stimulus and ideas, even if success is definitively dependent on the reform climate and the flexibility of those protagonists responsible for the realisation of urban redevelopment elsewhere.

The IBA principle number 10 postulates that shrinking cities are an internationally emerging phenomenon and declares that the development of competencies for corresponding analyses and suggested solutions, the know-how of future urban development, will extend – and can be marketed – far beyond East Germany, as an important contribution to the international urbanist discourse.

The remarks on the previous points should have clarified the new approaches the IBA Urban Redevelopment 2010 is taking and indicated what tools and instruments will be used. An important component of the IBA structure is the communication of these experiences and complementary discussion of corresponding experience from other countries. The international exchange of knowledge and experience should not be postponed until a later stage when – after corresponding intervals – information and the best practices are presented and discussed at the relevant conferences. There is a need for the timely preparation of a dialogue between specialists and citizens with diverse knowledge of urban development determined by shrinking and structural change. All those involved should work for a period of time at their own specific locations and develop strategies to tackle clearly-defined problems and tasks on the spot together with the local protagonists and those responsible. Both analytical results and suggestions for practical methods of realisation should be gathered during this process.

At the relevant conferences, the concrete experience gained in this way and of outside knowledge is often concealed behind incomprehensible and complexly formulated expositions and projected into high-level holistic systems. However, the priority of the IBA, besides the inclusion of the new paradigm of shrinking into our theory of urban development for the future, is to systemise pragmatic recommendations in concrete everyday situations, enabling the cities to recognise these as a useful aid to their work during this difficult phase.

e 1 L
RÖTHAER
Seit 1882
Apfelsaft
aus Apfelsaftkonzentrat
ÖKO-TEST
RICHTIG GUT LEBEN
Röthaer Apfelsaft
sehr gut
Ratgeber: Essen, Trinken
& Genießen 2003
Frucht-
saftgehalt:
100%
ohne
Zuckerzusatz
mindestens haltbar bis: siehe Oberseite

ÖKO-TEST
RICHTIG GUT SCHEN
Rabenhorst Apfelsaft
sehr gut
Ratgeber: Essen, Trinken
& Genießen 2005
Frucht-
saftgehalt:
100%
ohne
Zuckerzusatz
mindestens haltbar bis. siehe Oberseite

100%
no added
sugar
best before end: see on top

RÖTHAER
Seit 1882
e 1L

mindestens haltbar bis: siehe Oberseit

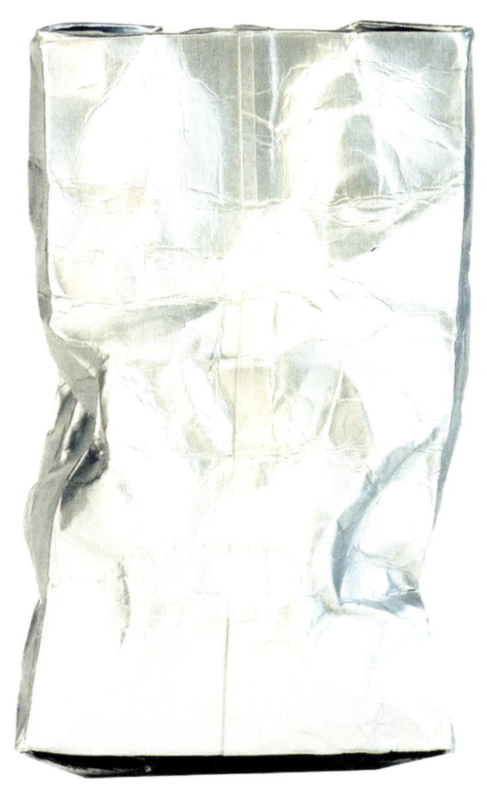

Genius gegen Gießkanne –
Plädoyer für eine neue Planungskultur

Rüdiger Schulz

Wer immer über die Schwelle des alten Wittenberger Rathauses tritt, den packt der Genius loci und lässt ihn nicht mehr los. Es genügt der Gedanke daran, wer alles zuvor schon genau diese Schwelle überschritten hat: Martin Luther, Philipp Melanchthon, Johannes Bugenhagen und Lukas Cranach gingen hier ein und aus, als die damalige Universitätsstadt Schauplatz grundlegender Auseinandersetzungen um eine Erneuerung der Kirche war, die das Leben der Menschen damals maßgeblich bestimmte. Es ging um Gott und die Welt, freilich nicht nur als bloße Redensart. Gut, dass die Lutherstadt Wittenberg ihren IBA-Beitrag nicht auf das Andenken an die Reformation verengt, sondern den „Dialog der Kulturen, Religionen und Generationen" zum Thema auserkoren hat – keine rückwärts gewandte Nabelschau, sondern eine in die Zukunft gerichtete Aufgabenstellung als neue Identität.

Nicht alle IBA-Städte haben es mit dem Genius loci so leicht wie Wittenberg oder wie das Duo Wolfen/Bitterfeld, das auf seinem weltbekannten Ruf als Chemiestandort aufbauend den Slogan „Die Chemie stimmt" formulierte. Nicht immer drängt sich ein Thema so auf wie in Weißenfels durch die geballte Ansiedlung von Unternehmen der Ernährungsbranche. Nicht immer fällt die neue Identität so eindeutig aus wie das überzeugende Konzept für Köthen, anknüpfend an Samuel Hahnemann, den großen Sohn der Stadt, hier ein Europäisches Zentrum für Homöopathie zu etablieren. Oft muss lange diskutiert, mitunter auch heftig gestritten werden. All diesen Ideen aber ist gemeinsam, dass sie einen spezifischen Genius loci herausarbeiten, um die Stadt damit zu profilieren. Ob das nun historische Wurzeln sind, gegenwärtige Schwerpunkte oder künftige Potentiale – sie geben der Stadt eine neue Identität.

Marketingstrategen haben dafür den etwas komplizierten, aber immerhin deutschen Begriff „Alleinstellungsmerkmal" gefunden: Das Besondere, Unverwechselbare, welches das eigene Produkt gegenüber den Produkten der Mitbewerber auszeichnet. Es kann zwar zu einem guten Teil neu erdacht werden, muss allerdings etwas mit dem wirklichen Produkt zu tun haben, in einer Stadt also auf etwas aufbauen, was schon da ist und weiterentwickelt werden kann: den Genius loci. Das mag vielleicht abstrakt oder theoretisch klingen, wird aber von den IBA-Städten bereits mehr oder minder deutlich praktiziert und ist mitnichten Selbstzweck oder intellektuelle Spielerei, im Gegenteil: Künftig wird eine aus dem Genius loci erarbeitete, von der Bürgerschaft getragene Identität, die die eigene Stadt von anderen Städten unterscheidet, mehr als alle weiteren Standortfaktoren zur Voraussetzung für dynamische Entwicklung werden.

Das Gießkannenprinzip, das in den vergangenen fünfzehn Jahren die Förderpolitik und, durch den Anspruch, überall gleiche Lebensbedingungen garantieren zu wollen, auch die Regionalplanung geprägt hat, ist jedenfalls nicht mehr lange zu halten. Der ehemalige Mülheimer Bürgermeister Jens Baganz drückte diese Einsicht folgendermaßen aus: „Wie wahrscheinlich ist es, dass wir in den nächsten fünfzehn Jahren unsere Bevölkerung stabilisieren, den Haushalt ausgleichen und den Beschäftigungsstand wieder anheben können?" Sei die Frage mit „wenig wahrscheinlich" zu beantworten, führe kein Weg an einem grundlegenden Strategiewechsel vorbei.[1]

Um keine Missverständnisse aufkommen zu lassen: Dass der Staat nicht mehr überall gleiche Lebensbedingungen garantieren kann, soll nicht etwa heißen, dass wir uns den strukturellen Rückstand der ostdeutschen Bundesländer dauerhaft leisten könnten. Die nach wie vor schwierige Lage im Osten – keine international bedeutenden Unternehmenszentralen, hohe Arbeitslosigkeit und Steuereinnahmen, die kaum die Hälfte des Westniveaus erreichen – lähmt die Entwicklung in ganz Deutschland, vor allem durch die enormen nichtinvestiven Transferzahlungen im sozialen Bereich. Dass investive Transferzahlungen auf mittlere Sicht nötig bleiben, um den Rückstand aufzuholen, ist keine Frage von Förderpolitik und Regionalplanung, sondern eine Frage unseres Selbstverständnisses als ein Land.

Wenn es aber wenig wahrscheinlich ist, dass wir in den nächsten fünfzehn Jahren unsere Bevölkerung stabilisieren, den Haushalt ausgleichen und den Beschäftigungsstand anheben können, muss über die Art und Weise genau dieser investiven Transferzahlungen völlig neu nachgedacht werden. Ein grundlegender Strategiewechsel in Förderpolitik und Regionalplanung ist nötig, in dessen Folge nicht mehr gleichmäßig, sondern gezielt und begründet finanzielle Mittel vergeben und planerische Rahmenbedingungen geschaffen werden: Je weniger öffentliche Mittel zur Verfügung stehen, desto wirkungsvoller müssen sie eingesetzt werden. Und es sage niemand, es gäbe keine Reserven mehr, um die Effizienz der eingesetzten Mittel zu steigern. Dafür allerdings brauchen wir eine neue Planungskultur. Wir brauchen eine zentrale Koordination, eine regionale Differenzierung und eine echte Erfolgskontrolle – einen Masterplan, so wie er jüngst vom „Gesprächskreis Ost" unter Leitung des ehemaligen Hamburger Bürgermeisters Klaus von Dohnanyi für die ostdeutschen Bundesländer vorgeschlagen, von Bundesregierung und Landesregierungen bislang aber weder in die Wege geleitet noch überhaupt ernsthaft diskutiert wurde.

Sofort stehen solche Forderungen im Verdacht des Dirigismus. Aber was ist daran Dirigismus, wenn der Staat gezielt und begründet fördert? Planung findet immer statt, wo der Staat eingreift. Jedes staatliche Handeln, auch das Nicht-Handeln, enthält ein Element der Planung, weil das jeweilige Verhalten Auswirkungen auf die Zukunft hat. Es geht also nicht um mehr Staat, sondern um einen höheren Wirkungsgrad staatlicher Maßnahmen. Gießkanne – und Rasenmäher – stehen für eine gleichmäßige, sehr bequeme, weil ausgewogene und damit irgendwie „gerechte" Form des Dirigismus, die aber leider nicht mehr finanzierbar und auch nicht hinreichend wirkungsvoll ist. Um es mit einer Grasnarbe zu vergleichen: Wenn der

Rasen trotz reichlichen Gebrauchs der Gießkanne nicht ordentlich kommt, fehlt vielleicht Stickstoff. Gezielt den Klee zu gießen, der den Stickstoff aus der Luft in seinen Wurzeln sammelt, wäre auf Dauer effizient für die ganze Grasnarbe. Aber fragen Sie nicht, was Weidelgras, Knaulgras, Rotschwingel, Fuchsschwanz und Wiesenrispe dazu sagen…

Natürlich hinkt der Vergleich, eine Region ist kein kleiner Rasen, eher eine weitläufige Wiese. Es kann deshalb auch sein, dass das Knaulgras noch etwas abbekommt, nur eben woanders, es gedeiht besonders gut auf magerem Sand. Wenn in Köthen gezielt alternative Medizin und Lebensweisen gefördert werden und in Weißenfels die Verbindung aus Naturraum und Lebensmittelindustrie, dann geht das nicht noch einmal in Bitterfeld oder Wittenberg. Und wenn die Gießkanne nur noch halb voll ist – oder halb leer – wird man nicht mehr anders können, als genau da zu investieren, wo die Erfolgsaussichten am größten sind.

Wo also liegen die Potentiale für eine Effizienzsteigerung? Was sind die Grundlagen für den Strategiewechsel?

1. Die Förderpolitik muss gut ausgebildete Fachkräfte für den Osten gewinnen, statt neue Straßen zu bauen. Inzwischen ist die Infrastruktur in den ostdeutschen Bundesländern überwiegend auf einem guten Stand. Doch wem nützt das, wenn sie immer noch hauptsächlich dazu benutzt wird, den Osten in Richtung Westen zu verlassen und nicht umgekehrt? Was potentiellen Investoren fehlt – sieht man einmal ab von den wirklich ländlichen Regionen, wo der Mangel an Autobahnen für Landwirtschaft und Tourismus relativ unschädlich sind –, ist nicht die Infrastruktur, sondern es sind die gut ausgebildeten Fachkräfte. Und die kommen bzw. bleiben vor allem da, wo die Verdienstmöglichkeiten stimmen und die Lebensqualität hoch ist. Konkret: So manche Straße kann noch gut zehn Jahre oder länger auf eine neue Teerdecke warten, ohne dass es zum Verkehrschaos käme, aber ein Hightech-Unternehmen, das hier und jetzt nicht ausreichend gut ausgebildete Fachkräfte vorfindet oder anlocken kann, ist nach seiner Entscheidung für ein anderes Bundesland auch in zehn Jahren noch nicht da. Und eine verfallene Zeile aus wunderbaren barocken Giebelhäusern, die nicht jetzt instand gesetzt und umgenutzt wird, ist in zehn Jahren vermutlich ganz und gar weg, was jedoch insofern kein Problem wäre, weil hier ja auch keine gut ausgebildeten Fachkräfte am Wochenende in der Eisdiele sitzen und Sachsen-Anhalt schön finden würden. Deshalb gehören alle Infrastrukturprojekte so lange gnadenlos auf die Abschussliste, bis es wirklich nicht mehr geht. Unsere verwöhnten Stoßdämpfer werden uns schon daran erinnern, wenn wir es übertrieben haben. Und deshalb gehören alle damit neu erschlossenen und sonst verfügbaren Mittel in eine unternehmensnahe Wirtschaftsförderung auf der einen Seite – das heißt vor allem Lohnkostenzuschüsse – und in Kultur, Städtebau und Landschaftspflege auf der anderen Seite: Wir brauchen Verdienstmöglichkeiten und Lebensqualität, um Menschen zu gewinnen.

2. Die Regionalplanung muss ihr Augenmerk auf besondere Standortqualitäten richten, statt von gleichen Lebensbedingungen zu träumen. Hier geht es darum, wo

genau in Verdienstmöglichkeiten und Lebensqualität investiert wird: genau da, wo es am meisten bringt – und das hängt nicht von Einwohnerzahlen, Einzugsgebieten und der damit verbundenen Einstufung in die herkömmlichen Kategorien Oberzentrum, Mittelzentrum oder Unterzentrum ab. Wir müssen weg von der auch im Landesentwicklungsplan noch verankerten quantitativen Profilierung durch die „Zentrale-Orte-Theorie" und dem daraus folgenden Anspruch, überall gleiche Lebensbedingungen garantieren zu wollen. Die wirtschaftliche und demographische Entwicklung mit geschlossenen Schulen, Arztpraxen und Geschäften des gehobenen Bedarfs hat diesen Anspruch in der Realität längst ausgehöhlt. Wir müssen hin zu einer qualitativen Profilierung der Standorte durch thematische Schwerpunkte – so wie es die IBA-Städte vormachen –, dort gezielt und begründet finanzielle Mittel vergeben und planerische Rahmenbedingungen schaffen, damit sich Wachstumskerne weiterentwickeln bzw. neu bilden, die schließlich aufgrund ihrer besonderen Standortqualitäten aus eigener Kraft funktionieren. Dass dabei nicht überall dieselben thematischen Schwerpunkte gewählt werden können, entspricht einer sinnvollen Aufgabenverteilung, wie sie auch in der Stadtplanung für die einzelnen Stadtteile vorgenommen wird. Die wirtschaftlichen und demographischen Gegebenheiten zwingen immer mehr dazu, die Region als Stadt zu sehen. Lassen wir uns in der Regionalplanung darauf ein, können sich die unterschiedlichen Identitäten der verschiedenen Städte sinnvoll zu einem stimmigen Mosaik, einem bunten Bild von Sachsen-Anhalt ergänzen.

Hier kommt der Genius loci wieder ins Spiel: Nicht jeder Wirtschaftsstandort wird sich mit Autobahn- und DSL-Anschluss allein vermarkten lassen und nicht jede Altstadt kann nur mit niedlichen Fachwerkhäusern werben. Erforderlich ist vielmehr ein Alleinstellungsmerkmal, eine aus der spezifischen Situation vor Ort erarbeitete und von der Bürgerschaft getragene Identität – ein ernst zu nehmendes Argument dafür, weshalb man bestimmte Dinge besonders gut hier und nicht woanders umsetzen kann. Darüber hinaus bedarf es einer Instanz, die mit diesen Identitäten eine neue Aufgabenverteilung in der Region plant und öffentliche Mittel gezielt den Standorten zuweist, die mit den klarsten Profilen, besten Ideen und erfolgversprechendsten Projekten ins Rennen gehen.

Wie nun könnte ein solcher Strategiewechsel für Sachsen-Anhalt aussehen? Welche Schritte sind nötig?
1. Die zentrale Lenkung muss optimiert werden: Das Problem besteht in der zwischen Bund und Ländern und auf Länderebene zwischen den einzelnen Ministerien suboptimalen Koordination der Fördermittel. Auf die Zusammenarbeit zwischen Bund und Ländern lässt sich von Sachsen-Anhalt aus nur begrenzt Einfluss nehmen, ebenso darauf, welche Programme mit welcher Zweckbestimmung auf Bundesebene aufgelegt werden. Aber auf Landesebene ist die Verzahnung von Förderpolitik und Regionalplanung unkompliziert möglich: Eine interministerielle Arbeitsgruppe, so wie sie bereits für die IBA existiert und die Entwicklung der Einzelprojekte zwischen Wirtschafts-, Bau-, Sozial- und Forschungsministerium ab-

stimmt, wäre auch hier die geeignete Instanz, um zentral zu koordinieren, regional zu differenzieren und den Erfolg der eingesetzten Mittel zu kontrollieren. Ihre wichtigste Aufgabe wäre die Fortschreibung des Landesentwicklungsplans zu einem Masterplan für die thematische Entwicklung Sachsen-Anhalts, einem ständig zu überprüfenden, aber zum Zeitpunkt der jeweiligen Förderentscheidung gültigen Rahmen, der die neue Aufgabenverteilung in der Region abbildet und damit eine qualifizierte Grundlage für die künftige Förderpolitik darstellt. Wenn nicht „gerecht" gestreut, sondern gezielt vergeben wird, muss besser begründet und kontrolliert werden, so wie das in der Forschungsförderung schon lange üblich ist. Ein Masterplan würde sicherstellen, dass auch bei der Wirtschafts- und Städtebauförderung die Erfolgsaussichten des zu fördernden Projektes zum Entscheidungskriterium Nummer 1 aufrücken.

2. Die kommunalen Spielräume müssen erweitert werden: Die Kommunen sind das dezentrale Pendant zur zentralen Lenkung, gegebenenfalls auch das Korrektiv. Ohne die an der kommunalen Basis erarbeiteten Identitäten und die daraus folgenden Ideen und Projekte würde das ganze System nicht funktionieren. Zugleich sind die Kommunen das derzeit schwächste Glied in der Kette, da ihre schwindenden Haushaltsmittel oft zu mehr als 90 Prozent gesetzlich festgelegt sind und sich die vielerorts gehegte Hoffnung, der Status quo sei durch Vermögensverkäufe, Personalabbau und Einsatz innovativ klingender Finanzprodukte aufrechtzuerhalten, durchweg als Illusion erwiesen hat. Die Kommunen brauchen wieder mehr Luft zum Atmen. Zum einen muss die mittelfristige Finanzplanung konsequent der sinkenden Einwohnerzahl angepasst werden, denn bei schrumpfender Bevölkerung erhöht sich die Pro-Kopf-Verschuldung, selbst wenn das Kreditvolumen nicht ausgeweitet wird. Zum anderen kann der konzeptionelle Ansatz, sich auf einem bestimmten Gebiet qualitativ profilieren zu wollen, statt auf allen Gebieten quantitativ mithalten zu müssen, die notwendigen, aber immer schmerzhaften Einschnitte in das kommunale Leistungsspektrum erleichtern, indem er eine positive Richtung vorgibt.

Angesichts des gegenwärtig spürbaren Verlusts an gemeindlicher Autonomie und einer offenen wie schleichenden Aushöhlung der in Artikel 28 Grundgesetz verankerten kommunalen Selbstverwaltung ist daran zu erinnern, dass die Wiederbelebung des bürgerschaftlichen Interesses an der Stadtgemeinde nicht zufällig als Reaktion auf den Zusammenbruch des preußischen Staates erfolgte. Darum seien einige Passagen aus der einführenden Verlautbarung König Friedrich Wilhelms III. zur Preußischen Städteordnung von 1808 – nach ihrem Urheber Karl Reichsfreiherr vom und zum Stein auch „Steinsche Städteordnung" genannt – zitiert: „Der besonders in neueren Zeiten sichtbar gewordene Mangel an angemessenen Bestimmungen in Absicht des städtischen Gemeinwesens und der Vertretung der Stadt-Gemeinde, das jetzt nach Klassen und Zünften sich theilende Interesse der Bürger und das dringend sich äußernde Bedürfniß einer wirksameren Theilnahme der Bürgerschaft an der Verwaltung des Gemeinwesens, überzeugen Uns von der Nothwendigkeit, den Städten eine selbständigere und bessere Verfassung zu geben, in der Bürgergemeinde einen festen Vereinigungspunkt gesetzlich zu bilden, ihnen eine thätige Einwirkung auf die Verwaltung des Gemeinwesens beizulegen und durch die Theilnahme Gemeinsinn zu erregen und zu erhalten."

Vielleicht müssen wir uns dafür aber auch von der überkommenen Verfasstheit der „Stadt-Gemeinde" lösen und Stadt neu denken: Als Träger bürgerschaftlichen Engagements kommen natürlich nicht nur die im Rat und in den Ausschüssen aktiven, gewählten Vertreter der Kommune in Frage, sondern es müssen vielmehr neue Akteure gewonnen und eingebunden werden – Privatleute, Stiftungen, Bürgerinitiativen und Fördervereine, die mit Geld oder Arbeitsleistung oder beidem einspringen, wenn die Kommune allein nicht weiterkommt. Was kann Menschen bewegen, sich über die ungeliebte Steuerlast hinaus für ihre Kommune einzusetzen? Die Wurzeln bürgerschaftlicher Verantwortungsbereitschaft liegen in der Bibel: „Suchet der Stadt Bestes und betet für sie zum Herrn, denn wenn's ihr wohl geht, so geht's euch auch wohl" (Jeremia 29, Vers 7). Gerade im überschaubaren Bereich um Kirchturm und Rathaus liegt es nahe, an die christlichen Grundwerte und ihre Weiterentwicklung zu den Menschenrechten der Aufklärung anzuknüpfen, und es gibt viele Beispiele solchen Engagements in der Geschichte jeder Stadt. Auf der anderen Seite bietet die Spaßkultur unserer Tage nicht nur Ablenkung, sondern auch Mitwirkungsmöglichkeiten. Stadtentwicklung, Städtebau und Architektur haben das Potential, so populär und selbstverständlich zu werden wie Kino oder Fußball, wenn interessierte Bürger in die Entscheidungsprozesse einbezogen werden bzw. sich einbringen können. Bewusst wahrgenommene Verantwortung und Lust an Veränderungen können die Anreize sein. Die Stadt neu denken heißt, erweiterte Formen der Partizipation in der Zivilgesellschaft zu etablieren.

Weil das Gießkannenprinzip nicht mehr bezahlbar ist, wird der Dialog über einen Strategiewechsel in Förderpolitik und Regionalplanung auf allen Ebenen geführt werden müssen – je eher er beginnt, desto besser. Unabhängig von zentraler Lenkung können auf kommunaler Ebene Spielräume geschaffen bzw. genutzt werden, in denen aus dem jeweiligen Genius loci Alleinstellungsmerkmale der Städte sowie neue Identitäten entstehen. Sachsen-Anhalt ist mit der Erprobung solcher Strategien bereits sehr weit, denn in den IBA-Städten hat die qualitative Profilierung der Standorte durch thematische Schwerpunkte bereits begonnen und zeigt erste Erfolge. Darauf aufbauend kann jetzt in einem nächsten Schritt ein Masterplan für das ganze Land auf den Weg gebracht werden: durch eine interministerielle Arbeitsgruppe, unter Beteiligung aller gesellschaftlichen Kräfte und interessierten Menschen, etwa in Form eines Zukunftskongresses. Dieser Masterplan – der erste in Deutschland – könnte beispielhaft sein für den Aufbruch einer Region, die sich realistisch den Problemen stellt und konstruktiv ihre Zukunft plant.

1   Baganz, Jens: „Die Zeit der Philharmonien ist vorbei". Die Welt, 28.7.2004.

Genius versus the "Watering-Can Principle" –
A Plea for a New Approach to Planning

Rüdiger Schulz

Anyone crossing the threshold of the old town hall in Wittenberg will surely be seized by the genius loci. We need only to think of all those who have entered before us: Martin Luther, Philipp Melanchthon, Johannes Bugenhagen and Lucas Cranach were regular visitors here in an age when the city and its university were the scene of fundamental discussion on reforms to the Church, which defined people's lives at that time. Those debates were genuinely concerned with all things between heaven and earth, which was no empty saying back then. It is a good thing that the Lutheran city of Wittenberg has not restricted its IBA contribution to reminders of the Reformation, but has selected the "dialogue of cultures and religions among generations" as a theme – refusing to contemplate its own navel by merely looking back, but setting itself a forward-looking task to establish a fresh identity.

Not all the IBA towns are as lucky with their genius loci as Wittenberg, or as the duo Wolfen/Bitterfeld, which has coined the slogan "the chemistry is right" on the basis of its world famous reputation as a centre of the chemicals industry. A topic is not always as ready to hand as the one chosen by Weißenfels, with its dense concentration of companies in the food processing industry. A city's new identity does not always emerge as clearly as Köthen's convincing concept – taking up the ideas of its great native son Samuel Hahnemann – to establish a European centre of homeopathy. Often there is a need for long and sometimes hefty discussion. But all these ideas have one thing in common; they develop on the distinct genius loci which distinguishes each city. Whether historical roots, present emphases or future potential – they offer the city a new identity.

Marketing strategists have coined the rather complicated, but at least wholly German term "Alleinstellungsmerkmal" to describe this phenomenon: it is the special, distinctive feature which characterises one's own product by comparison to those of competitors. This may be a new idea to some extent, but it must be connected to the actual product in some way. It means that a city must build on something that is already there and can be developed further: the genius loci. Although this may sound abstract or theoretical, it is already being practised more or less obviously by the IBA cities and is by no means an end in itself or merely an intellectual game. On the contrary, in the future an identity supported by the citizens and developed from the genius loci will become an outstanding precondition for the dynamic development of a city.

The "watering-can principle" of all-round distribution that has shaped the policy of subsidisation and – due to its aim to guarantee the same living conditions everywhere – that of regional planning over the last fifteen years cannot be maintained much longer. The former mayor of Mühlheim, Jens Baganz, expressed this in the following way: "Just how likely is it that we will be able to stabilize our population, balance the budget and raise the level of employment in the next fifteen years?" If the clear answer to that question is "not very likely", there is no way around a fundamental change in strategy.[1]

To avoid any misunderstanding: the fact that the state is no longer able to guarantee the same living conditions everywhere does not mean, for example, that we can afford to accept the structural disadvantages experienced by the East German states in the long term. The continuing difficult situation in the East – no central offices of internationally significant companies, high unemployment and tax revenue equivalent to less than half of that in the West – is hindering development in the whole of Germany, especially as a result of non-investment transfer payments in the social sector. The fact that investment transfer payments remain necessary in order to make up the deficits in the mid-term, is not a question of subsidy policies and regional planning, but of understanding our country as a single entity.

If it is unlikely that we will be able to stabilize our population, balance the budget and raise the level of employment during the next fifteen years, it is essential to rethink the form and nature of these investment transfer payments. A fundamental change of strategy in subsidising policy and regional planning is necessary, after which funding is no longer distributed equally, but in a specific direction and for a specific purpose, thus creating a new framework for planning. The less public money is available, the more effectively it must be used. And no one can claim that there is insufficient leeway for an increase in efficiency when it comes to employing funds. However, if this is to succeed, we need a new approach to planning. We require central coordination, regional differentiation and real monitoring of success – a master plan like the one for the East German states recently suggested by the "Gesprächskreis Ost" under the leadership of the former mayor of Hamburg, Klaus von Dohnanyi. Unfortunately such a plan has not yet been put into action or even seriously discussed by the federal government and the governments of the federal states.

Such a demand is immediately suspected of dirigisme. But what is dirigisme about state provision of specific, substantiated subsidies? Planning always occurs when the state intervenes. Every state action, including a lack of action, involves an element of planning, because in each case the action has an influence on the future. It is not a matter of more government interference, therefore, but of a greater level of effectiveness with regard to state measures. The image of the watering-can – and that of the lawn-mower – stands for an equally distributed and comfortable (because balanced and thus somehow "fair") form of dirigisme. Unfortunately, this can no longer be financed and is not sufficiently effective. To compare the country with a lawn: if the grass doesn't grow properly despite widespread use of the watering-can, perhaps it lacks nitrogen. Directly watering the clover which collects nitrogen from the air in its roots would be more productive for the entire lawn in the long-term. But don't ask what the ryegrass, fescue, meadow grass, foxtail and couch grass will have to say about it…

Of course, there are limits to the comparison: a region is not a lawn, perhaps it is more of a rolling meadow. The couch grass might receive some aid, but somewhere else, as it flourishes on thin, sandy soil. If alternative medicine and alternative ways of life are actively subsidised in Köthen, and the links between natural surroundings and the processed food industry in Weißenfels, it does not mean that this would also be possible in Bitterfeld or Wittenberg. And if the watering-can is only half full – or half-empty – there will be no alternative but to invest in those places where our chances of success are the greatest.

So where is the potential for increasing efficiency? What are the foundations for such a change in strategy?

1. Subsidising policy must aim to win over well-qualified specialists for the East rather than building new roads. By now, the infrastructure in the East German states is in good condition almost everywhere. But what is the point of this, if the infrastructure is only used by people leaving the East in a westward direction, rather than the other way around? What potential investors see as missing – except in the truly rural regions, where the lack of motorways remains relatively undamaging to agriculture and tourism – are well-trained workers. And they will come or remain when the opportunities for earning are right and the quality of life is high. In concrete terms: one or two roads can certainly wait another ten years or so for new tarmac without ensuing traffic chaos, but a high-technology concern that cannot find or attract enough well-trained specialist workers in the here and now will not be around in ten years, for it will choose to locate its operations in a different federal state. And a decaying terrace of wonderful gabled houses from the Baroque, which is not restored and given a new function today, will probably be gone completely in ten years time – not that it will matter, because there will be no well-trained workers to sit in the ice-cream parlour admiring Saxony-Anhalt each weekend. That is why all infrastructure projects need to be put on the waiting list immediately, until there is absolutely no alternative. Our ruined car suspension will let us know if we've taken things too far. And that is why all the newly-acquired and otherwise available funds should go towards promoting an economy that suits businesses – which means, above all, subsidies for wages – and towards culture, urban planning and the cultivation of the landscape. We need opportunities to earn well and quality of life in order to attract people.

2. Regional planning must direct its attention towards the specific qualities of a location rather than dreaming about equal living conditions. It is a matter of where precisely investments need to be made to create opportunities for earning and to promote the quality of life: precisely where they are most effective. That is not dependent on population figures, catchment areas and the related categorisation of towns as major, medium or minor population centres. We must escape from the quantitative emphasis of the "core settlement theory", still anchored in federal state

development concepts, and from the subsequent pretension to guarantee the same living conditions everywhere. In reality, economic and demographic development involving the closure of schools, doctors' surgeries and high quality shops already undermined this aim some time ago. We must move towards a qualitative differentiation of locations by means of thematic emphases – already demonstrated by the IBA cities –, distributing financial resources for specific, substantiated purposes and creating a framework for planning that will enable core growth areas to go on developing or to emerge, ultimately functioning as a result of their specific location qualities. Of course – and this corresponds to the division of tasks for individual city districts sought by urban planning – it will not be possible to select the same thematic emphases everywhere. The existing economic and demographic conditions force us, increasingly, to see the region as a city. If we accept this premise in regional planning, the different identities of the various towns and cities can complement each other sensibly to create a balanced mosaic, conveying a bright and attractive image of Saxony-Anhalt.

Here the genius loci comes into play once again: not every economic centre will be marketable, just because it has motorway and digital broad-band connections; and not every old city centre can advertise with pretty half-timbered buildings. Far more, there is a need for the "Alleinstellungsmerkmal", an identity developed on the basis of the specific situation in each town and borne by the citizens themselves – a serious argument in favour of realising distinct projects effectively here rather than anywhere else. In addition, there is the need for an authority to plan a new division of regional tasks on the basis of these identities and to direct public funds towards those locations that enter the race with the most distinctive profiles, the best ideas and the most promising projects.

What form might a successful change in strategy for Saxony-Anhalt take? What necessary steps must be realised?

1. Central control must be optimised: the problem lies with the less than optimal coordination of subsidies between the Federation and the states, and between individual ministries on the state level. Saxony-Anhalt's influence on the cooperation between the Federation and the individual states is limited, just as it has little say in which programmes, with what defined purpose, are established on the federal level. On the state level, however, it is possible and by no means difficult to link policies of subsidy and regional planning: an inter-ministerial working group – like the one already existing for the IBA – should be founded to reach agreement on the development of individual projects between the ministries of industry, building, social affairs and research. This would also be a suitable authority for central coordination, regional differentiation, and subsequent checks on the effectiveness of any funds granted. The most important task of this group would be the extension of the state development plan into a master plan for thematic development in Saxony-Anhalt; into a framework that needs constant control, but is valid for each decision on subsidy, illustrating the new division of tasks within the region and thus

representing a qualified basis for future policy on subsidisation. If funds are not distributed "fairly", but awarded specifically, there is a need for more efficient controls and justifications – something that has already applied to the distribution of research funds for a long time. A master plan would ensure that the proposed project's chances of success became the primary deciding factor with respect to economic and urban planning subsidies as well.

2. The local authorities must be given more freedom of action: the local authorities are the decentralised pendant to central control, and where necessary they are also the corrective. The entire system would fail to work without identities that have been worked out on a local basis and without the ideas and projects emerging from them. At the same time, the local authorities are presently the weakest link in the chain, because 90 percent of their dwindling budgets are often earmarked by law for specific purposes. The hope cherished in many places that the status quo could be maintained by a sale of property, reduction in personnel and the use of innovative-sounding financial products has proved no more than an illusion. The municipal authorities need more space to breathe. On the one hand, mid-term financial planning must be consistently adjusted to the falling level of population, for a declining population means an increase in pro capita debt, even if the volume of debt does not increase. On the other hand, the notion of distinguishing oneself qualitatively in a specific area rather than having to keep up quantitatively in every sphere might facilitate the necessary, but always painful cuts across the spectrum of community services by lending these a positive direction.

Given the present tangible loss of local autonomy and the open, if gradual undermining of the local self-administration anchored in Article 28 of the constitution, we should remind ourselves that a revival of citizens' interest in their urban communities also occurred, and this is no coincidence, as a reaction to the collapse of the Prussian state. Here is a passage from the proclamation by King Frederick William III upon the introduction of the Prussian City Order of 1808 – also known as "Stein's City Order" after its author Karl Reichsfreiherr vom und zum Stein: "The visible dearth, especially in modern times, of suitable regulations regarding the intentions of the municipal authorities and the representation of urban communities, the interests of the citizens, now divided by class and professions, and the urgently voiced need for effective participation in the administration of public life on the part of our citizens, have convinced us that we must provide a better, more independent constitution for the municipalities, lending legal form to a firm aspect of union among the community of citizens, giving them an active influence on the administration of public life, and prompting and maintaining a sense of communal good as a consequence of this participation."

Then as now, it is impossible to overstress the function of "urban communities" as a counterbalance to central control – ultimately, because the municipalities represent the link between state and society. This is where the state is concrete, where it is experienced on the spot, in a positive as well as in a negative sense. The local authorities require freedom of action in order to motivate citizens' commitment. Citizens will meet authorities which are permanently on the verge of financial ruin with the same lack of interest shown by an unpaid financial receiver. But where there are opportunities for creativity, interest will grow, and this is exactly the precondition necessary for the development of the genius loci into an "Alleinstellungsmerkmal" through a process of public dialogue, developing a new identity that leads to projects that truly move the city ahead.

In order to realise this, however, perhaps we must escape from the traditional constitution of the "urban community" and conceive the city in a new way: as the focus of its citizens' commitment. Not only the elected representatives of the community, those active on the council and in committees are relevant in this context; many more new protagonists must be won over and involved – private individuals, foundations, citizens' initiatives and societies which participate with money or work, or both, when the local authority is unable to act alone. What can people set in motion, what – apart from the unpopular burden of taxes – can they do for their communities? The roots of a citizen's readiness to take on responsibility lie in the Bible: "And seek the best for the city and pray unto the Lord for it, for in the good thereof shall ye have good" (Jeremiah 29, verse 7). Especially in the small area around the main church and the town hall, we are reminded of the basic Christian values and their development into the human rights of the Enlightenment, and there are many examples of such commitment in the history of every city. On the other hand, today's fun culture not only offers distractions, but opportunities for participation. Municipal development, urban planning and architecture have the potential to become as popular and natural as the cinema or football, if interested citizens are involved or find ways to involve themselves in the relevant decision-making processes. Consciously perceived responsibility and a desire for change are possible stimuli. A new concept of the city means that extended forms of participation within civic society must be established.

Since the "watering-can principle" is no longer financially viable, the dialogue regarding changes in the strategy of subsidisation policy and regional planning will have to be carried on at all levels – and the sooner it begins the better. Independent of central control, leeway can be created at the local authority level and used to develop "Alleinstellungsmerkmale" and new identities emerging from the relevant genius loci. Saxony-Anhalt has already progressed some way in testing such strategies, for in the IBA cities the qualitative distinction of locations through thematic emphases has already begun, and it is demonstrating the first signs of success. A second, subsequent step would be to launch a master plan for the entire state: by means of an inter-ministerial working group, by means of wide social participation and the involvement of interested citizens, for example in a congress focusing on the future. This master plan – the first in Germany – may prove an exemplary illustration of the way in which a region can embark on a realistic approach to its problems and develop a constructive plan for its own future.

1   Baganz, Jens: "Die Zeit der Philharmonien ist vorbei". Die Welt, 28.7.2004

Ein Modell wird 40. Überlegungen zur Aktualisierung der Moderne, Studie Halle-Neustadt
Halle-Neustadt: a model after 40 years. Ideas to bring modernism up-to-date

Lesbarkeit: besondere städtebauliche Struktur mit historischem Wert

Identitätsstrategie für Halle-Neustadt
Identity strategy for Halle-Neustadt

HA*NE

Entwicklungsszenario: Einstürzende Neubauten
Development scenario: crumbling new buildings

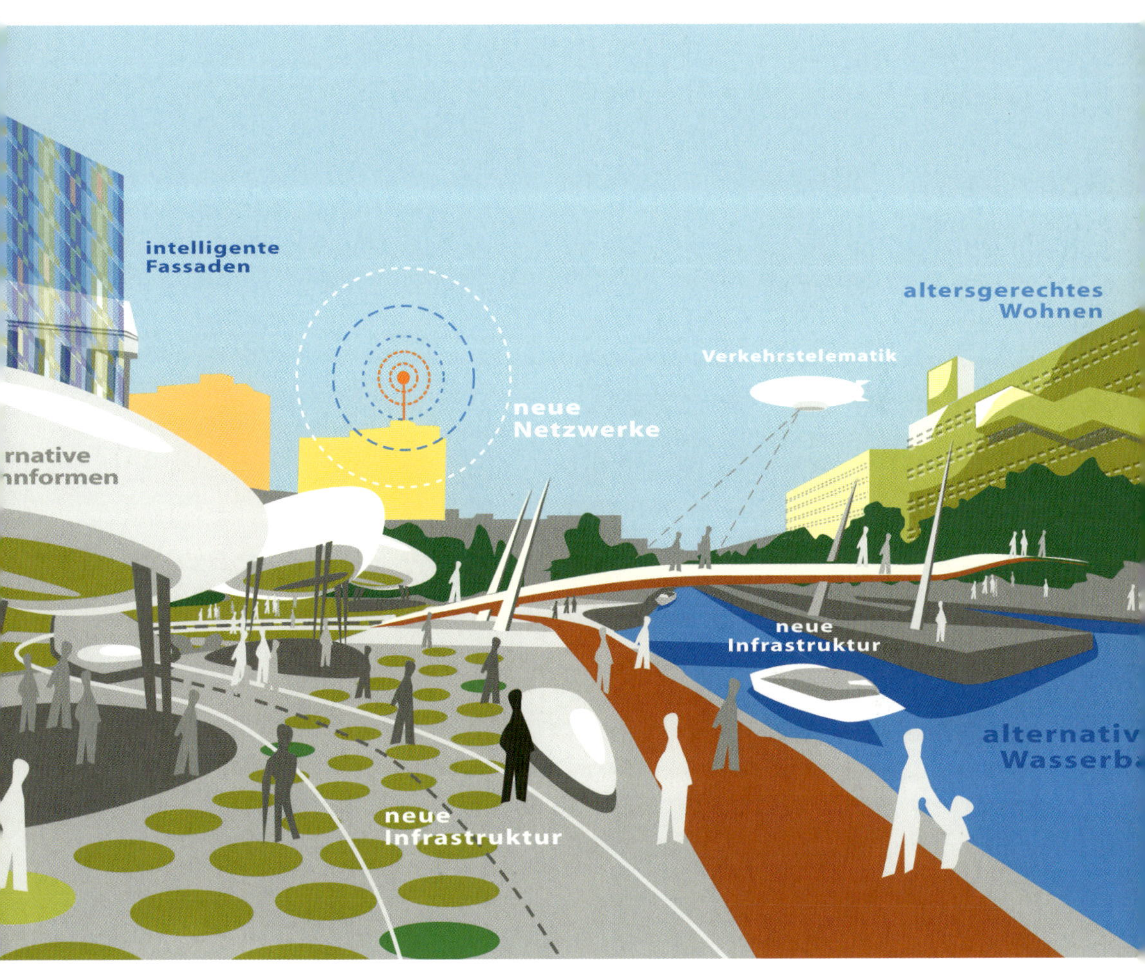

Entwicklungsszenario: Zukunftslabor Neustadt
Development scenario: Neustadt, a laboratory of the future

Entwicklungsszenario: West End Neustadt
Development scenario: West End Neustadt

Museales Szenario: Stadt der Chemiearbeiter
Museum scenario: City of chemical workers

Neue urbane Figurationen

Torsten Blume

Schrumpfende Städte zwingen dazu, Stadt und Städtisches radikal zu denken. Es nützt nicht, an alten Raumbildern und Ideologien festzuhalten. Die Frage ist nicht mehr: Wie lassen sich überkommene dichte Städte erhalten? Angesichts des Städte-Schrumpfens sind die neuen Fragen vor allem grundsätzlicher Art: Worin besteht das Städtische einer Stadt nach ihrer Schrumpfung? Wie attraktiv kann ein urbanes System sein, das wesentlich dezentral oder polyzentrisch funktionieren muss? Wie weit ist ein Raummuster dehnbar, ohne dass es aufhört, als Stadt zu funktionieren? Wie lassen sich in der perforierten Stadt, auch im Hinblick auf das soziale Gefüge aus weniger und älter werdenden Menschen, lebenswerte urbane Areale schaffen bzw. aufrechterhalten?

Es wird nötig sein, dass sich die Städte konzentrieren, dass viele der bisher in die Fläche expandierten und entflochtenen Funktionen neu zusammengeführt werden. Es ist eine wesentliche Aufgabe künftiger Stadtpolitik und Stadtplanung, Suburbanisierung und Perforation nüchtern zu akzeptieren und konstruktiv, ohne ideologische Vorurteile weiterzuentwickeln. Das heißt, städtische Konzentrationen auch jenseits kompakter urbaner Ganzheiten denken und gestalten zu lernen, denn Konzentration wird sich immer weniger in den überkommenen Mustern der dichten und kompakten Stadt realisieren lassen. Die Formen, in denen dies geschieht, sind vielfältig. Die Basis dafür werden künftig eher spezifische, miteinander verbundene Kernbereiche und Kernstrukturen sein, die für mehrere Nutzungsprogramme offen sind, für Differenz, Überraschungen sowie für temporäre oder transitorische Urbanität. Denn die weniger gewordene Substanz der Stadt muss mehr leisten als bisher. Dafür müssen Orte und Systeme in der Lage sein, auf mehreren Ebenen zugleich zu operieren und andernorts ausgefallene Funktionen zu übernehmen. Was für Orte können dies sein? Wie werden diese Orte miteinander in Beziehung gesetzt? Welche urbanen Raum-Figuren werden dabei entstehen?

Die neue Stadt beginnt nicht auf den Brachen

Meist fallen einem in den schrumpfenden Städten als erstes die Leerstände, die neuen Freiräume und die wilden Brachflächen auf. Es liegt nahe und es ist notwendig, dass sich Stadtgestaltung und Stadtpolitik damit beschäftigen, denn dies gar nicht zu tun, hieße Verwahrlosung zu akzeptieren. Aber man wird in Zukunft immer weniger Kraft und Mittel dafür haben: Man wird sich auf Wildnis in der Stadt einstellen und mit begrenzten Eingriffen, durch die Formulierung der Ränder, Brachen in die Stadt integrieren müssen. Aber Brachen sind schwache Zonen, an denen die Stadt „ausgefallen" ist, weil hier etwas zu Ende gegangen oder gescheitert ist. Brachen müssen von der Stadt „mitgenommen", mitgetragen werden.

Deshalb sind sie vor allem als Extensionsflächen interessant. In einer perforierten Stadt, die in kultureller Hinsicht eher „schwächelt", sollte man sich hüten, die Brachen mittels inhaltsloser Events beleben zu wollen, sondern sich vielmehr auf die Stärkung und Qualifizierung real vorhandener und entwicklungsfähiger urbaner Knoten, Kerne und Vernetzungen konzentrieren. Denn ohne starke polyvalente Kerne nützt alle Brachenkultivierung wenig. Diese Kerne werden neue Konzentrationen, Knoten und „Synapsen" ausbilden und in Abhängigkeit von der vorhandenen Typologie der jeweiligen Stadt auch neue räumliche Figurationen entstehen lassen. Dabei entstehen jene Energien, die Brachen und frei werdende Landschaften zu strukturieren vermögen. Verschiedene Formen der Konzentration sind denkbar:

Die kompakte Stadt – Konzentration auf ein Zentrum

Eine Möglichkeit ist der Rückzug auf einen kompakten, neu zu verdichtenden Kernbereich. Stadtplaner favorisieren dies oft, weil dadurch eine überschaubare Stadt der kurzen Wege entstehen kann, die das Bild der alten europäischen Stadt bedient. Der Bezugspunkt dieses Ideals ist in der Regel eine historische Mitte, in der die Geschichte der Stadt auf relativ engem Raum anschaulich wird. Dies bedeutet Rückbau und neue Grenzen, wobei eine große Zahl städtischer Quartiere aufgegeben wird. Es bedeutet aber auch, die Stadtmitte wieder aufnahmefähig für die bisher auf die Ränder ausgedehnten Funktionen zu machen: Eigenheime, Einkaufszentren, Betriebe oder Vertriebssysteme. Auch wenn anerkannt wird, dass historische Dichten und Stadtbilder nicht wiederherstellbar sind, beziehen kompakte Stadtkerne Form und Status aus einem dichten Nebeneinander verschiedener Bauten auf einer Vielzahl von Einzelgrundstücken. Sie bieten eine räumlich zusammengedrängte Umgebung. Kleine Lücken, die hier entstehen, können im Vorstellungsbild, das die Menschen von diesen Stadträumen haben, noch relativ einfach überblendet werden. Sie beeinträchtigen das Wahrnehmungsschema kaum.

Die Stadt als Archipel – Konzentration auf urbane Inseln

Wird die Fragmentierung der Stadt durch Suburbanisierungsprozesse und Stadtperforationen akzeptiert und als weiterzuentwickelnde Tendenz gestaltet, ist die kritische Neuinterpretation des Kernstadt-Modells in Form eines Gefüges aus mehreren kleineren Stadtkernen möglich. Jede dieser Kernzonen ist durch eine spezifische Kompaktheit geprägt und grenzt sich architektonisch und räumlich durch ausformulierte Ränder von der städtischen Gesamt-Landschaft ab. Landschaftliche Zwischenräume gliedern das gesamtstädtische Gefüge. Die Lage und Gestalt der Kerne wird weniger durch historische Bezüge als durch die existierenden Funktionszonen sowie durch topographische Verhältnisse bestimmt. Die in den Raum expandierten und entflochtenen Funktionszonen werden ebenso wie die vorhandene Verkehrsinfrastruktur neu interpretiert, in sich verdichtet und durch neue innerstädtische „Rahmungen" bzw. Randbildungen geprägt.
Wie Funktionen zusammengelegt werden können und dabei hybride Knoten bilden, dafür gibt es schon etliche Ansätze (Poststellen in Supermärkten oder auf Bahn-

höfen, Tankstellen als 24-Stunden-Shops, Einkaufscenter als Ausstellungsräume, Briefkästen in Straßenbahnen usw.). Solche Verknüpfungen müssen in verschiedenen Maßstäben erfunden bzw. qualifiziert werden. Netz- und feldartige Stadtstrukturen benötigen Kerne, die kompakt, in der Ausdehnung übersichtlich und im Angebot vielfältig sind. Je weniger Macht und Mittel eine Kommune oder ein Kommunalverband haben, um Entwicklungen planerisch zu steuern, umso mehr müssen sich die Qualifizierungsziele auf vorhandene Potenzen konzentrieren – durch den Zusammenfluss verschiedenster Dienstleistungsfunktionen sowie das Ausbauen und Verdichten intelligent ausgewählter Bestände. Dabei werden nicht zuletzt auch neue Berufsbilder und Bildungsziele generiert.

Man wird relativ wenig planen können. Vieles entsteht mehr oder weniger zufällig, auch informell. Vielleicht integrieren Shoppingcenter, die heute neben Einkaufsmöglichkeiten schon Kinos, Spielplätze, Fitnesscenter und andere Freizeiterlebnisse anbieten, demnächst auch Arztpraxen, Büros von Bürgervereinen und städtische Verwaltungseinrichtungen?

Die Nöte der Schrumpfung werden die Städte dazu zwingen, sich auf Ausbildung von zeitlich, gestalterisch und in der Nutzung stabilen Bereichen zu konzentrieren. Dabei wird man sich ideologische Dogmen kaum leisten können. Kerne müssen mit einem großen Teil Pragmatismus raumökonomisch dort ausgebaut und gefördert werden, wo nutzbare Ansätze dafür vorhanden sind, auch wenn manche zunächst allen Konventionen „schön" gestalteter urbaner Orte zu widersprechen scheinen.

Natürlich stellt dies auch neue Anforderungen an die bestehenden Infrastrukturen des Personen-, Güter- und Warentransportes, die wie andere städtische Funktionen neu angepasst werden müssen.

Die Band- oder Ringstadt – Konzentration auf eine Verkehrsform

Eng verwandt mit dem urbanen Archipel ist die effiziente Figur einer Stadt, die ihre Inseln entlang einer dominanten Verkehrsform, das heißt in Bezug auf eine Hauptstraße, entlang von Eisenbahn- oder Straßenbahnlinien organisiert und „verschaltet". Dabei können sowohl Band- als auch Ring-Formen den regionalen Zusammenhang zwischen Verkehrsinfrastruktur und Siedlungsentwicklung beschreiben. Die Verkehrsachse erfüllt mehr als nur Transportfunktionen. Sie ist auch ein neuer, großflächiger öffentlicher Raum, in dem sich wesentliche Kommunikations-, Informations- und Kulturfunktionen des städtischen Gefüges realisieren. Nicht nur die Stationen des Verkehrssystems, die Autotankstellen, die Bahnhöfe oder die Parkplätze, auch die Transportmittel selbst können sich hier als urbane Terminals im Rahmen einer urbanen „corporate identity" auf neue Art entwickeln. Sie können mit angelagerten Wohn-, Gewerbe- und Einkaufsgebieten wichtige praktische und symbolische Verbindungen für ein verstreutes urbanes System sein. Die wiederkehrende Frage ist: Was für neue Nutzungen, welche Zusatzprodukte und Dienstleistungen lassen sich hinzufügen? Überall dort, wo Infrastrukturen und

Dienstleistungen nicht mehr mit den bisherigen Mitteln aufrechterhalten werden können, sind bei Strafe des Untergangs neue Geschäftsideen und Nutzungskombinationen gefragt. Man wird viele Überlagerungsformen von Stadt und Straße als „Stadtraumstraßen" finden. Dann wird sich die Stadt in der Mannigfaltigkeit der in der Fläche verteilten, aber sinnfällig verbundenen Elemente, die einen niemals abgeschlossenen arbeitsteiligen Differenzierungsprozess nähren, als zugängliche urbane Landschaft darstellen.

Die Netzwerkstadt – Konzentration auf Netzwerke der Infrastruktur

Wenn Städte kaum mehr räumlich anschauliche Grenzen auszuprägen vermögen und in den aufgelösten und perforierten urbanen Gefügen undeutlich wird, wo die eine Stadt aufhört und die nächste anfängt, liegt darüber hinaus der Gedanke nahe, diese Stadtlandschaft auch politisch-administrativ zu formulieren – also der Zusammenschluss zu Stadtregionen. Kommunale, politisch-administrative Verantwortlichkeiten werden neu justiert, Verwaltungsaufgaben werden neu aufgeteilt und reguliert.

Damit die Netzwerk-Stadt zum mental erfahrbaren städtischen Zusammenhang wird, braucht es eine besondere physische und mediale Mobilität. Hier werden die Straßen mit ihren Konzentrationspunkten an den Rändern die wesentliche Mitte der Regionalstadt bilden und dementsprechend sind es dann vor allem großflächige und großvolumige Merkzeichen, die der Orientierung im dezentralen Gefüge dienen und dazu die Stadt-Elemente adressieren. Diese Merkzeichen werden in ihrer Auffälligkeit sicherlich heutigen Werbeflächen oder den oft intensiv farbigen Architekturen der Einkaufszentren und eigensinnig prägnanten Gewerbegebiete an den Stadträndern ähneln. Damit entsteht eine neue, auf das auto-mobile Stadterleben ausgerichtete städtische Architekturtypologie in neuem Maßstab, die zwar schon längst in Suburbia zu besichtigen ist, aber im neuen Zusammenhang der Regionalstadt Struktur gibt und dabei eine Neuinterpretation erfährt. Was entsteht, ist ein Muster aus verinselten Stadtvierteln und heterogenen Zwischenräumen: Ein vielschichtiges polyzentrisches Netz von Leere und Dichte, von Zersiedelung, Fragmentierung und Monofunktionalität.

Die verinselte Stadt wie die Regionalstadt ergeben kaum im bekannten Sinne harmonische städtebauliche Gesamtanlagen. Ihre Bilder sind voll von Brüchen und Kontrasten. Das Fehlen einer Gesamtgestalt ist eine Qualität, denn die Unmöglichkeit enger ästhetischer Richtlinien vermag auch eine faszinierende und einladende Gemengelage von Ausdrucksweisen zu erzeugen, die allen Akteuren die Möglichkeit individueller Stilisierung von Leben offen hält. Wenn sowohl von einer vorhandenen Vielfalt und Komplexität der Verkehrs-, Informations- und Kommunikationsstrukturen als auch von einer offenen Vielheit verschiedenster städtischer Zonen als Positiva ausgegangen wird, entsteht die Figur einer konsequent suburbanisierten Stadt. Die Netzwerkstadt operiert mit einer großflächigen Infrastruktur, auf deren Basis sie permanent wandlungsfähig ist. Ihre Identität gewinnt sie

weniger durch bestimmte städtebaulich-räumliche Formen als durch ein viele
Freiheiten ermöglichendes Regelwerk, auf dessen Basis die vernetzte städtische
Administration die verschiedensten, auch informellen Prozesse intelligent mode-
riert und koordiniert. Charakteristisch sind viele Interimslösungen, Provisorien und
ein ständiges Experimentieren mit Raumnutzungen, Funktionsverbindungen und
Interessenlagen.

Das öffentliche Raumsystem, aber auch private Freiräume können vergrößert werden. Die neuen Räume bieten viele Möglichkeiten für die Entfaltung auch experimenteller Arbeits- und Wohnformen. Verschiedene Siedlungscluster, Einzel- oder
Randlagen sowie Stadtarchipele bilden sich aus und erzeugen so eine pluralistische
Stadt für unterschiedliche Milieus und Lebensstile.

Die neu gegründete Stadt – Konzentration auf den radikalen Neuanfang

Die wohl radikalste Form des Umgangs mit einer schrumpfenden Stadt ist deren
Aufgabe und Auflösung. Wenn sich herausstellt, dass die alte Stadt neu definierten
Anforderungen an zukunftsträchtige Entwicklungen nicht mehr gerecht wird, kann
die Auslagerung oder Neugründung einer Stadt als extreme Lösung sinnvoll sein.
Ob der neue Stadtkörper, zum Beispiel als Campus einer hypermodernen Universitätsstadt, noch innerhalb der alten Stadtgrenzen liegt oder außerhalb davon, ist
im Grunde sekundär. Entscheidend ist die konsequente Aufgabe der alten Stadt,
um für etwas Neues, zum Beispiel eine hochmoderne Infrastruktur, optimale Bedingungen zu schaffen, der radikale Abschied von der Tradition, mit dem die bisherige Stadt als gebaute Form abgeschrieben und letztendlich sich selbst bzw. der
Natur überlassen wird.

Stadtplanung

Die hier skizzierten Struktur-Modelle überlagern und durchdringen sich in der Realität wechselseitig. Es entstehen zahlreiche Mischformen und Patchwork-Urbanitä-
ten. Dennoch ist in der Regel eine dieser Raumtypologien als dominant und prägend für die Stadtentwicklung auszumachen und zu entwickeln. Aus jedem dieser
Raummuster ergeben sich besondere Bedingungen und Anforderungen für die
Gestaltung sozialer, wirtschaftlicher, kultureller und politisch-administrativer Prozesse.

Wenn die Stadtplanung den Schrumpfungs-Trend der suburbanen und perforierten
Stadtentwicklung nicht verhindern kann, wird sie ihn dennoch innerhalb bestimmter
Grenzen qualitativ, typologisch und programmatisch steuern müssen. Kommunalpolitik wird sich jeweils auf wenige zentrale Themen, Aufgaben und Projekte konzentrieren müssen. Durch das Aufstellen von Regeln und durch Moderation kann
sie Prozesse modifizieren und qualifizieren. Möglich ist auch, dass bestehende
Regelungen des Planungs- und Bauordnungsrechts verändert werden. Statt weiter
für unsichere Urbanisierungsprogramme neue Räume und Flächen vorzuhalten,
wird es um die neue Operationalisierung der realen Ressourcen gehen und darum,

durch die Herstellung von Verknüpfungen und Überlagerungen neue Dynamiken zu entfachen. Planer und Administratoren werden so zu Wegbereitern, die auch mit einem Minimum an direkter ökonomischer Macht Themen setzen und Prozesse initiieren. Ohne die Vision städtischer Ganzheit, aber dennoch mit Blick auf das gesamtstädtische Gefüge wird Stadt in größtenteils kleinräumigen Experimenten und pragmatischen Projekten hergestellt. Private und öffentliche Nutzungsideen werden undogmatisch und pragmatisch gefördert, wenn sie die städtischen Ressourcen mobilisieren und flexibilisieren. Solange es vielfältige öffentliche Förderprogramme und Finanzierungsmöglichkeiten gibt, sollten diese für Rahmenbedingungen eingesetzt werden, die städtische Potentiale für neue Funktionen und Akteure qualifizieren.

Für Städte, die nicht mehr auf Wachstum ausgerichtet, aber auch nicht auf Rückbau und Schrumpfung fixiert sind, werden etliche Testprojekte als Erkenntnisinstrumente nötig sein. Auch Gestaltungsexperimente in Leerräumen, Brachen und Freiflächen bieten dabei ein wichtiges Trainingsfeld für neue urbane Aneignungsformen durch Bewohner und Nutzer.

Gerade weil die Bewältigung der fundamentalen Probleme schrumpfender Städte ein längerfristiger Prozess sein wird und dabei ständig neue Erfahrungen gesammelt werden müssen, ist es wichtig, stadtpolitisch ehrlich zu handeln und Transparenz herzustellen, denn wir brauchen eine Atmosphäre, die bürgerschaftliche Mitwirkung und viele eigenverantwortliche Projekte befördert.

New Urban Configurations

Torsten Blume

Shrinking cities compel us to radically rethink our concepts of the city and of urbanism. It is senseless to cling to old images and ideologies. The question is no longer: How can we preserve outdated, dense cities? Faced by shrinking cities, the new questions are fundamental: What constitutes the urban quality of a city after shrinking? How attractive can an urban system be made when it is obliged to function in a largely decentralised or polycentric way? How far can an environmental pattern be extended before it stops functioning as a city? How can we create and maintain urban areas within the perforated city where it is possible to live, also bearing in mind the new social constellation of a smaller, ageing population?

It will be necessary for cities to become more focused; for many of the functions which have spread out and lost closely interwoven structures to be brought back closer together. It is an essential task of future urban policy and planning to accept suburbanisation and perforation and to continue development constructively without ideological prejudices. This means learning to conceive of and design urban concentrations above and beyond compact urban units, since concentration will become more and more difficult to realise – at least in the traditional pattern of a dense, compact city. The ways in which this occurs vary. In the future, the basic tendency will be towards specific, interlinked core areas and core structures which are open to several programmes of usage – towards difference, surprises and temporary or transitory urbanity. The substance of the cities, which has actually decreased, must perform more tasks than it did before. This means that places and systems must be in a position to operate on several levels simultaneously, and to take over functions no longer practised elsewhere. What kind of places could these be? How will they be related to one another? What constellations of urban space will emerge in the process?

The New City Will not Appear on Vacant Lots
Generally, the first thing we notice in shrinking cities is vacant property, an increase in free lots and uncultivated waste ground. It is logical and necessary for city planners and urban politicians to deal with these, not doing so would mean accepting desolation and decay. But in the future there will be a decrease in energy and funds for such work: we must grow accustomed to the idea of wilderness within the city and will have to integrate areas of waste ground into the city by means of limited intervention, by lending definition to its edges.
However, uncultivated areas are weak zones where the city has "broken down"; where something has come to an end or has failed. Vacant lots must be "taken on" by a city; they must be carried by it. For that reason, they are interesting primarily as a field of expansion. In a perforated city, which is "failing" in the cultural sense, we should avoid trying to revitalise vacant ground by means of empty events, but concentrate on boosting and modifying the already existent urban intersections, core areas and networks which are capable of development. Any cultivation of vacant lots is pointless without strong polyvalent core areas. These core areas will develop new concentrations, junctions and "synapses" and, dependent on the existing typology of the city in each case, they will also permit new configurations of space to emerge. It is here that the energies originate which are then capable of structuring those waste areas and landscapes that have become empty and unused. Various forms of concentration are conceivable:

The Compact City – Concentration on One Centre
One possibility is reversion to a single, compact core area, which must be refocused. City planners often favour this approach, because it paves the way for a coherent city of short distances, corresponding to the image of the old European city. The ideal reference point is – as a rule – an historical centre where the history of the city is illustrated within a relatively small area. This means backward development and new edges, whereby a large number of city districts are abandoned. However, it also means making the city centre capable of readopting the functions which had previously been extended to the periphery: private residential property, shopping centres, businesses or systems of distribution. And even if it is acknowl-

edged that historical density and city images cannot be reproduced, compact city centres adopt their form and status from the dense proximity of different buildings on a large number of separate lots. They offer a spatially concentrated environment. Small gaps that occur can be glossed over relatively easily in the image that people cultivate of such city areas. They detract very little from the overall scheme of perception.

The City as an Archipelago – Concentration on Urban Islands

If the fragmentation of the city as a result of suburbanisation and urban perforation processes is accepted and structured, viewing it as a tendency that may be developed further, the way is opened for a critical new interpretation of the core city model in the form of a constellation made up of several smaller urban centres. Each of these core areas is defined by a specific compactness and is differentiated architecturally and environmentally from the overall urban landscape by means of a developed periphery. Interspaces of greenery, of "countryside", link together the urban constellation as a whole. The position and form of the core areas is determined less by historical references than by existing functional zones and topographical conditions. The functional zones – now extended into space and scattered –, such as the existing traffic infrastructure, are interpreted in a new way, concentrated, and defined by new inner-city "frames" or developed peripheries.

There are already various examples of an amalgamation of functions to form hybrid nodes (post-office counters in supermarkets or at stations, filling stations as 24 hour shops, shopping centres as exhibition space, letter boxes in trams etc.). Similar combinations must be devised or modified on different scales. Net- and field-like urban structures require centres which are compact, clearly laid out and diverse with respect to the functions offered. The more power and means a local community or an association of communities has to control planning developments, the more the aims of modification must be concentrated on existing potential – by amalgamating a range of service functions and expanding or condensing intelligently chosen existent factors. Not least, this will generate new types of jobs and educational agendas.

It will not be possible to plan extensively. Many things will emerge more or less by chance, in an informal way. Perhaps shopping centres which already include cinemas, playgrounds, fitness centres and other leisure opportunities in addition to shops will also offer doctors' surgeries, offices of citizens' associations and municipal administration departments in the near future?

The problems of shrinking will urge cities to concentrate on the creation of stability; of areas whose structure and usage remain constant over time. We cannot permit ourselves very much ideological dogma along the road. It will be necessary to develop and support core areas with considerable pragmatism and an economical use of space that adopts the features already available to us, even if some of these may initially appear to contradict all the conventions of "attractively" designed urban sites. Naturally, this will also exert new demands on the existing infrastructures for the transport of people, resources and goods, and these – like other urban functions – will have to be correspondingly adjusted.

The Strip or Ring City – Concentration on a Form of Traffic

Closely related to the urban archipelago is an effective urban constellation which organises and "connects" its islands along a dominant form of transport – for example beside a main road, railway or tram tracks. It is possible to use the terms strip or ring city to describe this regional connection between traffic infrastructure and settlement development. The traffic axis fulfils more than simple transport functions. It is also a new, large-scale public space where major functions of communication, information and culture for the urban constellation are realised. Here, not only the stops along the transport system – the filling stations, the stations or the car parks –, but also the means of transport themselves can be developed into new urban terminals within the framework of a "corporate urban identity". Together with their adjoining areas of residential and commercial property, they can be important practical and symbolic connections within a diffuse urban system. The returning question is: What new functions, what additional products and services can be added? Wherever infrastructures and services can no longer be maintained using traditional means, there is a need for new business ideas and combinations of use – if these are not found, the consequences are likely to be failure and eventual decline. There are many conceivable overlapping combinations of city and roads which may develop into "urban environment routes". In this context, the city can emerge as an accessible urban landscape with diverse but connected elements scattered over space, elements that sustain an infinite, active process of differentiation.

The Network City – Concentration on Networks of Infrastructure

When the boundaries of cities have become almost invisible and it is unclear within these diffuse and perforated urban constellations where one city ends and the next begins, it also becomes logical to lend political and administrative structure to such an urban landscape – that is, to amalgamate it into an urban region. Local political-administrative responsibilities are thus readjusted, and tasks of administration are newly distributed and regulated.

There is a need for outstanding physical and media-based mobility before this network city can develop into a thinkable urban entity. Roads and their concentrations on the periphery will form the essential heart of the regional city – and extensive, massive features will represent the main, corresponding points of orientation and focus the urban elements within this decentralised constellation. Such features will be immediately noticeable; perhaps they will resemble today's huge advertising screens or the often extremely colourful architecture of shopping centres and persistently compact commercial areas on the urban peripheries. The outcome will be a new urban architectural typology, aimed towards a new scale of auto-mobile urban life which can already be seen in suburbia, certainly, but will lend structure to the regional city in this fresh context. The emergent pattern is one of island-like urban districts and heterogeneous intermediate areas: a complex, polycentric net of space and density, of intense habitation, fragmentation and monofunctionalism. The city of islands and the regional city generate few harmonious urban planning configurations in any familiar sense. The impressions given are those of discontinuity and contrasts. However, this lack of overall identity is also a quality, for the impossibility of narrow aesthetic standards may also lead to a fascinating and inviting mixture of expression, creating the possibility of an individual lifestyle for all the protagonists involved. If we view the starting point – an existing diversity and complexity of traffic, information and communication structures and a range of contrasting urban zones – as positive, the constellation that develops is a consistently surburbanised city. The network city operates on the basis of a wider area of infrastructure, meaning that it is capable of permanent change. Its identity is less dependent on specific, planned environmental forms than on a set of regulations enabling considerable freedom. On the basis of this, the integrated local administration can adopt and coordinate a wide range of processes, including informal processes, in an intelligent way. The characteristic outcomes are many interim solutions, provisional ideas and a constant experimentation with the use of space, functional combinations and contrasting interests.

The public system of space and the availability of private spaces may be augmented. These new spaces will offer many possibilities for the development of experimental working and living environments. Different clusters of habitation, isolated or peripheral locations and city archipelagos will develop, thus creating a pluralist city encompassing different milieus and lifestyles.

The Newly Established City – Concentration on a Radical New Beginning

The most radical way of dealing with the shrinking city is probably its abandonment and dissolution. When an old city is no longer meeting contemporary demands, this may call for an extreme solution: either moving or founding a new city. Basically, it is secondary whether the body of the new city, for example the campus of a hypermodern university city, is situated within the old city boundaries or outside of them. The decisive factor is the consistent abandonment of the old city in order to create optimal conditions for something new – such as an extremely modern infrastructure. This represents a radical farewell to tradition, writing off the previous city as a construction and ultimately leaving it to itself or to nature.

Urban Planning

In reality, the structural models outlined here overlap and permeate each other so that innumerable combinations and patchwork urban forms are possible. Nonetheless, as a rule, one of these spatial typologies may be discerned and developed as the dominant form influencing a city's development. Each environmental pattern generates specific conditions and demands with respect to social, economic, cultural and political-administrative processes.

While urban planning cannot avoid shrinking and the trend towards suburban and perforated urban development, it will still be obliged to direct it – within specific limitations – in a qualitative, typological and programmatic way. In each case, local policies will have to concentrate on a few key themes, tasks and projects. By establishing regulations and methods of moderation, it will be possible to modify and qualify the accompanying processes. The existing planning and building regulations may also have to be altered. Rather than continuing to provide new spaces and areas for doubtful urbanisation programmes, it will be necessary to employ concrete resources in an innovative way, stimulating fresh dynamism through the creation of relationships and overlaps. Planners and administrators will become pathfinders who are able to introduce the agenda and initiate processes despite a minimum of direct economic power. Without the vision of urban unity, but still with a view to an overall urban constellation, the city will be created primarily by means of small-scale experiments and pragmatic projects. Ideas for private and public use will be promoted in a non-dogmatic, pragmatic way if they mobilise urban resources and make these more flexible. As long as there are diverse public funding programmes and financing possibilities, these should be employed to produce frameworks that modify the existing urban potentials in the service of new functions and protagonists. Cities no longer directed towards growth, yet by no means narrowly focused on reduction or shrinking will require many test projects in order to collect the relevant insights. Experiments to restructure empty space, waste ground and vacant lots also represent an important training ground, offering inhabitants and users diverse opportunities to learn within the developing city.

A long-term process will certainly be necessary in order to overcome the fundamental problems of shrinking cities, and new experience must be collected continually. For this reason, it is essential to implement honest municipal policies and to create transparency; we require an atmosphere that encourages citizens' participation and a large number of independently run projects.

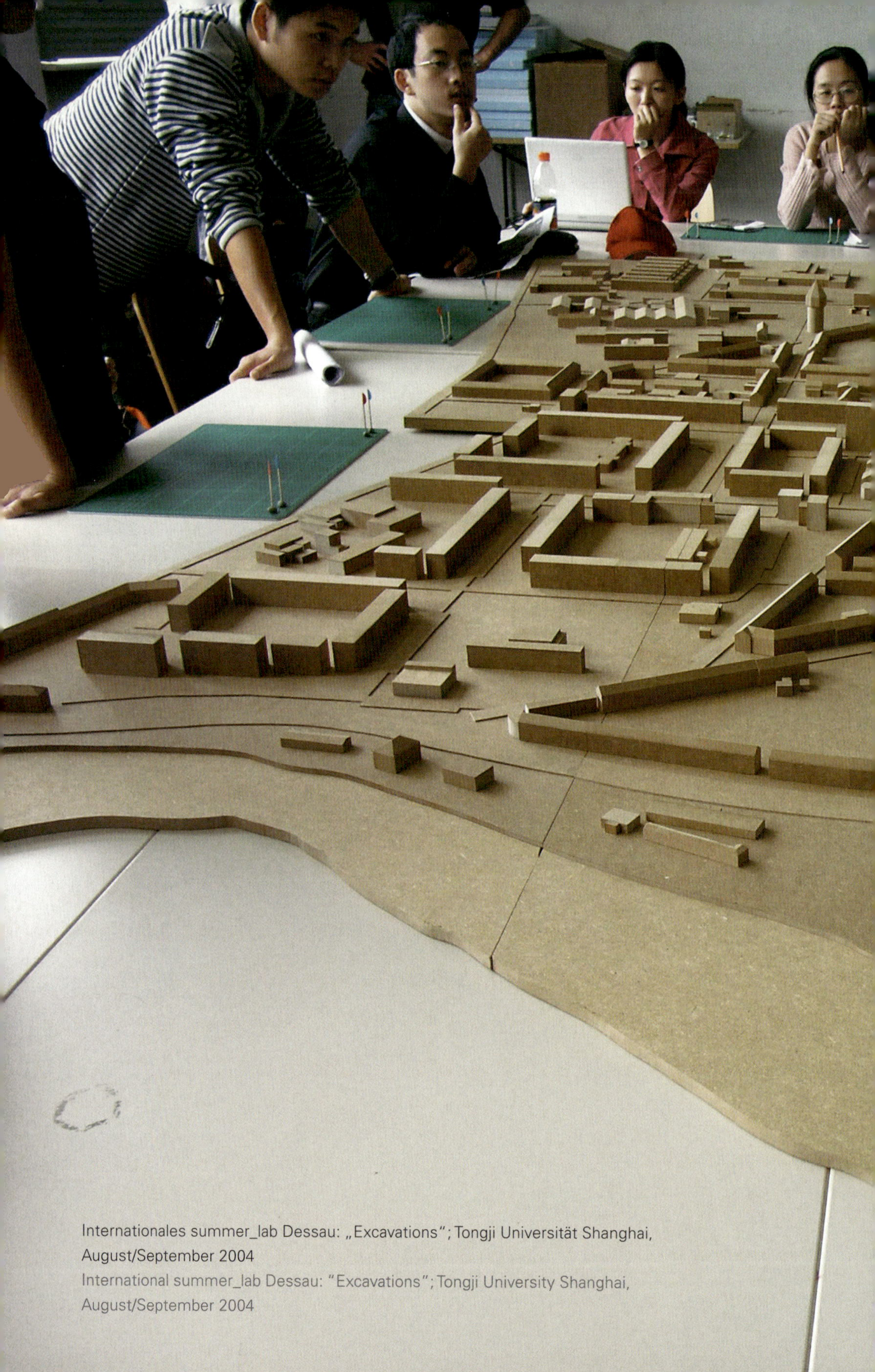

Internationales summer_lab Dessau: „Excavations"; Tongji Universität Shanghai,
August/September 2004
International summer_lab Dessau: "Excavations"; Tongji University Shanghai,
August/September 2004

RUTHNER
Apple Juice

Die IBA Stadtumbau 2010:
ein Experiment

Omar Akbar

Die Internationale Bauausstellung Stadtumbau Sachsen Anhalt 2010 ist ein urbanes Labor, in dem Werkzeuge zur Bearbeitung des Phänomens der schrumpfenden Städte entwickelt und erprobt werden. Das Phänomen an sich ist nicht unbekannt, in seiner konkreten Ausprägung jedoch erfordert es einen baukulturellen und politischen Zugang, der die routinierten Methoden des Städtebaus modifiziert. Die Logik von Bewahren und Loslassen, von Erhalten und Verändern ist neu zu justieren. Die von der IBA entwickelten Instrumente wirken der Dynamik, die sich gegenwärtig aus Bevölkerungsrückgang, Alterung der Gesellschaft und ökonomischer Stagnation speist, auf kommunaler Ebene entgegen und eröffnen urbane Perspektiven für die beteiligten Städte.

Die IBA behandelt schrumpfende Städte auf drei Ebenen: In und mit den beteiligten Städten werden konkrete Experimente durchgeführt, um neue Strategien für die kommunale Praxis zu entwickeln. Es hat sich dabei herausgestellt, dass den städtischen Problemen unter den gegenwärtigen Bedingungen mit punktuellen Maßnahmen nicht beizukommen ist. Deshalb nimmt die IBA die Stadt mit all ihren Teilbereichen und Wechselbeziehungen stets als Ganzes in den Blick. Auf der zweiten Ebene hat die IBA ein regionales Netzwerk etabliert, das ein wechselseitiges Lernen der Städte voneinander unterstützt und die Kooperationsmöglichkeiten erweitert. Schließlich wird die praktische Arbeit vor Ort von einem internationalen Wissenstransfer flankiert. In diesem so gegliederten Prozess erarbeitet die IBA bis 2010 eine Reihe von Methoden, Verfahren und beispielhaften Lösungen zum Stadtumbau in Sachsen-Anhalt, die auch anderorts angewendet werden könnten.

Im Mittelpunkt des Prozesses stehen strukturelle Veränderungen der kommunalen Entwicklungspolitik sowie die Bündelung der verfügbaren Ressourcen. Der Stadtumbau ist auf die Kooperation zwischen Bund, Ländern und Kommunen ausgerichtet. Es kann aber immer weniger darum gehen, zusätzliche finanzielle Mittel von Bund und Ländern zu erwirken, um diese in die Städte fließen zu lassen. Das Anliegen der IBA besteht zunächst darin, den unübersichtlichen Schrumpfungsprozess, der sich auf alle Lebensbereiche auswirkt und die Vitalität der Stadt angreift, insgesamt handhabbar zu machen. Einzelne Reparaturmaßnahmen schaffen es nicht, den Abwärtstrend zu zügeln. Um die Steuerungskompetenz zurückzugewinnen und mittelfristig den Übergang von einer schrumpfenden zu einer „schlanken" Stadt gestalten zu können, arbeitet die IBA mit den beteiligten Städten zunächst an deren Profilierung. Daher benennt jede IBA-Stadt die Charakteristika, die sie zukünftig stärken möchte, und die Bereiche, in denen sie öffentliche Leistungen einschränkt. Selbst unter finanziell engsten Bedingungen kann es nicht unterbleiben, Ressourcen zur Stärkung dynamischer Elemente frei zu lenken. Jede Stadt bereitet diese Entscheidungen unter Einbeziehung aller relevanten Akteure vor, analysiert ihr spezifisches Stärken- und Schwächen-Profil, schärft ihre eigenen Konturen und definiert den Maßstab ihres Handelns. Stadtumbau umfasst jede denkbare Form der Gestaltung städtischer Prozesse – eine Synthese aus Stadtkultur und Baukultur. Aus dieser Perspektive entwickelt die IBA gemeinsam mit der jeweiligen Stadt entsprechende Eingriffsstrategien. Je nach Sachlage bieten sich verfahrenstechnische Maßnahmen, die Moderation von Planungs- und Entscheidungsprozessen oder die Koppelung von Aspekten verschiedener sachpolitischer Bereiche an.

Ebenso gut können bauliche Maßnahmen als wirksam erachtet werden, wie etwa die gestalterische Aufwertung von schrumpfenden Quartieren oder die Entwicklung neuer stadträumlicher Muster, um urbane Konturen zu erhalten. Jede IBA-Stadt bedarf daher einer baulich-räumlichen Profilierung. Auch die abnehmende Dichte der Städte ist zu einem gewissen Grad gestaltbar. Strategien zur typologischen und morphologischen Profilbildung tragen zur Wirtlichkeit der Städte bei und unterstützen den Stadtorganismus mit seiner sozialen, kulturellen und technischen Infrastruktur.

Schlanke IBA-Städte schließlich bilden ein Netzwerk. Die einzelne Kommune wird sich, um ihre Profilierung voran zu treiben, von der einen oder anderen Infrastruktureinrichtung trennen. Es wird zur Entwicklungsoption, das schlankere Dienstleistungsangebot einer Stadt in einem regionalen Netzwerk auch für andere Kommunen zur Verfügung zu stellen und die Angebote der Nachbarstädte mit zu nutzen. So können durch komplementäre Angebote Synergieeffekte erzielt werden.

Zur besseren regionalen Abstimmung und Kooperation hat die IBA ein Städtenetz etabliert, mit dem zwei weitere Ziele verfolgt werden. An erster Stelle steht der Erfahrungsaustausch und der gemeinsame Lernprozess. Erfolgversprechende Stadtumbauprojekte sollen rasch in Umlauf gebracht und als Blaupause angeboten werden. Über diese Funktion einer Tauschbörse hinaus kooperieren die beteiligten Kommunen hinsichtlich jener Aspekte, die alle gleichermaßen betreffen. Als Beispiele seien die Veränderung verwaltungsrechtlicher Rahmenbedingungen, wirtschaftlich tragfähige Lösungen zur Reduzierung technischer Infrastruktur oder Wege der Zusammenarbeit mit Haus- und Grundstückseigentümern genannt. Mit den regelmäßigen Tagungen des Städtenetzes organisiert das IBA-Büro dazu ein Kommunikationsforum, das auch sehr praktische Ergebnisse wie etwa Leitfäden oder Kriterienkataloge hervorbringt, die kommunales Verwaltungshandeln erleichtern.

Zusätzlich zur Fachkompetenz der beteiligten Städte und den Potentialen der Region stellt die IBA einen internationalen Erfahrungsaustausch sicher. Die internationale Dimension der IBA 2010 drückt sich in der Einbeziehung des „fremden Blicks" als Grundprinzip aus. Damit wird ein Korrektiv für den gesamten Prozess eingebaut: für Verfahrenstechniken, Methoden des Managements oder Marketing-strategien ebenso wie für übergreifende Überlegungen zur Zukunft des Städtischen und zur kontinuierlichen Kontrolle der Ziele, der Instrumente und der Qualität. Information und Kooperation werden zu Schlüsselbegriffen einer Internationalisierung als Zwei-Wege-System: Die programmatischen Strategien der IBA werden im internationalen Raum bekannt gemacht, zur Diskussion gestellt und weltweit zur Erprobung angeboten. Das Repertoire für den Umgang mit schrumpfenden Städten ist schmal und der Bedarf an praxisnah entwickelten Lösungsstrategien in den industrie- und dienstleistungsgeprägten Ländern hoch.

Auf der Ebene des individuellen Erlebens geht der Schrumpfungsprozess trotz aller Anstrengungen um seine Gestaltung vielfach mit Verlusterfahrung und Schmerz einher. Zusätzlich müssen die Entscheidungsträger auch unpopuläre Eingriffe in den Stadtraum vornehmen. Die IBA unterstützt deshalb die aktive zivilgesellschaftliche Mitwirkung an der Produktion des Raums. Die Beteiligung vieler schafft eine Stadtkultur, die einerseits vielfältige Formen der Lebensführung anerkennt und damit letztendlich die Heterogenität als Qualität des Städtischen bewahrt. Andererseits integriert sie die Bürger und reduziert Frustration und Spaltung.

Der Zwang zur Konzentration auf wesentliche Komponenten schafft in jeder an der IBA beteiligten Stadt den notwendigen Druck zur Entwicklung von klaren städtebaulichen, nutzungsstrukturellen und dynamischen Profilen. In diesem Sinne greift Sachsen-Anhalt das Phänomen des Schrumpfens mit der IBA offensiv auf und schafft damit die Möglichkeit, radikal über die Stadt nachzudenken, neue Parameter der Nutzung zu entwickeln und zu erproben. Dabei werden Entwicklungen antizipiert und Methoden angewendet, die zukünftig in Westeuropa – in der europäischen Stadt – auch zum „Normalfall" zu rechnen sein werden. Mit den eingesetzten Instrumenten gelingt es, den Umbauprozess der Städte nicht als Dilemma behandeln zu müssen, das nur einen geordneten Rückzug aus vorhandenen Beständen zulässt, sondern als Chance für die Zukunft. Die IBA zum Stadtumbau in Sachsen-Anhalt entwickelt Visionen für eine grundsätzliche Kursänderung in der Stadtentwicklung.

The IBA Urban Redevelopment 2010: An Experiment

Omar Akbar

The "International Building Exhibition Urban Redevelopment Saxony-Anhalt 2010" is an urban laboratory where means to handle the phenomenon of shrinking cities are being developed and tested. The phenomenon as such is not unknown, but its concrete form here calls for a political, environmental and architectural approach modifying routine methods of urban development. The logics of preservation and letting go, of maintaining and altering, must be readjusted. The instruments developed by the IBA oppose – on a local level – the dynamics which are being fostered by the present decline in population, ageing of society and economic stagnation, and so open up perspectives for the participating cities.

The IBA is concerned with shrinking cities on three levels: firstly, concrete experiments are being carried out in and together with the participating cities in order to develop new strategies for local practice. Isolated measures, or so it has emerged, are proving inadequate to solve urban problems under the current conditions. The IBA therefore always takes an overall look at the city, together with all its elements and interrelations. On the second level, the IBA has established a regional network, which encourages the cities to learn from each other and extends opportunities for cooperation. Finally, the practical work on the spot is supplemented by an international exchange of information and insights. Applying a process structured in this way, up until the year 2010 the IBA will concentrate on developing a series of methods, procedures and exemplary solutions for urban redevelopment in Saxony-Anhalt; all of which can also be transferred to other areas. The process will focus on structural changes in local development policy as well as on a concentration of available resources. Urban redevelopment is directed towards cooperation between the Federation, the states and the municipalities. However, in no sense can it be a matter of effecting additional financial subsidies from the Federation and the states which could flow into the cities. Initially, the IBA is concerned to make the obvious process of shrinking manageable; a process which affects all areas of life and attacks the vitality of our cities. Isolated repair measures do not succeed in halting the downward trend. In order to regain control and to be able to shape the transition from a shrinking to a "lean" city in the mid-term, initially the IBA works to develop a profile with and for each participating city. Each IBA city defines the features which it would like to underline in future and the areas in which it will restrict public services. Even with the narrowest of financial margins, it will be necessary to direct resources into a strengthening of dynamic elements. All the relevant protagonists are involved in each city's preparation for these decisions, analysis of its specific profile of strengths and weaknesses, sharpening of its contours, and definition of the scale of its activities. Urban redevelopment encompasses every conceivable means of shaping urban processes – it is a synthesis of urban culture and building. From this perspective, the IBA develops corresponding strategies of intervention together with each city. According to the existing conditions in each case, the possibilities include procedural measures, the moderation of processes of planning and decisions, or the coupling of aspects from different specialist political fields.

It is equally possible that construction measures may be considered effective, for example the structural revaluation of shrinking residential areas or the development of new urban environmental patterns in order to preserve urban contours. For that reason, each IBA city requires a building and environmental profile. Up to a certain extent, it is also possible to shape the decreasing density of the cities. Strategies for the creation of typological and morphological profiles contribute to an inviting atmosphere and support the city organism by means of a social, cultural and technical infrastructure. Finally, the lean IBA cities form a network. The individual community will abandon one or other feature of infrastructure in order to make progress in terms of its profile. A new option of development will be to make a city's leaner services available to others within a regional network, and to make use of the services offered by neighbouring cities in turn. Complementary facilities will thus lead to synergetic effects. To promote better regional agreement and cooperation, the IBA has established its City Net, which also follows two additional aims. The foremost is an exchange of experiences and a joint learning process. Promising projects of urban redevelopment are to be circulated rapidly and offered as blueprints to others. Above and beyond this function as an exchange forum, the participating municipalities cooperate in tackling problems which they all face to the same extent. Examples include changes in the framework of administrative law, economically viable solutions for the reduction of technical infrastructure, or means of cooperation with property- and land-owners. The IBA office organises a communications forum for the purpose in the form of regular City Net conferences, which lead to practical results such as manuals or lists of criteria to facilitate local administration negotiations. In addition to the specialist competencies of the participating cities and the potentials of the region, the IBA also guarantees an international exchange of experience. The international dimension of the IBA is expressed by the inclusion of the "foreign viewpoint" as a basic principle. A corrective thus exists for the entire process; for procedural techniques, methods of management or marketing strategies as well as for broad considerations as to the future of the urban and for continuous control over aims, instruments and quality. Information and cooperation are to be key concepts of internationalisation as a two way system: the programmatic strategies of the IBA will be published in an international sphere, put up for discussion and offered as the basis for international trial. The repertoire for the handling of shrinking cities is restricted, and in the industrial and service oriented countries there is considerable need for practical, developed strategies and solutions.

For individuals, the shrinking process is often accompanied by a sense of loss and pain, despite all efforts to exert a positive influence on it. In addition, the decision-makers are often obliged to make unpopular interventions in urban areas. The IBA therefore promotes active social and civil participation in the development of the environment. The participation of numerous protagonists creates an urban culture which, on the one hand, acknowledges diverse ways of life and thus ultimately retains heterogeneity as a quality of the urban. On the other hand, it integrates our citizens and reduces frustration and division.

In every city participating in the IBA, the need to concentrate on essential components creates the necessary pressure to develop a clear urban development policy and structurally useful and dynamic profiles. In this spirit, with the IBA Saxony-Anhalt is taking up the phenomenon of shrinking offensively and thus creating the opportunities to think radically about the city as such and to develop and try out new parameters in our approach to it. This means anticipating developments and employing methods, which will also have to be considered the "norm" in Western Europe – in the European city – in the future. The instruments employed will enable us not to view the redevelopment process of our cities as a dilemma that only permits an orderly retreat from existing conditions, but as a chance for the future. The IBA "Urban Redevelopment Saxony-Anhalt 2010" is developing visions for a fundamental change of course in urban development.

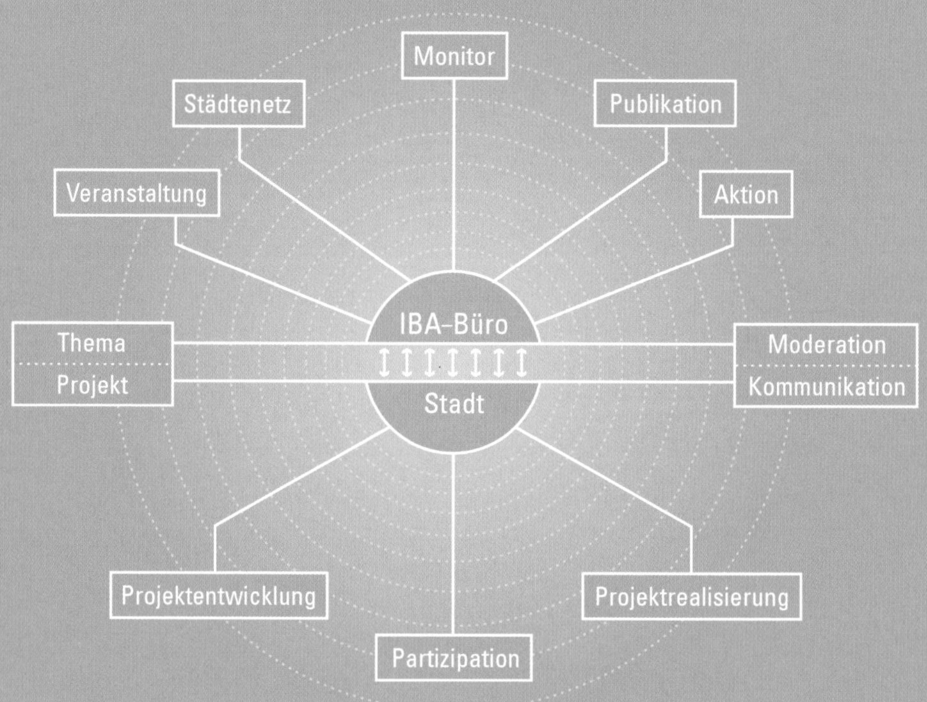

Arbeitsnetzwerk
Labour network

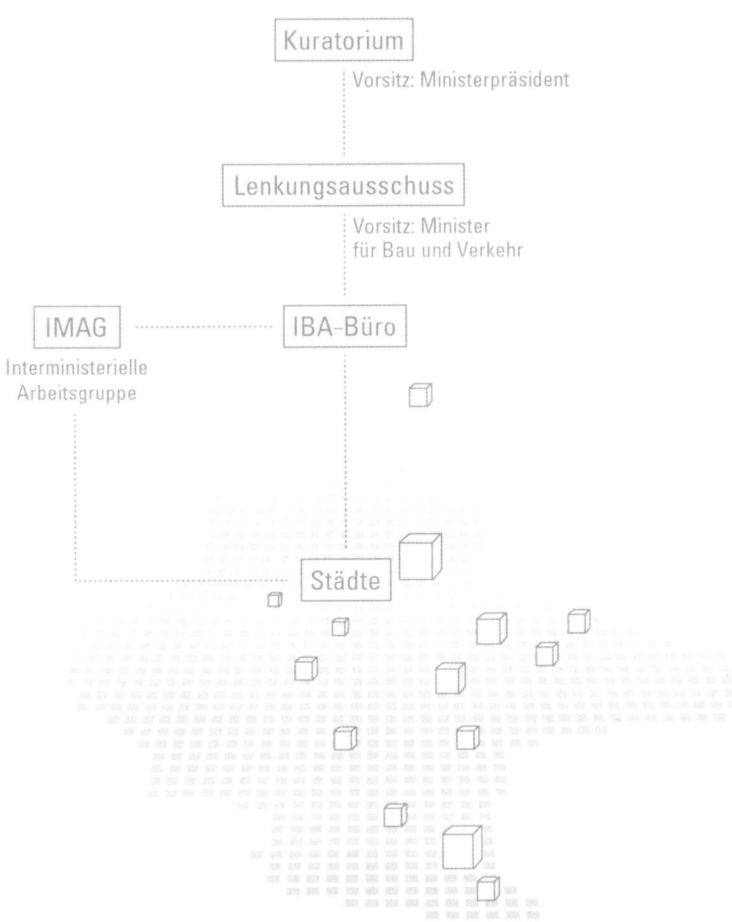

Organigramm IBA
Organigramme IBA

IBA Grundsätze
Principles

1

Stadtumbau geht alle an:
Die Interessen von Bewohnern und Eigentümern, Gewerbetreibenden und Kommunen im Prozess des Umbauens vermitteln

Alle gesellschaftlichen Kräfte sind mögliche Pioniere des Stadtumbaus: Bewohner eignen sich Räume an, bilden Netzwerke und werden zu urbanen Akteuren – bis hin zu „Stadtgründern".

Der Stadtumbau entfaltet sich, wenn die wirtschaftlichen Ziele der privaten Eigentümer und Wohnungsunternehmen mit den Interessen der Nutzer abgestimmt und vereinbart werden. Aufgabe der Kommune ist es, diesen Verhandlungsprozess zu steuern.

Raumpioniere und ihre innovativen Verhaltensmuster setzen in bestehenden Strukturen unkonventionelle Handlungsmöglichkeiten frei – das gilt insbesondere für Jugendliche und Existenzgründer, die in ihrer gewerblichen Selbständigkeit unterstützt werden.

Subventionierte freie Zeit der Bewohner wird mit freiem Raum zur Aneignung und zur Vermögensbildung verknüpft. Damit entstehen Anreize zur Selbständigkeit und zur Bildung von Wohneigentum in den Innenstädten.

Urban redevelopment concerns us all:
To communicate the interests of inhabitants, property owners, businesses and local authorities within the redevelopment process

All the forces within society are possible pioneers of urban redevelopment: inhabitants acquire space, form networks and become urban protagonists – even to the extent of being "city founders".

Urban alteration occurs when the economic aims of private owners and property companies are attuned to and comply with the interests of users. The local authority's task is to direct this process of negotiation.

Environmental pioneers with innovative patterns of action generate unconventional possibilities within existing structures – this is particularly true of young people and entrepreneurs, whose economic independence is fostered.

Subsidised free time for residents is coupled with free space for acquisition and the creation of wealth. The result is a stimulus to economic independence and an increase in private residential property in the inner city areas.

Strukturwandel ist eine Chance für Stadtgestaltung:
Unbekannte Potentiale entdecken und im Umbauprozess kreativ entwickeln

Stadtumbau umfasst mehr als die Anpassung des Wohnungsmarktes durch Abriss und städtebauliche Aufwertung: Stadtumbau ist eine vielschichtige Aufgabe der Gestaltung von zukunftsfähigen Stadtstrukturen.

Stadtumbaukonzepte müssen die Verwendbarkeit der Stadtstruktur insgesamt, einzelner Teilgebiete sowie Gebäudegruppen und Einzelgebäude vor dem Hintergrund plausibel begründeter Entwicklungs- und Konsolidierungspotentiale neu bewerten.

Stadtumbau greift in Stadtstrukturen und in sich ändernde soziale Gefüge ein und dauert länger, als es momentane Planungshorizonte oder Förderperioden vorgeben und biographische Lebenszyklen der Bewohner erfordern.

Stadtumbau ist die Verknüpfung von städtebaulichen mit betrieblichen Sanierungskonzepten der Wohnungsunternehmen sowie die Nachnutzung der kommunalen technischen und sozialen Infrastruktureinrichtungen.

Räume und Gebäude mit preiswerten Ausstattungsstandards bieten produktive Handlungsoptionen für informelle Märkte und Dienstleistungsökonomien, die Träger von Stadtkultur werden müssen.

Structural change represents an opportunity for urban planning:
To discover unknown potentials and develop them creatively within the redevelopment process

Urban redevelopment encompasses more than an alteration of the property market by means of demolition and urban revaluation: it is the multifarious task of creating viable urban structures for the future.

Concepts for the redevelopment of our cities must freshly evaluate the usability of the overall urban structure, individual areas, groups of buildings and single buildings before the background of plausibly argued potentials for development and consolidation.

Urban redevelopment intervenes in urban structures and in changing social constellations. It is a longer process than is assumed by current planning horizons and periods of subsidy or demanded by the lifecycles of a city's residents.

Redevelopment links urban environmental ideas and the property companies' concepts for corporate reorganisation as well as defining subsequent uses for redundant technical and social infrastructure.

Provision of reasonably-priced, simple-standard space and buildings offers productive options for informal markets and growing service operations, which need to become the foundation of urban culture.

3

Die Form der Stadt wandelt sich:

Leitbilder für die umgebaute Stadt formulieren und in Quartierskonzepte umsetzen

Die neuartige Chance des Stadtumbaus besteht darin, der Besonderheit jeder einzelnen Stadt durch die Beseitigung von Überformungen und Auswüchsen wieder eine klarere Kontur zu verleihen: „Weniger ist mehr".

Der unstrukturierte Zusammenhang von perforierten Stadtfragmenten erfordert neue Interpretationen und Aneignungsformen des Städtischen. Postindustrielle Handlungsmuster, virtuelle Kommunikation und transformierte soziale Netze verändern die alltägliche Wahrnehmung und Nutzung von Stadträumen: Urbane Lebensweisen sind nicht mehr an die traditionelle Gestalt der Stadt gebunden.

Für jede Stadt ist vorzuschlagen, in welcher Weise ihre bebauten Quartiere aus früheren stadtbaugeschichtlichen Epochen sowie weitere Brach-, Grün-, Verkehrs- und andere Flächen und stadträumliche Verknüpfungen so gestaltet werden können, dass sie auch bei anhaltender Schrumpfung nutzungsstrukturell funktionsfähig und städtebaulich attraktiv bleiben.

Die unterschiedlich verdichteten und genutzten Quartiere sind als Stadträume mit charakteristischen Profilen funktional und räumlich unter dem Aspekt der Nachhaltigkeit neu zusammenzufügen.

Städtebau braucht ein erweitertes Planungsverständnis von Architektur und Stadt als sozialem Raum und einen Paradigmenwechsel im Zusammenspiel von Planung, Umsetzung und Reflexion der Folgen.

The form of the city is changing:

To specify pre-eminent images for the remodelled city and realise these in concepts for districts

Urban redevelopment's unique new opportunity consists in giving back clear contours to the special character of each city by removing outgrowths and the superfluous: "Less is more".

An unstructured interrelation of perforated urban fragments demands new interpretations and definitions of the urban. Post-industrial behaviour patterns, virtual communication and transformed social networks alter our everyday perception and use of urban spaces: urban ways of life are no longer tied to the traditional form of the city.

A suggestion should be made for each city concerning the way in which its built-up districts from earlier epochs of urban development and additional waste ground, greenery, traffic areas and nets within the city area can be organised so that they remain functional within the structure of usage and architecturally attractive despite continuing shrinkage.

Districts with different density and usage – city areas with characteristic profiles – should be amalgamated both functionally and environmentally, in a sustainable way.

Urban development requires an extended understanding of architectural planning and of the city as a social sphere; a change of paradigms concerning the interplay of planning, realisation and reflection is necessary.

4

Modellprojekte profilieren den Umbau:
Durch experimentelle Gestaltung und innovative Nutzungsmischungen Städte attraktiv umbauen

Bestehende Baustrukturen und Stadtgrundrisse werden neu interpretiert und umgewidmet, nicht mehr verwendbare Großstrukturen werden in handhabbare Einheiten zerlegt und für neue Nutzungen transformiert.

Städtebauliche Experimente verknüpfen in einzelnen Projekten des Stadtumbaus Arbeiten mit Wohnen und Freizeit mit Kultur. Diese Verknüpfungen zielen auf Nutzungsmischungen in Haus und Quartier, also auf die kleinräumige Produktion von „Stadt".

Modellprojekte für den Stadtumbau werden nicht nur in den festgelegten Fördergebieten, sondern auch für andere Stadtteile konzipiert, die für die Entwicklung der Stadtstruktur besonders wichtig sind.

Neben dem Abriss von Gebäuden sind Formen der Bestandserhaltung zu prüfen, die das Profil der Quartiere stärken – auch Neubau dient diesem Ziel der Profilbildung.

Model projects define redevelopment:
To remodel the cities in an attractive way with experimental design and innovative combinations of use

Existing buildings and city contours are reinterpreted and dedicated in a new way; large structures that can no longer be used are divided into manageable units and converted for new usages.

Experiments in urban development, expressed in individual redevelopment projects, represent links between work and life, leisure time and culture. These links are directed towards combinations of usage in individual buildings and districts – towards creating "urban conditions" on a smaller and compacter scale.

Model projects for urban redevelopment are not only planned in the selected areas of subsidy, but also for other city districts which are especially important for the development of the city structure.

As an alternative to the demolition of buildings, forms of preservation which underline the profile of the districts should be examined – new building also furthers the aim to sharpen profile.

5

Jede Stadt hat ihren eigenen Entwicklungspfad:

Die Qualitäten der Städte identifizieren und in das regionale Städtenetz einordnen

Jede Stadt bestimmt ihre Entwicklungsperspektiven vor dem Hintergrund ihrer historischen Prägung, die ihre Position im Städtenetz von Sachsen-Anhalt und darüber hinaus markiert. Konsolidierungs- und Entwicklungschancen ergeben sich aus endogenen Potentialen ebenso wie aus der regionalen Bedeutung.

Die Ungleichheiten in der Ausstattung und die ungleichzeitige Entwicklung von Räumen bieten Chancen für verschiedene Lebensformen: Charakteristische regionale Unterschiede sind nicht aufzuheben, sondern in ihrer Dynamik produktiv zu steigern.

Die Formulierung von Stadt-Typologien zielt auf klare Konturen und attraktive Raumbilder von Städten in der Region, an ihnen richten die Kommunen den Entwurf von Leitbildern und die Entwicklung von Modernisierungsstrategien aus.

Every city has its own path of development:

To identify the qualities of our cities and organise them within the regional city network

Every city defines its own development perspectives with respect to its historical configuration, marking its position in the city network of Saxony-Anhalt and beyond. Chances for consolidation and development stem from endogenous potentials and the city's regional significance.

Differences in the resources and development of environments present opportunities for diverse ways of life: characteristic regional differences should not be abolished; their dynamics should be increased productively.

The definition of city typologies is directed towards clear contours and attractive environmental configurations of cities in the region, the municipalities adjust plans for guiding concepts and the development of corresponding modernisation strategies.

Im Umbau entstehen Freiräume:
Stadt und Landschaft in ein gleichwertiges Spannungsverhältnis setzen

In Form von Brachen, Brüchen und inneren Peripherien fließen postindustrielle Landschaften in die Stadt und bestimmen ihr Bild wesentlich mit.

Übergänge und Randsituationen zwischen Bebautem und Unbebautem sind produktive Zonen des Stadtumbaus, die hier entstehenden Freiräume werden zu Experimentierfeldern eines neuen Typs von Stadtlandschaft. Der vielfältige Wunsch nach einem Leben am Stadtrand kann in innerstädtischen Lagen verwirklicht werden.

Landschaften werden Erlebniswelten innerhalb der Städte.

Free spaces emerge through redevelopment:
To balance relations between city and landscape

Post-industrial landscapes become a part of the city in the shape of wasteland, marshland and inner peripheries, playing an important part in image definition.

Transitions and peripheral situations between built-up and vacant land are productive zones of urban redevelopment, the emerging free spaces become experimental fields for a new type of urban landscape. A preference for life on the urban periphery can be realised in inner-city locations. Landscapes offer experimental worlds within our cities.

7

Zeiten des Umbruchs sind dynamisch:
Durch Innehalten in Entscheidungsprozessen die Chancen für zukünftige Entwicklung offen halten

„Liegenlassen" und „Abwarten" sind Strategien des Luftholens in Umbruchzeiten – sie fördern die Gelassenheit, Lust und Energie, Ungewöhnliches zu denken.

Ein positives Bewusstsein von „Leere" und „Umbruch" ist die Voraussetzung, Räume anders wahrzunehmen und sodann wieder differenziert in Wert setzen zu können.

Times of radical change are dynamic:
To keep open opportunities for future development by pausing in decision-making processes

"Let it be" and "let's wait" are strategies offering a pause for breath in times of radical change – they promote the relaxation, will and energy with which the unusual can be envisaged.

A positive awareness of "emptiness" and "radical change" is the precondition to a new perception of space and thus to differentiated evaluation.

8

Stadtumbau erschließt vielfältige Finanzierungsquellen:
Fördermittel aus Wirtschafts-, Sozial- und Städtebaupolitik beispielhaft verknüpfen

Modellprojekte mit gebündelter Förderung gehen über die herkömmlichen Verfahren, Instrumente und Handlungsabläufe des Stadtumbaus hinaus und regen erforderliche Gesetzesänderungen an.

Fördermittelentscheidungen müssen die Finanzierung experimenteller Projekte mit internationaler Vorbildfunktion sichern. Die Finanzierungsmodalitäten richten sich nach den Projekten.

Stadtumbauprojekte erzielen Arbeitsmarkteffekte im privaten und öffentlichen Sektor.

Urban redevelopment taps a wide range of financial sources:
To combine funds from the spheres of economic, social and urban development policy in an exemplary way

Model projects with concentrated funding go further than the traditional procedures, instruments and active stages of urban redevelopment, thus stimulating the necessary alterations in law.

Decisions on subsidies must guarantee the funding of experimental projects with an exemplary international function. The modalities of financing are oriented on the projects.

Projects to remodel our cities have an effect on the labour market in both the private and public sectors.

Medien und Kommunikation bestimmen das Bild der Stadt:
Konzepte des Stadtmarketings für den Umbau entwerfen

Medien, Kommunikation und Bilder haben wesentlichen Einfluss auf Stadtgestaltungen und werden als Werkzeuge von Planen und Bauen eingesetzt.

Ästhetische Interventionen schaffen mentale Freiräume und Bildangebote zur Selbstaktivierung – offene und flexible Strukturen ermöglichen urbanes Verhalten.

Stadtmarketing profiliert das Bild der Stadt und schafft in der Verbindung von Stadtkultur und Wirtschaft Arbeitsplätze.

Media and communication define the image of a city:
To design city-marketing concepts for redevelopment

Media, communication and images have a considerable influence on creative urban structuration and are employed as tools of planning and building.

Aesthetic interventions create spaces of the imagination, offering visions for autonomous action – open and flexible structures pave the way for urbanity.

City marketing clarifies the image of the city and creates jobs by connecting urban culture and the economy.

Schrumpfende Städte sind ein internationales Phänomen:
Den Stadtumbau in seinem globalen Kontext organisieren und vermitteln

Der Stadtumbau ist eine Epochenaufgabe der ostdeutschen Städte, vor der auch viele europäische und außereuropäische Städte stehen. Die „schrumpfende Stadt" ist ein internationales Thema, das in einem weltweiten Diskussions- und Experimentierforum vergleichend debattiert werden muss.

Der Stadtumbau wirft neue Fragen auf und etabliert neue Forschungsfelder in den Bereichen Stadttechnik, Ökonomie und Kultur, die im internationalen Austausch bearbeitet werden.

Das Know-how des Stadtumbaus Ost erzeugt regional und international vermarktungsfähige Lösungskonzepte.

Shrinking cities are an international phenomenon:
To organise and mediate urban redevelopment in the global context

Redevelopment is an epochal task of the East German cities, but one also faced by many other cities in and outside of Europe. The "shrinking city" is an international theme which must be debated comparatively within a world-wide forum of discussion and experiment.

Urban redevelopment raises new questions and establishes new fields of research in the areas of urban technology, economics and culture; these must be tackled in an atmosphere of international exchange.

The know-how of "Urban Redevelopment East" develops ideas for regionally and internationally marketable solutions.

IBA operativ

Sonja Beeck

Die Logos bezeichnen die jeweilige Perspektive der Stadt: Diese wird auf der Basis ihrer Potentiale formuliert und in eine Entwicklungsstrategie umgesetzt. Durch unterschiedlichste Maßnahmen und Aktionen wird der städtische Transformationsprozess eingeleitet. In urbanen Laboren werden Projekte, ob es sich um baulichräumliche Gestaltungslösungen oder um Verfahrensfragen handelt, auf den Prüfstand gestellt.

Sich als IBA-Stadt bezeichnen zu können, heißt, sich auf den Prozess einlassen und ihn gestalten zu wollen. Das IBA-Büro übernimmt die Moderation und hat eine begleitende Rolle. Alle Städte in Sachsen-Anhalt sind eingeladen, an der IBA teilzunehmen. Der erste Schritt dazu ist ihre Bewerbung, die zugleich den Beginn der Zusammenarbeit mit dem IBA-Büro einläutet. Diese ersten Gespräche dienen der Klärung, denn es gilt in dieser Phase, ein gemeinsames Verständnis von Möglichkeiten, Grenzen und Aufgaben der IBA zu entwickeln. Dabei wird die Problemanalyse ausgiebig verhandelt, ebenso die Perspektiven, die sich daraus ergeben. Der Abschied von der prosperierenden Stadt zu einer, die sich mit der Schrumpfung konfrontiert sieht, scheint besonders schwer zu fallen, denn das heißt, sich mit Verlusten zu arrangieren – eine ungewohnte Situation nach den Hoffnungen der neunziger Jahre, die eher auf Wachstum setzten. Hochmoderne Infrastrukturen und sanierte Städte konnten den enormen Verlust an Bevölkerung nicht verhindern. Das Fehlen von Arbeit gepaart mit diffusen Ängsten in einer Phase der sozioökonomischen Transformation, die charakterisiert ist durch den Abschied von einer Industriegesellschaft ohne eine klare Zukunftsperspektive, ist nicht ungewöhnlich. Daher gilt es der Trauer des Verlustes nicht durch Lethargie zu begegnen, sondern durch kreatives Handeln, um mit den vorhandenen Potentialen das Andere, das Neue zu schaffen. Genau diese Phase der Benennung von realistischen Perspektiven für die Stadt ist im Dialog zwischen der Stadt und dem IBA-Büro die Schwierigste und zugleich die Effizienteste.

Als Ergebnis wird hieraus das IBA-Thema formuliert, das die Entwicklungsperspektive der Stadt spiegelt. So wird es zu jener Folie, unter der sich Maßnahmen sammeln: baulich-räumliche Eingriffe, wirtschaftliche Konzepte, künstlerische Interventionen oder partizipative Interaktionen bis hin zu Verfahren zur Gesetzesänderung. Das Thema ist die Eintrittskarte der Stadt zur Teilnahme an der IBA, die der Lenkungsausschuss bestätigen muss.

Als Gremium der IBA hat er sowohl die Aufgabe formeller Legitimation zu erfüllen wie auch inhaltlich als Korrektiv den Verlauf der IBA-Themen kritisch zu begleiten.

Unter der Leitung des Bauministers versammeln sich im Lenkungsausschuss Vertreter der Ministerien, Verbände und Experten. Somit wird ermöglicht, dass durch die Beteiligung anderer Ministerien die vorhandenen Ressourcen gebündelt im Kontext der IBA-Projekte eingesetzt werden. Die interministerielle Zusammenarbeit hat zugleich den Effekt, die IBA als ein gemeinsames Projekt zu verstehen und zu Synergien zu gelangen, die angesichts der komplexen Problemlage zwingend erforderlich sind.

Nach der Themenfindung und der formellen Bestätigung wird das Thema in einer Innovationskonferenz von Experten, dem IBA-Büro und verschiedenen Vertretern der Stadt weiter präzisiert und durch konkrete Arbeitsschritte untermauert. Diese können Studien und Expertisen sein, unterschiedliche Formen konkreter Interventionen oder der Aufbau von Werkstattverfahren zur Entwicklung von baulichräumlichen Lösungen und Strategien für die Stadtplanung. Flankierend wird das IBA-Monitoring-System aufgebaut. Es ist ein Instrument zur digitalen Datenerhebung und Auswertung mit dem Ziel der genauen Raumbeobachtung in seiner Veränderung. Dies geschieht auch auf der Ebene der Stadt, ist aber vornehmlich für die regionale Beobachtung konzipiert. Es handelt sich um eine netzgestützte Datenbank als Webplattform, in der die Daten gesammelt und graphisch aufgearbeitet werden und die wie eine Wetterkarte eine Steuerung über Prognosen ermöglicht. Darüber hinaus wird durch den IBA-Monitor eine Informationsplattform geschaffen, die es den einzelnen Kommunen ermöglicht, sich in Relation zu setzen. All diese Arbeitsebenen bereiten die Umsetzung konkreter IBA-Projekte vor oder flankieren sie. So bunt wie das Bild, das bis 2010 entstehen wird, so unterschiedlich sind auch die Arbeitsansätze, doch alle eint, dass sie bestimmten Kriterien unterliegen. Neben der Sinnfälligkeit aus der Perspektive der Stadt muss das Ergebnis der Arbeit an dem IBA-Thema sowohl von übergeordneter Relevanz sein als auch eine Übertragbarkeit des Lösungsansatzes gewährleisten. Dabei wird gefordert, dass die integrierte Betrachtung aus dem Blickwinkel verschiedener Disziplinen gewährleistet wird und Angemessenheit bei der Entwicklung von Maßnahmen als Prinzip vorherrscht. Partizipation im Sinne einer neuen Zivilität ist das Ziel. So kommt der Einbeziehung weiter Teile der Bürgerschaft und der Verantwortung, die verschiedene Gruppen für die Entwicklungsperspektive der Stadt übernehmen, eine besondere Bedeutung zu. Dennoch, um partikulare und sektorale Interessen im Sinne des formulierten Entwicklungszieles harmonisieren zu können, muss jede Stadt eine Haltung entwickeln, die es ermöglicht, im Rahmen der IBA-Arbeit so konsequent wie möglich vorzugehen.

Die Arbeit am IBA-Thema wird somit zur Gestaltung des Prozesses, anders ausgedrückt: zu einem anwendungsbezogenen Training im Umgang mit der Transformation. Es ist ein Prozess des gemeinsamen Lernens. In jeder Stadt werden Erfahrungen gemacht, Sackgassen beschritten, Konflikte bewältigt, Missverständnisse ausgeräumt. Neben dem virtuellen Raum des IBA-Monitors ist das IBA-Städtenetz das Forum für den Austausch dieser Erfahrungen. Zweimal im Jahr werden Vertreter aller Städte Sachsen-Anhalts eingeladen, gemeinsam über Fall-beispiele aus den Städten, aber auch über übergreifende Themen, wie zum Beispiel die Chancen von Immigration, zu diskutieren.

Stadtumbau in Zeiten der Schrumpfung ist eine hochkomplexe Kommunikations- und Moderationsaufgabe. Gelingt es, in den Köpfen der Beteiligten ein Umdenken anzustoßen, den Mut zu stärken, die Fragen der Schrumpfung offensiv anzugehen und statt nach dem Verlorenen nach den Ressourcen zu fragen, dann ist viel erreicht. 2010 wäre dann ein Kaleidoskop von Erfahrungen und Lösungen zu zeigen, das sicherlich auch für andere Regionen in Europa interessant sein wird. Die Schwierigkeit dieses komplexen Prozesses ist, Kurs zu halten und sich permanent zu hinterfragen. Alle Partner stellen sich deshalb einer jährlichen Evaluierung, einer Veranstaltung, in der Städte, IBA-Büro und Ministerien den Verlauf des Prozesses, Erfolge und Probleme bewerten und sich über neue Zielstellungen verständigen. Sie dient dem offenen Austausch und der direkten Kommunikation zwischen den Partnern und fördert somit die Verbindlichkeit, Stringenz und auch das gegenseitige Vertrauen in diesem Prozess.

The IBA in Operation

Sonja Beeck

The logo denotes each city's individual perspective, which is formulated on the basis of existing potentials and translated into a development strategy. The urban transformation process is initiated by a wide range of measures and activities. Whether they are creative environmental planning solutions or questions of method and procedure, all projects are put to the test in urban laboratories.

To call itself an IBA city, a city must become involved in this process of transformation and demonstrate the determination to shape it. The IBA office functions as a moderator and plays a supplementary role. All the cities in Saxony-Anhalt are invited to participate in the IBA. The first step is an application, which marks the beginning of the collaboration with the IBA office. First talks serve the purpose of clarification; the essential aspect of this phase is developing a shared understanding of the IBA's possibilities, limits and tasks. Long consideration is given to an analysis of problems, as well as to the resulting perspectives. Departure from self-evaluation as a prospering city to one confronted by shrinking may be especially difficult, since it means coming to terms with losses – an unusual situation after the hopes of the nineties, when growth was the key word. Brand new infrastructures and restored cities have not been able to prevent a tremendous fall in the population. Today there is nothing unusual about a lack of work, coupled with other more diffuse fears, in a phase of socio-economic transformation shaped by a departure from the industrial society and no clear alternative perspective for the future. The true key is to counter the sadness of loss, not with lethargy, but by generating something different and new by means of creative action founded on existing potentials. This phase of defining realistic perspectives for the city is the most difficult of all, yet also the most effective, in the dialogue between the city and the IBA office.

As an outcome of this phase, the IBA theme is formulated to reflect the city's development perspective. Subsequently, it forms a background before which conceivable measures are assembled: alterations to buildings and the environment, economic concepts, artistic interventions, participation and interaction, perhaps even procedures leading to a change in the existing law. The theme is the city's ticket to participation in the IBA, and it must be confirmed by the steering committee. As a central committee of the IBA, this must give its formal legitimisation and attend the development of the IBA themes in a critical way, functioning as a corrective if necessary. The steering committee, chaired by the Ministry of Building, includes representatives of other ministries and associations, and various experts. The participation of the ministries makes it possible to channel existing resources into the IBA projects. At the same time, this inter-ministerial collaboration means that the IBA underlines its character as a joint project, generating synergies which are urgently necessary in face of the complex problems to be dealt with.

After the theme has been decided on and formally confirmed, it is particularised by an innovation conference made up of experts, the IBA office and various representatives of the city, and afterwards substantiated by developing concrete phases of work. These may comprise studies and the collection of expertise, different forms of concrete intervention, or setting up workshops for the development of environmental solutions and strategies of urban planning. The IBA monitoring system is established as a parallel framework to this procedure. This is an instrument to ascertain and evaluate digital data; the aim being precise observation of the environment and its transformation. This takes place on the city level, but is conceived primarily for the purpose of regional observation. It is a net-based data bank, a web platform where data are collected and graphically analysed; like a weather map, it offers guidance on the basis of prognoses. In addition, the IBA Monitor provides a platform of information enabling individual communities to assess themselves in relation to others.

All these levels of work prepare for the realisation of concrete IBA projects or supplement their realisation. The starting points of work are as varied as the image that will emerge by 2010, but they are all subject to specific criteria. Besides being evident in relation to the city's selected perspective, the result of the work on the IBA theme must be of outstanding relevance, and the approach's translation into other contexts should be conceivable. Integrated consideration from the viewpoint of different disciplines is a precondition; the prevailing principle is the appropriateness of all measures developed. The aim is participation – in the sense of a new form of civic life. Particular importance is therefore attributed to the involvement of a large part of the city's community and to the responsibility for the city's development perspective accepted by various groups. Nonetheless, in order to balance the interests of different individuals and sectors to the benefit of the chosen developmental aim, each city must develop the approach that facilitates optimal, consistent progress within the framework of the IBA work.

Work on the IBA theme thus becomes the generation of a process, or in other words: it becomes practical training in how to deal with transformation. It is a shared learning process. Every city will face different experiences; dead-ends may be encountered, conflicts must be overcome, misunderstandings put aside. Besides the virtual space of the IBA Monitor, the IBA City Net offers an exchange forum to discuss the cities' experiences. Twice a year, representatives of all the cities of Saxony-Anhalt will be invited to discuss case studies and all-embracing themes, e.g. opportunities for immigration.

Urban redevelopment in times of shrinking is a highly complex task of communication and moderation. If we succeed in triggering a change of thought among those involved, in building up courage to approach the questions of shrinking offensively and to recognise positive resources rather than what has been lost, we will have achieved a great deal. If this is the case, in 2010 it will be possible to point to a kaleidoscope of experiences and solutions which will certainly be of interest to other regions in Europe. The difficulty is to keep this complex process on course, permanently questioning what we are doing. All the partners therefore face an annual evaluation, an event at which the cities, the IBA office and the ministries involved evaluate the course of the process and discuss successes and difficulties, subsequently agreeing on new targets to be set. This promotes open exchange and direct communication between the partners and so encourages commitment, cogency and mutual trust within the overall process.

Stendal
Magdeburg
Wanzleben
Staßfurt
Lutherstadt Wittenberg
Dessau
Aschersleben
Köthen
Gräfenhainichen
Wolfen
Bitterfeld
Lutherstadt Eisleben
Halle
Merseburg
Weißenfels

Die IBA-Städte und ihre Themen
The IBA Cities and their Themes

Martin Krems

15 Städte mit 14 Themen wirken an der IBA Stadtumbau 2010 mit. Die Themen sind in den Städten selbst entstanden und ergeben zusammen ein vielgestaltiges Bild der Stadtumbaukultur in Sachsen-Anhalt.

15 cities with 14 themes are participating in the IBA Urban Redevelopment 2010. The themes were conceived in the cities themselves; when viewed together they offer a diverse picture of urban redevelopment in Saxony-Anhalt.

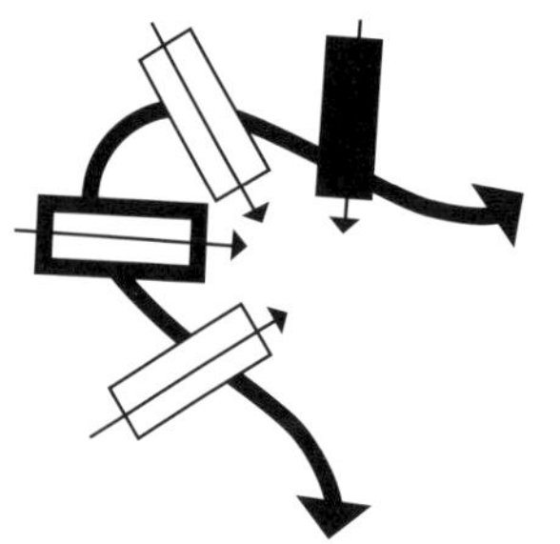

Aschersleben

IBA-Thema: Der Innenstadtring – Schnittstelle im Stadtgefüge

Aschersleben zeichnet sich dadurch aus, wie frühzeitig Stadtumbau hier thematisiert, positiv kommuniziert und verwirklicht wurde. Das baulich-räumliche Ziel des Stadtumbaus ist eine Entwicklung von außen nach innen. An den Rändern wird deshalb abgerissen, während der bereits weitgehend sanierte, aber von hohem Leerstand und vielen Brachflächen gekennzeichnete Stadtkern gestärkt werden soll: durch neues Wohnen im Altbaubestand und auf neu bebauten Flächen, durch Ansiedlung von Wirtschaftsbetrieben und durch gezielte Verlagerung öffentlicher Einrichtungen in die Stadtmitte.

Für diese Strategie hat der Innenstadtring als Schnittstelle zwischen der historischen Altstadt und der gründerzeitlichen Stadterweiterung eine besondere Bedeutung. Die Dynamik der Transformation ist hier am deutlichsten nachzuvollziehen. Gleichzeitig belastet die eng bebaute, durch Verkehrslärm und -schmutz jedoch nahezu unbewohnbar gewordene Straßenschneise nicht nur als Hauptdurchfahrtsstraße das Image der Stadt, sie stört auch massiv die räumlichen Beziehungen zwischen der Innenstadt und den angrenzenden Bereichen. Die Stadt hat sich entschieden, die besonders stark belasteten Teile der Ortsdurchfahrt für Wohnzwecke dauerhaft aufzugeben, und seit Anfang 2003 zahlreiche Gebäude abgerissen. Auf diesen Flächen entstehen im Zuge der IBA teils temporäre, teils dauerhafte Neugestaltungen, die der Stadt in diesem Bereich zu einem neuen Gesicht und einem neuen Image verhelfen sollen und kraftvolle Signale zur Kommunikation des Stadtumbaus setzen. Die ersten Gestaltungslösungen sind bereits installiert: von jungen Künstlern aus Aschersleben gestaltete, nachts beleuchtete Medienwände, die sich an den bisherigen Baukanten orientieren, aber eine eigene Sprache sprechen. Zu den wichtigsten Projekten entlang des Stadtrings zählt die künftige Nutzung des denkmalgeschützten OPTIMA-Industriegeländes. Durch die Ansiedlung verschiedener öffentlicher und privater Schulen auf dem Gelände sollen Synergien erzeugt und das Profil Ascherslebens als Bildungsstandort geschärft werden.

Das IBA-Vorhaben in Aschersleben ist gekennzeichnet von der frühzeitigen Bereitschaft, Einschnitte in die vorhandene Bebauungsstruktur vorzunehmen und den Umbauprozess öffentlich zu propagieren. Die IBA erprobt am Stadtring die Wirksamkeit gestalteter Zwischennutzungen im Stadtumbau.

www.aschersleben.de

Aschersleben stands out as a city in which urban redevelopment has been a topic already positively communicated and realised for some time. The architectural and environmental redevelopment strategy is progress from the outskirts towards the centre. For this reason, buildings on the periphery are being demolished, while additional support is given to the already largely renovated city centre, which is still marred by numerous vacant buildings and empty lots: this means the creation of new residential opportunities in old buildings and in newly-constructed buildings on vacant lots, the settlement of businesses, and strategic relocation of public institutions into the city centre.

The inner city ring road has a special significance for this strategy; it represents an intersection between the historical old city and its extension dating from the Gründerzeit. At the same time, the narrow, built-up road – scarcely habitable due to noise and dirt – not only damages the city's image, it also has a detrimental effect on the environmental balance between the inner city and the adjacent areas. The city will permanently abandon residential property on sections of the through-road with particularly heavy traffic and pollution, and numerous buildings have been demolished here since the beginning of 2003.

In the course of the IBA, some temporary and some permanent new features are to emerge along these sections; ideas which will help the city to give a new face to the area, communicating a forceful stand in urban redevelopment. The first designs have already been installed: media "walls" – designed by young artists from Aschersleben – illuminated at night and located where the walls of former buildings stood. The new walls speak a language of their own.

The future use of the listed buildings in the OPTIMA industrial area is one of several other projects along the ring road which help to realise the city's new image. By setting up various public and private schools in this area, the aim is to generate synergies and define Aschersleben's profile more clearly as a centre of education.

The IBA plan in Aschersleben is characterised by an early willingness to intervene in the existing architectural structure and to propagate the process of redevelopment publicly. Using the example of the city ring road, the IBA is testing the effectiveness of planned interim usages in urban development.

www.aschersleben.de.

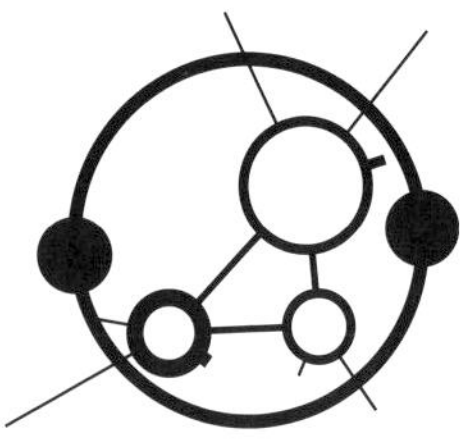

Einwohner 1990: Bitterfeld 18.000, Wolfen 45.000
Inhabitants in 1990: Bitterfeld 18,000, Wolfen 45,000
Einwohner 2003: Bitterfeld 16.000, Wolfen 27.000
Inhabitants in 2003: Bitterfeld 16,000, Wolfen 27,000

Bitterfeld/Wolfen

IBA-Thema: Die Chemie stimmt – Netzregion Bitterfeld-Wolfen

Wie kann in Zeiten geringerer Einwohnerzahlen, knapper finanzieller Ressourcen und überdimensionierter Infrastruktur das System Stadt handlungsfähig bleiben? Das vernetzte Handeln als Region und die gemeinsame Nutzung von Ressourcen gehört für die IBA zu den Existenzgrundlagen der zukünftigen „schlanken Stadt". Der Gedanke „Weniger ist mehr" als Leitprinzip des Stadtumbaus bedeutet auch, dass verzichtbare Parallelstrukturen in benachbarten Städten aufgegeben werden, dass Synergieeffekte durch enge Kooperationen erreicht werden und dass Lebensqualität durch regionalisierte urbane Strukturen gesichert wird. Das gemeinsame IBA-Thema in Bitterfeld und Wolfen setzt diesen Ansatz exemplarisch um.

Im Industriezeitalter ist hier eine großflächige Stadt- und Industrielandschaft entstanden, in der administrative Grenzen im Raum kaum erfahrbar sind und mögliche Entwicklungen beschränken und behindern. Stadtumbau braucht hier nicht nur eine planerisch-räumliche Strategie, sondern vor allem auch eine Modernisierung der administrativen Instrumente und die Befähigung zum Handeln als Region. Bitterfeld und Wolfen haben dafür ein gemeinsames IBA-Konzept entwickelt und mit den umgebenden Kommunen abgestimmt. In freiwilliger Kooperation sollen sich die beteiligten Städte und Gemeinden zu einem effizienten, urbanen System entwickeln. Das gemeinsame Ziel ist es, die Qualitäten und Potentiale der Region zu erhalten, zu vernetzen und kooperativ zu gestalten – trotz tendenziell nachlassender Nachfrage, Steuerkraft und Einwohnerzahl, trotz Wohnungsleerstand und Arbeitslosigkeit. Dazu braucht die Region effiziente Strukturen, die im Sinne eines gemeinsamen Haushaltens mit den Ressourcen der Region nachhaltig wirtschaftlich betrieben werden können.

Die fünf gemeinsamen Arbeitsfelder sind Siedlungsentwicklung und Wohnungsbau, Wirtschaftsstruktur und Tourismus, soziale und kulturelle Infrastruktur, Verkehr sowie die Verwaltungskooperation auf digitaler Basis. Erste Arbeitsschwerpunkte sind eine elektronische Kommunikationsplattform, ein regionaler Flächennutzungsplan und die Entwicklung gemeinsamer Dienstleistungsstrukturen. Steuerung und Qualitätskontrolle sollen dabei in öffentlicher Regie bleiben, während die Leistungserbringung teilweise privatisiert wird.

Das Vorhaben in Bitterfeld und Wolfen entspricht dem Ansatz, dass im Rahmen der IBA nicht nur baulich-räumliche Projekte verwirklicht werden können. Im Mittelpunkt steht hier eine Effizienzsteigerung des lokalen und regionalen Managements, die es der kommunalen Selbstverwaltung in Zeiten sinkender Bevölkerungszahlen erst möglich macht, sich zu behaupten. Die Netzregion Bitterfeld-Wolfen wird im Rahmen der IBA zu einer Modellregion für den Wandel von „Einzelkämpfern" zu einem leistungsfähigen „Team", das ein zukunftsfähiges urbanes System etabliert.

www.wolfen.de; www.bitterfeld.de

How can the system of the city remain viable in an age of low population figures, limited financial resources and a surplus of infrastructure? The IBA considers action within a network – as a region – and the shared use of resources as existential principles for the "lean city" of the future. The leading principle "less is more" also means that superfluous parallel structures in neighbouring cities can be eliminated, achieving effects of synergy through close cooperation, and ensuring the quality of life by means of regionalised urban structures. The joint IBA theme in Bitterfeld and Wolfen is an exemplary realisation of this concept.

During the industrial age, an extensive urban and industrial landscape with scarcely definable administrative boundaries emerged here, limiting and hampering possible developments. In this context, urban redevelopment not only calls for an environmental planning strategy, but above all for a modernisation of the instruments of administration and the ability to act as a region. With this in mind, Bitterfeld and Wolfen have developed and agreed to a joint IBA concept along with the surrounding communities. By means of voluntary cooperation, the participating cities and communities aim to develop into an efficient urban system. The common purpose is to maintain the qualities and potentials of the region, creating a cooperatively designed network despite a tendency towards falling demand, reduced tax power and population decrease, despite vacant flats and unemployment. The region thus requires efficient structures which can be operated in a long-term, economic way; through joint management of the region's resources. The five selected areas are settlement development and the construction of residential property, economic structure and tourism, social and cultural infrastructure, traffic, and digital administrative cooperation. The first emphases will be on an electronic communications platform, a regional land utilisation plan and the development of shared service structures. Organisation and quality control are to remain under public direction, while the provision of certain services will be privatised.

The initiative in Bitterfeld and Wolfen starts out from the IBA principle that not only architectural-environmental projects may be realised. Here the focus is on an increase in the efficiency of local and regional management, which is necessary before municipal administration can assert itself independently in an age of decreasing population. In the context of the IBA, the regional net Bitterfeld-Wolfen will become a model region illustrating the development from "individual competitors" to an efficient "team", so creating an urban system suitable for the future.
www.wolfen.de; www.bitterfeld.de

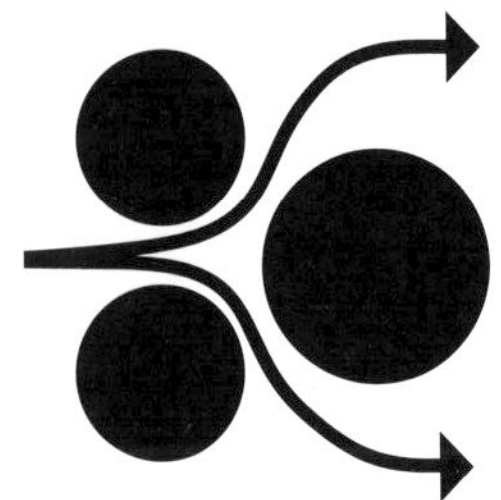

Einwohner 1990: 98.000
Inhabitants in 1990: 98,000
Einwohner 2003: 78.000
Inhabitants in 2003: 78,000

Dessau

IBA-Thema: Stadtinseln – urbane Kerne und landschaftliche Zonen

Dessau hat sich zum Einstieg in den Stadtumbau sehr intensiv mit der Frage der zukünftigen Stadtstruktur beschäftigt und einen konsequenten Ansatz gewählt.

So reagiert das Umbaukonzept der Stadt Dessau auf die spezifische städtebauliche Situation und ihre Genese: Während der Industrialisierung wurden unterschiedliche Siedlungskerne überformt. Kriegszerstörung und Verfall von Altbausubstanz haben dazu geführt, dass ein starkes Innenstadtzentrum in Dessau fehlt. Die Stadt hat sich deshalb für ein radikales Konzept entschieden: Konsequent sollen urbane Kerne und landschaftliche Zonen herausgebildet werden – als gestalterische Alternative zur ungesteuerten, kleinteiligen Perforation der Stadt.

Das Konzept der Herausbildung großformatiger Landschaftszonen in der Stadt nutzt einen Dessauer Standortvorteil: Die angrenzende Landschaft des Dessau-Wörlitzer Gartenreichs ist für Dessau ähnlich identitätsprägend wie die Geschichte als Industriestadt. Es stellt eine neue Qualität dar, wenn die bislang „benachbarte" Landschaft jetzt in die Stadt hinein verlängert wird: Entlang den neuen Grünzügen entstehen attraktive „Stadtrandlagen"; die klare Differenzierung von Dichte und Freiraum schafft infrastrukturelle und atmosphärische Vorteile. Dabei erlaubt schon die Entwicklung der kommunalen Finanzen keine pflegeintensiven Anlagen nach dem Vorbild des klassischen Stadtparks. Gefragt sind vielmehr extensiv genutzte Landschaftsformen, wie wir sie mitten in der Stadt bislang nicht kennen.

Parallel zur Anlage von Landschaftszügen setzt die Stadt auf die Stärkung der verbleibenden „urbanen Kerne". Lebensqualität in diesen Quartieren hängt nicht zuletzt von einer leistungsfähigen Infrastrukturausstattung ab.

Der „geordnete Rückzug" der Stadt wurde im fortgeschriebenen Dessauer Stadtentwicklungskonzept von 2004 verankert. Im Rahmen einer Planungswerkstatt entstand ein strategisches Stadtumbaukonzept für das Plattenbaugebiet Heidestraße-Nord, das die Abrissmaßnahmen und die gleichzeitige Entwicklung des Landschaftsraumes erfasst. Die praktischen nächsten Schritte müssen erweisen, was auf dem stark kalkhaltigen Boden wächst, wie sich Schutt zu interessanten Geländeformationen modellieren lässt und wie Akzeptanz für die Stadtfolgelandschaften geschaffen werden kann. Dazu werden „Paten" für die Nutzung und Pflege von Teilräumen gesucht.

Das Dessauer IBA-Thema zeichnet sich durch seinen besonders konsequenten Umgang mit dem Thema Fläche aus. In der weiteren Ausgestaltung des Themas entstehen Ansätze einer neuen Planungskultur, die dem prozesshaften Charakter des Stadtumbaus gerecht wird. www.dessau.de

Dessau began its consideration of urban redevelopment by closely examining the question of the city's future structure and deciding upon a consistent approach.

The redevelopment concept for the city of Dessau is therefore a reaction to the specific urban-planning situation and its genesis: during industrialisation, the population settled in different, sometimes overlapping centres; war destruction and the decaying substance of old buildings have resulted in the lack of a strong inner city centre in Dessau. For this reason, Dessau has decided on a radical concept to consistently develop urban core areas and green landscape zones – offering an alternative to the arbitrary, small-scale perforation of the city.

The concept of developing large-scale landscape zones within the city employs an advantage of Dessau's location: the adjacent landscape of the "garden kingdom Dessau-Wörlitz" has shaped Dessau's identity as much as its history as an industrial city. A new quality emerges when the "neighbouring" landscape is extended into the city itself: attractive "urban periphery" areas develop along the new green stretches; the clear differentiation between density and open space will lead to infrastructural and atmospheric advantages. Within this process, the state of the municipal budget does not allow for areas requiring intense cultivation along the lines of the classic city park. Instead, the situation calls for widely-used landscape forms that have not existed in city centres before.

Parallel to the introduction of landscape areas, the city will consolidate the remaining "urban core areas". Quality of life in these districts is dependent on an efficient and well-equipped infrastructure.

The city's "ordered retreat" was anchored in Dessau's urban development concept in 2004. At a planning workshop, a strategic urban redevelopment concept was worked out for the area of prefabricated housing in Heidestraße-Nord. This will comprise demolition measures and the simultaneous development of the landscape environment. The next practical steps must be to ascertain what grows well in the very chalky soil and how rubble can be used to create interesting landscape formations, and moves to generate acceptance for the resultant post-urban landscapes. "Sponsors" to use and cultivate specific areas are being sought for this purpose.

Dessau's IBA theme is characterised by a particularly consistent handling of "space". The further development of this theme fosters a new art of planning that does justice to the processual character of urban redevelopment.

Gräfenhainichen

IBA-Thema: Stadt mit neuer Energie

Gräfenhainichen will die Transformation als Chance nutzen, eine neue Qualität zu entwickeln: Ansatzpunkt ist hier der Umbau von herkömmlichen zu innovativen Modellen der Energieversorgung. Ziele sind eine möglichst weitreichende Unabhängigkeit von fossilen Brennstoffen, eine Reduktion der CO_2-Emission, bezahlbarere Energie für alle Bürger und die Aktivierung regionaler Wirtschaftskreisläufe durch den schrittweisen Um- und Rückbau der Stadt.

Wurden in der Region bereits viele Landschaftsräume durch den Wandel in der Energieversorgung umgestaltet – bekannt sind etwa die „Baggerstadt" Ferropolis bei Gräfenhainichen und die Seenlandschaft Goitzsche bei Bitterfeld –, so greift diese Entwicklung nun auch auf die Stadt über. Den Rahmen der Planungen soll ein energetisches Stadtentwicklungskonzept bilden, das ein umfassendes kommunales Energieeffizienzmanagement möglich machen soll.

Gräfenhainichen hat für seine Energieversorgung eine kommunale Wärme- und Energiegesellschaft neu gegründet. Das künftige Unternehmenskonzept soll auch die eigene Stromerzeugung durch regenerative Energien vorsehen. Dabei sollen die Potentiale regenerativer Energieträger nicht nur für die städtischen Heizkraftwerke, sondern auch für private Haushalte genutzt werden. Gleichzeitig wird die Region in die Betrachtung einbezogen, um zu klären, wie durch intelligente Nutzung von Biogas aus ländlichen Betrieben im Umland das Leitungsnetz ausgelastet und die Stadt versorgt werden kann.

Die Stärke des Gräfenhainichener Ansatzes liegt in der integrierten Betrachtung von zukunftsfähiger Energie- und Raumentwicklung. Die Stadt hat die Chance, die Gleichzeitigkeit der Prozesse von Stadtumbau und Förderung erneuerbarer Energien zu nutzen, um eine nachhaltige Stadtentwicklung im umfassenden Sinne einzuleiten.

www.graefenhainichen.de

While developing a comprehensive strategy for urban redevelopment, Gräfenhainichen intends to use its transformation as an opportunity to generate a new quality: the starting point here is the conversion of traditional to innovative models of energy supply. Gräfenhainichen aims to become independent of fossilized fuels as far as possible, to reduce CO_2 emissions, to provide affordable energy for all its citizens and to boost the regional economy by redeveloping and reducing the city step by step.

While many landscape areas in the region have already experienced a significant change in energy provision – Ferropolis ("the city of iron") near Gräfenhainichen and the landscape of lakes Goitzsche near Bitterfeld are well-known examples –, this development is now moving on to the city itself. The framework for planned interventions will be an urban development concept for energy, seeking to facilitate a comprehensive municipal management of energy efficiency. Gräfenhainichen has founded a new municipal power company for the provision of energy. The future business concept involves planning the city's own electricity production on the basis of regenerative energy sources. The potentials of regenerative energy are not only to be used for the municipal power stations, but also for private households. The region will also be included in the plans, in order to determine how the network of energy cables may be best used and how the city can be provided with electricity by intelligent use of bio-gas from agricultural concerns in the surrounding area.

The strength of Gräfenhainichen's concept lies in its integrated consideration of energy development and an environment suited to the future. The city has the chance to profit by simultaneous processes of urban redevelopment and regenerative energy use, so embarking on a process of comprehensive, long-term urban development.

www.graefenhainichen.de

Einwohner 1990: 311.000, davon Halle-Neustadt: 86.000
Inhabitants in 1990: 311,000, Halle-Neustadt: 86,000
Einwohner 2003: 240.000
Inhabitants in 2003: 240,000

Halle (Saale)

IBA-Thema: Balanceakt Doppelstadt

Um die spezifische urbane Qualität einer Großstadt zu wahren, setzt Halle auf die positive Kraft von Differenz und Heterogenität. Seine Stellung als größte Stadt Sachsen-Anhalts und viertgrößte Stadt in Ostdeutschland erreichte Halle erst 1990 durch den Zusammenschluss mit dem bis dahin verwaltungsmäßig selbständigen Halle-Neustadt. Die beiden Städte konnten unterschiedlicher nicht sein: Die traditionsreiche Universitätsstadt Halle, die 2006 ihr 1200-jähriges Jubiläum begehen wird, und Halle-Neustadt, das 2004 auf den 40. Jahrestag der Grundsteinlegung für die „Chemiearbeiterstadt Halle-West" zurückblickte. Doch der Charakter Halles ist gerade durch sein „Doppelgesicht" unverwechselbar, und das Nebeneinander muss nach dem Willen der Stadt zu einer gelungenen Balance finden.

Die Eigenschaft als Doppelstadt teilt Halle mit vielen anderen Städten in der Welt, die ein komplettes zweites Zentrum erhielten. Halle-Neustadt wurde jedoch nicht als Erweiterung der traditionellen Stadt Halle gebaut und verkörperte auch nicht die sozialistische Modernisierungs- und Aufstiegsoption für die Bewohner verfallender Altbauten in Halle. Halle-Neustadt wurde vielmehr als komplette Neugründung konzipiert; die Bewohner, die man als Chemiearbeiter in Leuna einsetzte, wurden in der ganzen Republik angeworben. Die Funktion des Gegenmodells ist deshalb hier besonders ausgeprägt, die Erfahrung der funktionalen, traditionellen und klassenmäßigen Unterschiede noch frisch.

Deshalb ist Halle der richtige Ort, um über das Nebeneinander von Stadtmodellen, die positiven Leistungen der Moderne und die Verletzungen durch gebaute Ideologien zu reflektieren. Um das zu erreichen, muss aber eine mentale und ökonomische „In-Wert-Setzung" gerade von Halle-Neustadt erfolgen, denn nur zwei gleich starke Pole balancieren sich aus und ermöglichen ein stabiles „Doppelleben" in Halle. Deshalb gehört es zum Selbstverständnis des IBA-Themas in Halle, dass räumliche Eingriffe im Stadtumbau in beiden „Stadthälften" erforderlich sind und die alte Stadt Halle und Halle-Neustadt dabei gleichwertig behandelt werden. Kulturelle und soziale Projekte sollen in der Stadt Auseinandersetzungen über Wertigkeiten, Rollen und Chancen von Quartieren initiieren und die klassischen baulich-räumlichen Verfahren ergänzen.

Die innovative Position Halles liegt in der Gleichbewertung beider Teilstädte. Die Dualität von historischer Altstadt und einem Ort der Moderne findet sich an vielen Standorten in Sachsen-Anhalt und anderen ostdeutschen Ländern. Das macht das Thema für die IBA über Halle hinaus relevant.

www.halle.de

IBA Theme: Balancing Act of a Double City

In order to maintain the specific urban quality of a big city, Halle will be backing the positive potential of difference and heterogeneity. Halle only became the biggest city in Saxony-Anhalt and the fourth largest city in East Germany in the year 1990, when it was amalgamated with Halle-Neustadt. The municipalities had been independently administrated up until then. The two cities could not be more different: the traditional university city of Halle, which will be celebrating its 1200th anniversary in 2006, and Halle-Neustadt, which can look back on only 40 years history since its foundation as the "chemical workers' town Halle-West". However, precisely these "two faces" make Halle unmistakable, and the city aims to achieve a successful balance on the basis of their adjacency and proximity.

Halle shares its character as a double city with many other cities in the world which have gained a complete second centre. However, Halle-Neustadt was not built as an extension to the traditional city of Halle, and it did not represent the socialist notion of modernisation and advancement for the residents of decaying old buildings in Halle. Halle-Neustadt was conceived as a completely new city; its inhabitants, who were employed as chemical workers in Leuna, were recruited from the entire republic. The function as a counter model is thus very noticeable here; the experience of functional, traditional and class differences is still fresh.

Therefore, Halle is the right place to reflect on the adjacency of urban models, on the positive achievements of the modern age and on the damage caused by constructed ideologies. However, there is first a necessity for mental and economic "re-valuation" – of Halle-Neustadt in particular –, since only two equally strong poles will be able to balance each other, ensuring a stable "double life" in Halle. For that reason, Halle's IBA theme includes necessary interventions in urban redevelopment in both "halves" of the city and guarantees that the old city of Halle and Halle-Neustadt are treated equally in the course of this process. Cultural and social projects are to initiate debate on the values, roles and chances of various districts and to supp- lement the classic architectural-environmental procedures. Halle's innovative position lies in an equal evaluation of the two part-cities. The duality of historical old city and modern town can be found in many locations in Saxony-Anhalt and other East German states, making the theme relevant for the IBA beyond Halle itself.

www.halle.de

Einwohner 1990: 36.000
Inhabitants in 1990: 36,000
Einwohner 2003: 31.000
Inhabitants in 2003: 31,000

Köthen

IBA-Thema: Homöopathie als Entwicklungskraft

Nur wenn eine Stadt bestimmt, was sie in Zukunft werden möchte, hat sie eine Chance, die Transformation aktiv zu gestalten. Köthen geht hier mit Mut und Selbstbewusstsein einen ungewöhnlichen Weg. Die Stadt erarbeitet sich im Rahmen der IBA ein strategisches Profil, das auf Gesundheit als Wirtschaftsfaktor von wachsender Bedeutung setzt und an die Bedeutung der Stadt für die Entstehungsgeschichte der Homöopathie anknüpft. Der Begründer dieser Therapierichtung, Samuel Hahnemann, lebte und praktizierte von 1821 bis 1835 in Köthen. Die Homöopathie soll zu einem Imagefaktor und wirtschaftlichen Standbein für Köthen ausgebaut werden.

Schlüsselprojekt für diese Strategie ist der Aufbau eines Kompetenzzentrums für Homöopathie. Das Zentrum soll in unmittelbarer Nachbarschaft zu dem ehemaligen Wohnhaus von Samuel Hahnemann eingerichtet werden, das derzeit zu einem Museum für den Begründer der Homöopathie umgestaltet wird. Im Kompetenzzentrum sollen die europäische homöopathische Zentralbibliothek, die zur Zeit noch der Staatsbibliothek in Hamburg angegliedert ist, eine Weiterbildungsstätte und eine Beratungseinrichtung untergebracht werden. Darüber hinaus werden Vorarbeiten für den Aufbau eines homöopathischen Studiengangs geleistet.

Zum IBA-Thema in Köthen gehört ein Konzept der umfassenden Gesundheitsvorsorge für die Bürger und Besucher der Stadt. Als Grundlage dafür sollen das nötige Gesundheitswissen ebenso wie die individuellen Fähigkeiten zur Prävention in einem Gesundheitshaus mit integriertem Schullandheim vermittelt werden.

Die Stadt Köthen ist davon überzeugt, dass die Lehren der homöopathischen Medizin Lösungsansätze auch für die Entwicklung einer Stadt bieten. Über die Gesundheitspolitik hinaus sollen deshalb Grundgedanken der Homöopathie auch auf Wohnprojekte, Freiflächengestaltung, Freizeit- und Sportstätten und Verkehrskonzepte übertragen werden. Dabei bilden eine ganzheitliche Herangehensweise, die genaue Analyse der Symptome und die konsequente Aktivierung der Selbstheilungskräfte die strategischen Ansatzpunkte.

Die besondere Bedeutung des Köthener IBA-Themas liegt in der Profilbildung für eine postindustrielle Ökonomie, mit der sich die Stadt als Standort in einem Wachstumssektor der Zukunft positioniert. Das Anknüpfen an spezifische lokale Ressourcen ist dabei der übertragbare Ansatz, der von jeder Stadt eigenständig entwickelt werden muss – fern von konventionellen Strategien des klassischen „City-Marketings".

www.koethen-anhalt.de

Only when a city defines what it wants to become in the future does it have a chance to actively shape its own transformation. In this respect, Köthen is taking an unusual path courageously and confidently. Within the context of the IBA, the city is developing a strategic profile which backs health-care as an economic factor of growing importance and relates to the city's important role in the history of the homeopathy. The founder of this branch of therapy, Samuel Hahnemann, lived and practised in Köthen from 1821 to 1835. Homeopathy will be developed as an image factor and an economic basis for Köthen.

The key project for this strategy is the construction of a specialist centre for homeopathy. The centre is to be established close to the house where Samuel Hahnemann lived, which is presently being redesigned as a museum on the life of the founder of homeopathy. The specialist centre will house the central European library of homeopathy – at present part of the state library in Hamburg —, a centre of further education and an advice department. In addition, preparations will be made for the foundation of a study course in homeopathy.

The IBA theme in Köthen includes a concept of comprehensive precautionary health-care for citizens and visitors to the city. The basis for this will be a health centre with an integrated school hostel providing facts and information concerning health matters and individual precautionary measures.

The city of Köthen is convinced that the teachings of homeopathic medicine also represent an approach to solutions of urban development. Above and beyond health policy, therefore, ideas of homeopathy will be transferred to residential projects, the design of open spaces, leisure and sport facilities, and traffic concepts. The strategic starting points for the city are a holistic approach, a precise analysis of symptoms and a consistent activation of self-healing forces.

Köthen's IBA theme is especially significant, because it shapes a profile for a post-industrial economy, meaning that the city can establish its position within a growth sector of the future. The transferable starting point here is the adoption of specific local resources – something that must be developed by each city independently, far from conventional strategies of classic "city-marketing".

www.koethen-anhalt.de

Einwohner 1990: 27.000
Inhabitants in 1990: 27,000
Einwohner 2003: 21.000
Inhabitants in 2003: 21,000

Lutherstadt Eisleben

IBA-Thema: K³ – kleiner, klüger, kooperativ

Das IBA-Thema in der Lutherstadt Eisleben ist ein Beispiel dafür, dass nicht nur große Wohnungsunternehmen Träger von Stadtumbau und Abrissvorhaben sein können: Hier bilden private Eigentümer das Rückgrat des Umbauprozesses.

Die Lutherstadt setzt auf das bürgerschaftliche Engagement zur Umsetzung einer städtebaulichen Strategie, die mit „kontrollierter kleinteiliger Perforation" umschrieben werden kann. Im Stadtkern soll Wohnraum mit zeitgemäßen Qualitäten entwickelt und Entdichtung als Chance genutzt werden: Neue, auch kommerzielle Nutzungen wie Büros und Gastronomie werden möglich. Im Quartier Lutherstraße/Badergasse haben sich die Eigentümer im Rahmen des IBA-Vorhabens unter fachlicher Begleitung der Denkmalschutzbehörden auf ein gemeinsames Vorgehen bei Grundstückstausch, Abriss und Nutzung der neuen Freiflächen geeinigt. Nach dem Abriss Ende 2003/Anfang 2004 wird nun ein Konzept für Mauern und Giebel erarbeitet, um das geschlossene historische Stadtbild zu erhalten und die neu entstandenen Gärten zu privaten Oasen zu machen. Die Stadt hat die Chance, die Erfahrungen aus diesem Quartier auch in anderen Stadtteilen umzusetzen.

Dem Bereich rund um Luthers Geburtshaus kommt für das touristische Profil Eislebens eine besondere Bedeutung zu. Dieser Rolle wird die städtebauliche Situation zur Zeit nicht gerecht. Der Neubau eines Besucherzentrums in Verbindung mit privaten Investitionen im Gastronomiebereich soll der Behebung dieses baulich-räumlichen Missstandes dienen.

Das Thema „K³ – kleiner, klüger, kooperativ" ist ein Referenzvorhaben für eine Umbaustrategie, die gezielt auch in Altstädten ansetzt. Ein sensibler Umgang mit den Anforderungen des Denkmalschutzes ist dabei von Beginn an Teil der Planungskultur. Die aktive Rolle der Bürgerinnen und Bürger in diesem Prozess kann Vorbildcharakter auch für andere Städte haben.

www.eisleben.de

The IBA theme in Lutherstadt Eisleben is exemplary inasmuch as it demonstrates the fact that not only large property companies can forward urban redevelopment and demolition plans. Here private owners form the backbone of the redevelopment process.

The Lutherstadt backs its citizens' commitment to the realisation of an urban planning strategy which may be described as "controlled, small-scale perforation". The aim is to develop residential property of up-to-date standards in the city centre and to use the de-densification process as a positive opportunity: new uses, including commercial ones such as offices and restaurants, are becoming conceivable. In the context of the IBA, the owners in the Lutherstraße/Badergasse area have agreed to a collective approach under the expert guidance of the office for the preservation of monuments. This involves the exchange of lots, strategies of demolition and innovative usage of the ensuing vacant spaces. After the demolition at the end of 2003/early 2004, a concept for walls and gables is now being developed in order to retain the self-contained historical appearance of the city and to transform the newly-created gardens into private oases. The city will then have the chance to transfer the experience gained in this district to other areas.

The area around Luther's place of birth is especially important for Eisleben's character as a city attracting tourists. At present, the urban situation does not do justice to this role. The construction of a new visitors' centre, together with private investments in gastronomy, is intended to improve the negative, as yet under-utilised situation.

The theme "C³ – Compacter, Cleverer, Cooperative" is the referential plan for a strategy of redevelopment which is specifically oriented towards the situation in old city centres. From the beginning, sensitive handling of the demands made by preservation guidelines is integral to the planning approach. The active part played by Eisleben's citizens in this process could be a role model for other cities.

www.eisleben.de

Einwohner 1990: 56.000
Inhabitants in 1990: 56.000
Einwohner 2003: 46.000
Inhabitants in 2003: 46.000

Lutherstadt Wittenberg

IBA-Thema: Dialog der Kulturen und Religionen in Generationen

Die Lutherstadt Wittenberg wird geprägt durch die Altstadt mit ihren UNESCO-Welterbestätten und durch zahlreiche in der Stadt ansässige kulturelle und konfessionelle Institutionen. Ziel des IBA-Vorhabens ist es, durch die inhaltliche Qualifizierung und Vernetzung dieser Institutionen die Altstadt räumlich zu konsolidieren und das ökonomische Potential der historischen Bausubstanz und Stadtstruktur verstärkt zu nutzen. Gäste als „temporäre Bevölkerung" sollen den Bevölkerungsrückgang ausgleichen und für wirtschaftliche und intellektuelle Impulse, Arbeitsplätze und Urbanität sorgen. Dieser Ansatz kann verwirklicht werden, wenn sich die einschlägigen Akteure, die Impulse für den Tagungs- und Bildungstourismus geben, zusammenschließen und sich selbst als Träger des Stadtumbaus konstituieren.

In Wittenberg sollen drei „Orte des Dialogs" entstehen: Am westlichen Stadteingang soll durch die Umgestaltung und Rekonstruktion der beiden leer stehenden Amtshäuser in unmittelbarer Nähe zum Schloss ein modernes, wirtschaftlich zu betreibendes Jugendgästehaus in historischem Umfeld und denkmalgeschützter Bausubstanz geschaffen werden, das als multifunktionale Begegnungsstätte für Besuchergruppen aus dem In- und Ausland dient. Für den nördlichen Stadteingang am brachliegenden Arsenalplatz wird über Umbau und Erweiterung des Klosters zu einer Tagungsstätte als funktional und gestalterisch wichtiger Impuls beraten. Dieser Plan greift eine lange Debatte über eine Konferenz- und Tagungsstätte für Lutherstadt Wittenberg auf, die als „sichtbarer Anker" Dialogkultur als zentrales Profil der Stadt wahrnehmbar machen soll. Am östlichen Stadteingang im Bereich von Bibliothek, Predigerseminar und Leucorea wird es schwerpunktmäßig um Impulse für Bildung und Forschung gehen.

Das IBA-Thema in Lutherstadt Wittenberg gewinnt seine Relevanz daraus, dass hier inhaltliche Profilierung zu intelligenter Nachnutzung von wertvoller Raumsubstanz führen kann. Es geht um eine Bündelung der Kräfte und die aktive Erzeugung von ungewöhnlichen Synergien: ein Ansatz, der in vielen anderen Städten ebenfalls genutzt werden sollte.

www.wittenberg.de

The distinctive features of Lutherstadt Wittenberg are its old town, with several UNESCO World Heritage sites, and the numerous cultural and confessional institutions based here. The aim of the IBA concept is to arrive at an environmental consolidation of the old city by modifying and networking these institutions, and to employ the historical architectural substance and urban structure as economic potentials. The fall in population is to be balanced to a considerable extent by guests – a "temporary population" who will generate economic and intellectual impulses, jobs and urbanity. A precondition for the realisation of this approach is cooperation between essential protagonists in conference and educational tourism; they must set themselves up as the mainstay of urban redevelopment.

Three "sites of dialogue" are to emerge in Wittenberg: at the western approach to the city, the two vacant municipal buildings directly beside the castle are to be restored and converted into a modern, profit-making youth guesthouse in an historical setting among listed buildings. This will become a multifunctional meeting place for visiting national and international groups. With regard to the northern approach to the city, near the empty Arsenalplatz, there is creative discussion on the conversion and extension of the monastery into a conference centre. This plan resumes long-term debate concerning a conference and meeting centre for Lutherstadt Wittenberg, which – as a "visible anchor" – would emphasise the culture of dialogue as a central characteristic of the city. At the eastern end of the city, in the area of the library, preachers' seminar and Leucorea, the emphasis will be on impulses for education and research.

The IBA theme in Lutherstadt Wittenberg draws its relevance from a definition of content which can foster intelligent subsequent use of valuable architectural and environmental substance. It is a matter of concentrating forces, and of the active creation of unusual synergies: a starting point that ought to be adopted in many other cities.

www.wittenberg.de

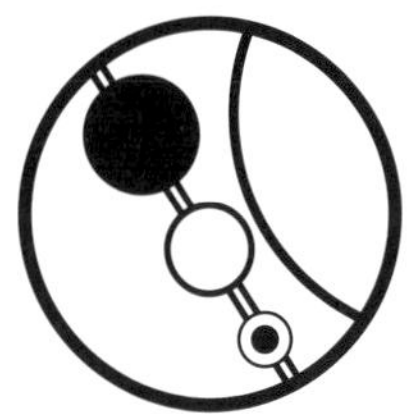

Einwohner 1990: 282.000
Inhabitants in 1990: 282.000
Einwohner 2003: 228.000
Inhabitants in 2003: 228.000

Magdeburg

IBA-Thema: Leben an und mit der Elbe

Magdeburgs IBA-Thema befasst sich damit, wie die Lage der Stadt am Fluss in Zeiten der Schrumpfung zur Stärkung der urbanen Qualität genutzt werden kann. Die Entwicklung hat dabei zwei räumliche Pole, die für die Gleichzeitigkeit von allgemeiner Schrumpfung und sektoralem Wachstum stehen:

Südlicher Pol sind die entlang der Elbe angeordneten südöstlichen Stadtteile. Im Zuge der Industrialisierung wurden hier die traditionellen Siedlungskerne durch Fabrikanlagen und Arbeiterwohnungsbau überformt; die Entwicklung nach der Wende ließ eine heterogene Stadtlandschaft aus Werksbrachen, ungenutzten Bahnflächen, leer stehenden Wohnbauten und teilweise noch intakten Ortskernen zurück. Der Elbzugang ist fast überall verwehrt. Hier wird der Rückzug der Stadt mit allen Konsequenzen und der Option auf die Entwicklung eines hochwertigen Landschaftsraumes für Freizeit und Naherholung angestrebt. Hier geht es um *mehr Landschaft und weniger Stadt.*

Nördlicher Pol ist der alte Handelshafen, der zum „Wissenschaftshafen" umgestaltet werden soll. In räumlicher Nähe zu den bereits etablierten Wissenschaftsinstitutionen und wissenschaftsnahen Betrieben (Universität, Max-Planck-Institut, Fraunhofer-Institut, Experimentelle Fabrik) sollen technologieorientierte Start-Ups angesiedelt werden. Fluss und Hafenlandschaft bilden dabei einen wichtigen „weichen" Standortfaktor für Arbeit und Produktion. Gleichzeitig will die Stadt attraktives Wohnen und hafenspezifische Freizeitnutzungen möglich machen. Hier geht es um *mehr Stadt und weniger Landschaft.*

Eine Entwicklungsstrategie mit diesen beiden Polen reflektiert den industriellen Transformationsprozess in Magdeburg seit 1990. Die Standorte der Maschinenbauindustrie werden gewissermaßen „der Natur zurückgegeben". Die innovativen Technologiebranchen – Verfahrenstechnik, Informationstechnik, Medizintechnologie –, die sich in Magdeburg und den nördlichen Vororten bereits erfolgreich etabliert haben, finden andere Orte.

Spannend ist aber auch der Bereich zwischen den beiden Polen. Der durch Straßen und Bahnanlagen in Magdeburg traditionell schwer erreichbare Fluss soll für „Pioniere" zugänglich gemacht werden, junge Milieus mit neuen Ideen, die den Raum wirtschaftlich nutzbar machen und hoffentlich dazu beitragen, mit Hilfe von Landschaft die urbanen Defizite Magdeburgs auszugleichen.

Für die IBA ist neben der (natur-)räumlichen Dimension des Magdeburger Themas insbesondere die Entwicklung eines neuen Flächenmanagements von großer Bedeutung. Dieses Herangehen entspricht dem Ansatz der IBA, auch mit einer neuen Planungskultur auf die Herausforderungen der Schrumpfung von Städten zu reagieren.

www.magdeburg.de

Magdeburg's IBA concept looks at the ways in which the city's location by the river can be used to consolidate the urban quality of life in an age of shrinking. The development comprises two distinct sites, which stand for the simultaneity of overall shrinking and sectorial growth:

The southern site are the south-eastern city districts along the Elbe. In the course of industrialisation, the traditional core settlements here were overlaid by factories and workers' apartment blocks: the development after German unification left behind a heterogeneous urban landscape made up of vacant industrial sites, unused railway land, empty residential buildings and some partially intact centres; access to the Elbe is impossible almost everywhere. Here the aim is to back the city's retreat and its consequences, choosing to develop a high-standard landscape area for leisure and recreational purposes. It is a matter of *more landscape, less city.*

The northern site is the old trading port, which is to be converted and redesigned into a "science port". Here the aim is to settle technologically oriented start-ups in close proximity to established scientific institutions and businesses (university, Max-Planck-Institute, Fraunhofer-Institute, Experimental Factory). The river and the port represent a positive "soft" location factor for work and production. At the same time, the city aims to generate attractive residential opportunities and port-specific leisure facilities. On this site it is a matter of *more city, less landscape.*

A strategy of development with these two poles reflects the industrial transformation process in Magdeburg since 1990. The locations of the mechanical engineering industry are being, to some extent, "returned to nature". The innovative branches of technology – such as procedural technology, information technology and medical technology – which have already established themselves successfully in Magdeburg's northern suburbs, are finding new locations.

The area between the two sites is equally exciting, however. In Magdeburg, the river is not traditionally accessible by road and rail, but now it is to be opened up to "pioneers", to young concerns with new ideas, thus making the area economically profitable and hopefully helping to balance out Magdeburg's urban deficits with the aid of landscape.

Besides the (natural-)environmental dimension of Magdeburg's theme, the development of new land-use management is of particular importance for the IBA . This approach corresponds to the IBA principle of reacting to the challenges of shrinking cities with an entirely new approach to planning.

www.magdeburg.de

Einwohner 1990: 44.000
Inhabitants in 1990: 44.000
Einwohner 2003: 35.000
Inhabitants in 2003: 35.000

Merseburg

IBA-Thema: Neue Milieus – neue Chancen

Merseburg gehört zu den wenigen IBA-Städten, die thematisch am Bevölkerungsrückgang selbst ansetzen und städtische Strategien des Gegensteuerns entwickeln wollen. Sie stellt sich offen der Herausforderung von Migration und Integration.

Die Umweltbedingungen in Merseburg verschlechterten sich in den Jahrzehnten nach dem Zweiten Weltkrieg dramatisch. In der Folge wanderten viele Bevölkerungsmilieus aus der Stadt ab. Derzeit leben in Merseburg vor allem Menschen traditioneller Arbeitermilieus, die zunehmend älter werden. Gleichzeitig erfolgt eine Abwanderung junger Merseburger. Gehobene, moderne, experimentelle Milieus arbeiten zwar in Merseburg, haben sich aber für andere Städte als Lebensmittelpunkt entschieden. Auch Einwanderer, vor allem Russlanddeutsche, halten sich eine Zeitlang in Merseburg auf, bevor sie in andere Teile der Bundesrepublik verziehen. Zudem etablieren sich Asiaten vorrangig als Gewerbetreibende im Stadtraum. Für all diese Gruppen ist Merseburg zwar ein Ort zum Arbeiten, doch kein dauerhafter Lebens- und Wohnort.

Merseburg soll zu einem attraktiven Zuwanderungsort für Menschen unterschiedlicher Milieus werden. In Merseburg sollen wieder mehr Menschen dauerhaft wohnen und leben und mit ihren unterschiedlichen Kulturen die Stadt bereichern. Merseburg möchte eine offene Atmosphäre gestalten, die Fremde willkommen heißt und Angebote für ihren dauerhaften Aufenthalt macht. Merseburg will eine Modellstadt für das qualitative, soziokulturelle Wachstum im Schrumpfungsprozess der Städte werden.

Von keiner anderen IBA-Stadt wird dieser Milieu-Ansatz im Stadtumbau verfolgt. Die Herangehensweise ist aber über Merseburg hinaus von Bedeutung. Gerade unter den Bedingungen des Bevölkerungsrückganges, des quantitativen und qualitativen Schrumpfens, spielen Migration und Integration „Fremder" eine wichtige, vor allem aber andere Rolle als bei der Zuwanderung von sogenannten Gastarbeitern in den Zeiten des Wirtschafts- und Bevölkerungswachstums.

www.merseburg.de

IBA Theme: New Milieus – New Chances

Merseburg is one of the few IBA cities whose theme starts out from the fall in population itself and aims to develop urban strategies which counter this. It faces the challenge of migration and integration quite openly.

The environmental conditions in Merseburg deteriorated dramatically in the decades after the Second World War. As a consequence, many groups of the population left the city. At present, the majority of the population are from the traditional workers' milieus, and they are of course growing older. At the same time, young residents of Merseburg are moving away. Quality, modern, experimental groups do still work in Merseburg, but they have chosen to focus their lives on other cities. Immigrants, mainly Russian-Germans, spend a certain amount of time in Merseburg before they move away to other parts of the Federal Republic. In addition, Asians are establishing themselves as the dominant business operators in the city area. For all these groups, Merseburg is a place to work rather than a place to live and settle permanently.

Merseburg aims to become an attractive city for long-term residents from diverse milieus. More people should move to Merseburg permanently and enrich the city with their different cultures. Merseburg would like to create an open atmosphere, welcoming strangers and offering features encouraging permanent residence. Merseburg's intention is to become a model city for qualitative, socio-cultural growth despite the process of urban shrinkage.

No other IBA city has selected milieu as a starting point in urban redevelopment. Nonetheless, this approach is significant beyond Merseburg alone. Under conditions of decreasing population – of quantitative and qualitative shrinking –, the migration and integration of "strangers" plays an important, but above all a different role to that played by the immigration of so-called "guest workers" during times of economic and population growth.

www.merseburg.de

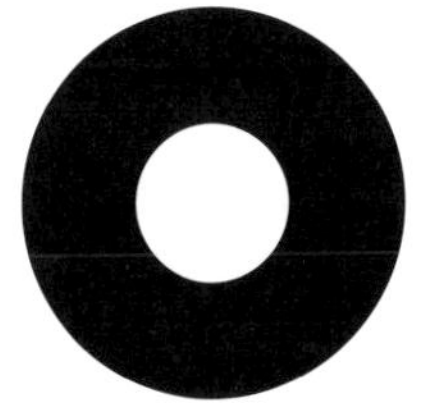

Einwohner 1990: 31.000
Inhabitants in 1990: 31,000
Einwohner 2003: 24.000
Inhabitants in 2003: 24,000

Staßfurt

IBA-Thema: Aufheben der Mitte

Wie viel Mitte braucht die Stadt? Diese Frage wird im Rahmen der IBA in Staßfurt thematisiert, denn Staßfurt bietet sich auf Grund seiner Stadtgeschichte in besonderer Weise für diesen Diskurs an. Staßfurt hat in den letzten Jahrzehnten bereits schmerzhaft einen massiven Eingriff in sein Stadtgefüge erfahren müssen: Die einmalige Situation einer leeren Mitte ist entstanden. Ein Bergsenkungsgebiet von 200 Hektar Größe in der als „Wiege des Kalibergbaus" bekannten Stadt, das diagonal durch die Altstadt verläuft und eine mittige Absenkung von mehr als sieben Metern aufweist, wird zu großen Teilen nie mehr bebaubar sein. Rathaus, Kirchen, Wohnhäuser, die das Zentrum der Stadt prägten, sind unwiederbringlich verschwunden und können auch nicht durch andere Bebauung ersetzt werden. Dennoch ist die Stadt nicht auseinander gebrochen.

Trotz der besonderen Problemlage ist die Situation in Staßfurt für die IBA besonders spannend: Seit Jahrzehnten müssen die Menschen in Staßfurt lernen, mit großflächigen Brachen umzugehen, ein Phänomen, das zukünftig in ähnlicher Form an vielen Orten auftreten wird. Mit dem Verzicht auf eine traditionelle Zentrumsentwicklung will Staßfurt die Altstadt zu einem besonderen Identifikationsort für die Bürger umgestalten. Es geht darum, einen Gedächtnisort mit hohem Gebrauchswert zu schaffen, der den Strukturwandel darstellt, reflektiert und überregional kommuniziert.

Durch eine Optimierung der Wasserhaltung im Bergsenkungsbereich wird ein innerstädtischer See entstehen. Gleichzeitig stellt sich die Aufgabe, dass die anderen Teile der Stadt – auch unter den Bedingungen von Schrumpfung – weiter zusammenwachsen und Zentrumsfunktionen übernehmen sollen.

Die IBA hat für die Aufgabenstellung in Staßfurt eine neue, intensive Beteiligungskultur initiiert, die zu einer neuen Identifikation mit der Stadt beiträgt und damit ihrerseits einen Beitrag dafür leistet, den Verlust der Mitte zu kompensieren. Sichtbarer Ausdruck dieser Kultur war ein radikal öffentliches Planungsverfahren für die Gestaltung der leeren Flächen im Zentrum, das im Januar 2004 in einem leer stehenden Kaufhaus in Staßfurt stattfand. Diese neue Dimension von Planung und Bürgerbeteiligung soll auch in Zukunft Teil des Engagements der Stadt für die IBA Stadtumbau 2010 sein.

Das Thema „Vernässung der Innenstadt" ist für ein historisches Zentrum radikal. Bei der Planung und Umsetzung geht es jedoch auch um die Angemessenheit der Mittel, die den künftigen, geringer werdenden Ressourcen der Stadt angepasst sein müssen.

www.stassfurt.de

How much centre does a city need? This question has become Staßfurt's theme in the context of the IBA, because the city's history predestines it to be a subject for any debate on the topic. In recent decades, Staßfurt has already experienced a massive, painful intervention in its urban constellation, and the unique situation of an empty centre has emerged. An area of mining subsidence within this city known as the "cradle of potash mining" – comprising 200 hectares and stretching diagonally across the old city with central subsidence of more than seven metres – will never again be suitable for building, at least for the most part. The town hall, churches and houses which gave the city centre its character have disappeared and cannot be restored, nor can they be replaced by other buildings. Nonetheless, the city has retained a certain coherence.

Despite these special problems, the situation in Staßfurt is particularly exciting with regard to the IBA: for decades, the people in Staßfurt have been learning how to cope with extensive waste areas, a phenomenon which will emerge similarly in many other places in the future. By abandoning a traditional development of the centre, Staßfurt aims to convert the old city into a site of special identification for its citizens. This involves designing a place of remembrance with considerable functional value; a place to depict, reflect on and communicate the alterations experienced here to other cities and regions.

By optimising the water containment of the mining subsidence area, the plan is to create an inner-city lake. At the same time, the task is to find ways in which the other parts of the city – also experiencing general shrinking – can grow together and so take over the functions of a centre.

The IBA has initiated a new model of intensive citizens' participation for the challenges faced in Staßfurt, an approach which contributes to a fresh identification with the city and helps to compensate for the loss of the centre. The visible expression of this approach was the public planning procedure adopted for the design of empty areas in the centre. This took place in an empty department store in Staßfurt during January 2004. This new dimension of planning and citizens' participation is to remain an aspect of the city's commitment to the IBA Urban Redevelopment 2010 in the future.

The theme "City Centre under Water" is radical for an historical centre. In the process of planning and realisation, however, Staßfurt must adapt its methods to the decreasing resources of the city.

www.stassfurt.de

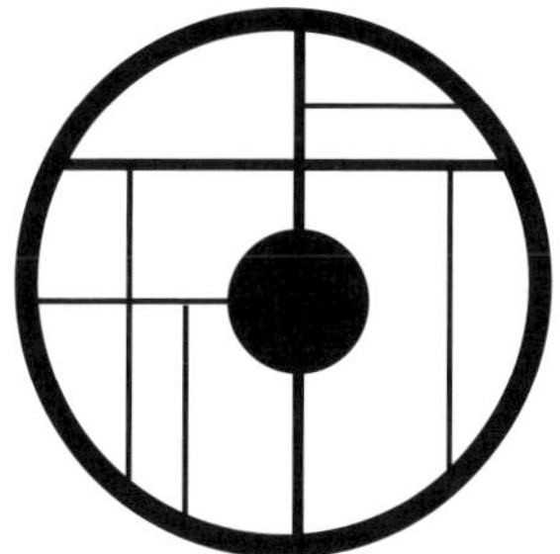

Einwohner 1990: 50.000
Inhabitants in 1990: 50,000
Einwohner 2003: 38.000
Inhabitants in 2003: 38,000

Stendal

IBA-Thema: Zentraler Ort im ländlichen Raum

In Zeiten des Bevölkerungsrückgangs muss das Verhältnis von Stadt und Region neu gedacht werden, gegenseitige Verantwortlichkeiten müssen neu justiert werden und Strategien für eine neue dezentrale Konzentration entwickelt werden. Stendal und sein Umland wissen um die gegenseitige Abhängigkeit und wollen ihren Lebensraum als urbanes System aktiv gestalten.

Mit 43 Einwohnern pro Quadratkilometer hat die Altmark mit Abstand die geringste Besiedlungsdichte in Sachsen-Anhalt. Die Altmark zählt insgesamt zu jenen Regionen in der Bundesrepublik, in denen verschiedene Probleme kulminieren: besonders geringe Bevölkerungsdichte und hohe Abwanderung, hohe Arbeitslosigkeit, überdurchschnittlich viele Auspendler und eine wenig diversifizierte Wirtschaftsstruktur.

Die Altmark kann sich nur dann stabilisieren, wenn auf regionaler Ebene „Überlebensstrategien" entwickelt werden. Dazu gehört auch, dass die zentralörtliche Gliederung und Verwaltungsstruktur den Erfordernissen eines „entleerten Raums" angepasst werden muss, dass die Stadt-Umland-Verflechtungen neue, mobile und die Möglichkeiten der Kommunikationstechnologie nutzende Infrastrukturen erhalten. Im Bildungsbereich kann das die Entwicklung einer modernen Form der Einklassenschule bedeuten, im Freizeitsektor mobile Kinos und Diskotheken, im Gesundheitswesen moderne Ambulanzen.

Das bedeutet auch, dass die großen, zum Teil nicht mehr landwirtschaftlich genutzten Flächen zur Erzeugung neuer, nachwachsender Rohstoffe für eine Kreislaufwirtschaft genutzt werden oder Erzeuger-Verbraucher-Gemeinschaften als kleinteilige Wertschöpfungsketten auf- und ausgebaut werden. Der „Regionalpark" Altmark wird also kein Freizeitparadies werden, sondern eine kleinteilige Wirtschaftszone mit hoher Lebens- und spezifischer Erlebnisqualität.

Da es zunehmend zur Ausprägung von „entleerten Räumen" in den strukturschwachen Gebieten Deutschlands und Europas kommen wird, spielen Strategien und Experimente für den Erhalt und sogar die Entfaltung einer bestimmten Lebensfähigkeit solcher Gebiete eine wesentliche Rolle. Da bislang keine konsistenten Strategien unter den Bedingungen starker Ausdünnung von großen Regionen erarbeitet und umgesetzt worden sind, können die Erfahrungen in der Altmark sowohl auf Mecklenburg-Vorpommern als auch auf Gebiete in Polen, Frankreich oder Süditalien übertragbar sein. Das macht das Stendaler Thema für die IBA so interessant.

www.stendal.de

In an age of decreasing population, the relation between city and region must be viewed in a new way, mutual responsibilities must be adjusted, and strategies for a new, decentralized concentration must be promoted. Stendal and the surrounding area are aware of their mutual dependence and aim to develop their environment as an urban system.

With 43 inhabitants per square kilometre, the Altmark has by far the lowest population density in Saxony-Anhalt. On the whole, the Altmark is one of those regions in the Federal Republic where various problems culminate: a particularly low population density and high rates of emigration, high unemployment, an above-average number of commuters to other areas, and an economic and business structure with little diversification.

The Altmark can only develop stability if "survival strategies" are conceived on a regional level. This includes alterations to the central, municipal divisions and administrative structure to suit the demands of an "emptied environment"; the interconnections between city and surrounding areas must be retained by introducing new, mobile infrastructures which utilise the possibilities of communications technology. In the field of education, this might be the development of a modern form of one-class school, in the leisure sector there may be a call for mobile cinemas and discos, and with respect to health-care, for modern out-patients departments. The large areas of rural land now partially fallow should be exploited to create new, regenerative raw materials for a recycling economy, or producer-user communities should be established and developed as small-scale, profit-making chains. The "regional park" Altmark will not turn into a recreational paradise, but into an economic zone of small-scale ventures offering a high quality of life and specific experience.

Since there is likely to be an increase in the formation of "emptied environments" in the structurally weak areas of Germany and Europe, strategies and experiments to retain and even develop a specific survival capacity for such areas are very important. Up until now, no consistent strategies have been conceived and realised for large regions under conditions of great reduction, which means that the experience gained in the Altmark can be transferred to Mecklenburg-Vorpommern and to parts of Poland, France or Southern Italy. This makes Stendal's approach particularly interesting for the IBA.

www.stendal.de

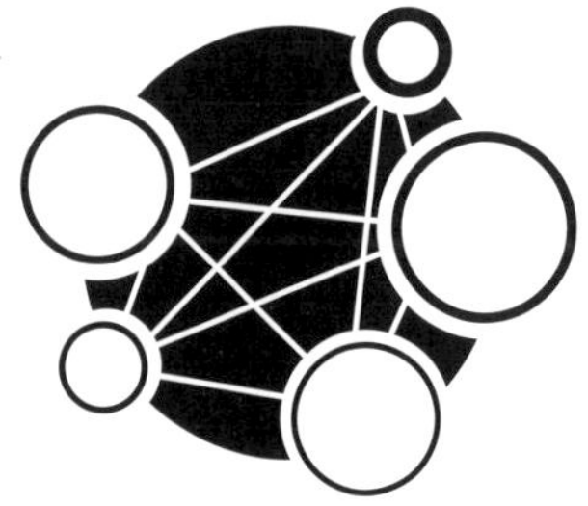

Einwohner 1990: 6.000
Inhabitants in 1990: 6,000
Einwohner 2003: 5.000
Inhabitants in 2003: 5,000

Wanzleben

IBA-Thema: Urbane Familienfelder

Wanzleben gehört zu den IBA-Städten, die mit ihrem Thema Kontrapunkte zum Einwohner-rückgang setzen. Das Thema „Urbane Familienfelder" behandelt die Stellung und die Chancen von Familien in der Stadt ebenso wie die sozialen Potentiale des Gemeinwesens Stadt.

Wanzleben unternimmt dabei nicht mehr und nicht weniger, als seine Ressourcen zu stärken. Die intakten sozialen Strukturen und Organisationsformen der Stadt spiegeln sich in einem noch soliden Angebot von Schulen und Kindertagesstätten, von über 45 Vereinen und in zahlreichen kulturellen und Freizeitangeboten wieder. Der Abwanderung soll mit einer qualitativen Ver-besserung begegnet werden: Die Qualifizierung des sozialen Gefüges in der Stadt wird zu einem Instrument der Bindung. Wanzleben knüpft dabei an positive Erfahrungen mit der Sta-bilisierung sozialer Infrastrukturen, etwa im Gesundheitsbereich, an.

Der Schlüssel liegt aus der Sicht der Stadt in einer innovativen Familienpolitik und dem Profil einer familienfreundlichen Stadt. Familienpolitik bedeutet dabei nicht nur, die Kleinfamilie zu fördern, sondern zukunftsorientiert das System der Familie auf unterschiedlichen Feldern zu interpretieren, zu kritisieren, zu erweitern und gewissermaßen als einen urbanen Baustein einer aufgeklärten Gesellschaft zu stärken.

Mit dem Vorhaben der „Urbanen Familienfelder" identifiziert und qualifiziert die Stadt Wanzle-ben jene Strukturen und Organisationsformen, die Wanzleben bis dato gegenüber ihrem zer-siedelten Umland erfolgreich zusammenhalten. Als Instrumente dafür gelten sowohl die „Fa-miliendebatte", die in Form von Vorträgen und Diskussionsrunden organisiert wird, als auch praktische Projekte wie die Optimierung des Schülerverkehrs und Konzepte für die Integration von älteren Mitbürgern in das soziale Leben der Stadt.

Das Wanzleber Thema folgt dem IBA-Ansatz, die spezifischen lokalen Qualitäten zu festigen. Die konkrete Fragestellung nach den familiengerechten Strukturen ist dabei jedoch für alle Städte gleichermaßen von Bedeutung.

www.wanzleben.de

IBA Theme: Urban Family Areas

Wanzleben is one of those IBA cities which directly respond to the decrease in population. "Urban Family Areas" examines the position of families in the city and the opportunities available to them, as well as examining the social potentials of the urban community.

Wanzleben will be undertaking no more and no less than an underpinning of its existing resources. The intact social structures and organisational forms of the city are reflected in a sound provision of schools and children's day care, in over 45 associations and in numerous cultural and recreational opportunities. The intention is to counter migration with qualitative improvement: the modification of the social constellation within the city is to become a means of creating strong identification. Wanzleben is continuing from positive experience with the stabilisation of social infrastructures, for example in the area of health-care.

From the standpoint of the city, the key is an innovative family policy defining Wanzleben as a place that is open and supportive towards families. In this case, family policy does not only signify support for the core family, but indicates an aim to interpret, criticise and extend the system of the family within different spheres; looking to the future, it is to be sustained as an urban component of an enlightened society.

With the concept of "Urban Family Areas", the city of Wanzleben will identify and qualify those structures and forms of organisation which have as yet successfully maintained the unity of Wanzleben in face of its fragmented surroundings. Methods employed include both the "family debate" – organised in the form of lectures and discussions – and practical projects such as improvements in the transport of schoolchildren and concepts for the integration of older citizens into the social life of the city.

Wanzleben's theme follows the IBA principle of fostering local assets, but the concrete search for structures which are suitable for families is equally important for all the IBA cities.

www.wanzleben.de

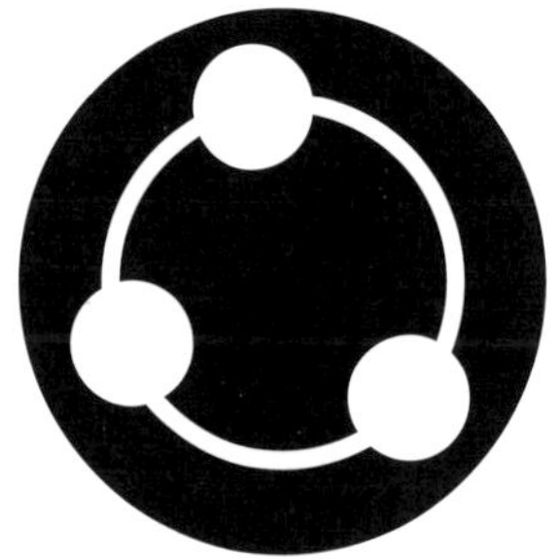

Einwohner 1990: 38.000
Inhabitants in 1990: 38,000
Einwohner 2003: 30.000
Inhabitants in 2003: 30,000

Weißenfels

IBA-Thema: Grün der Zeit

Das IBA-Thema in Weißenfels setzt auf naturorientierte Folgenutzungen von Industriebrachen. Der Kernbereich der Weißenfelser Neustadt ist geprägt von einer Vielzahl altindustrieller Standorte, die auf herkömmliche Weise kaum eine Wiederverwertung erfahren können. Daher nimmt sich die Stadt vor, auf der städtebaulich-räumlichen Ebene den „Mehrwert Landschaft" in die Neustadt fließen zu lassen und einen größeren Landschaftszug von Ost nach West zu entwickeln. Das IBA-Thema bindet die örtliche Lebensmittelindustrie intensiv als Akteure in den Stadtumbauprozess ein.

Weißenfels will gemeinsam mit den in der Neustadt ansässigen Lebensmittelfirmen den städtebaulich-räumlichen und den wirtschaftlichen Stabilisierungsprozess verknüpfen. Als Katalysator der Verknüpfung von Naturraum und Lebensmittelindustrie soll ein besonderer Markt für Lebensmittelprodukte in der Landschaftszone installiert werden und das ehemalige Elektrizitätswerkes für Messen und Veranstaltungen nutzbar gemacht werden.

Die Realisierung der teils schon herausgearbeiteten, teils noch zu vervollständigenden ehrgeizigen Projektideen darf den kommunalen Haushalt nicht zusätzlich belasten. Wegweisend in diesem Sinne könnte auch für andere Kommunen der Aufbau eines privatwirtschaftlichen Netzwerks sein. Dabei kann jedes Unternehmen Patenschaften zur Entwicklung und Pflege des Grünraumes übernehmen.

Das Thema der Stadt Weißenfels ist für die IBA in doppelter Hinsicht besonders relevant: durch die breite Einbeziehung von privaten Akteuren als Träger des Stadtumbaus und Sponsoren für öffentliche Nutzungen, und durch die Entwicklung eines Grünzugs als Marketingstrategie. „Grün der Zeit" zeigt damit beispielhaft Handlungsoptionen jenseits traditioneller Verwertungsvorstellungen auf.

www.weissenfels.de

The IBA concept in Weißenfels advocates a nature-oriented follow-up use of industrial waste land.

The core area of the new city in Weißenfels features a large number of old industrial sites which are unlikely to find a re-use in the traditional sense. For this reason, the city intends – on the urban-planning level – to admit the "added value of landscape" into the new city, developing a large stretch of green running from East to West. The IBA theme involves the local food industry as active protagonists in the process of urban redevelopment.

Together with the food companies located in the new city, Weißenfels will seek to combine the process of urban-environmental development and that of stabilising the economy. The installation of a special market for food products in the new green area and the conversion of the former electricity works into a location for fairs and events will serve as a catalyst connecting the natural sphere and the food industry.

The realisation of the project ideas – some of which are well-developed, while others remain very ambitious and require clarification – cannot be allowed to burden the communal budget. In this respect, the foundation of a network of private businesses could point the way, for other communities as well. Each company will be able to take on sponsorship to aid the development and cultivation of the green area.

Weißenfels' theme is particularly relevant for the IBA in a double sense: because of the widespread involvement of private protagonists as the mainstay of urban redevelopment and as sponsors for public utilisation, but also because of the development of a green area as a marketing strategy. "The Green of our Age" thus demonstrates options for action above and beyond traditional notions of exploitation in an exemplary way.

www.weissenfels.de

Lutherstadt Eisleben

Lutherstadt Eisleben: Panorama Perforation, Juli 2004
Lutherstadt Eisleben: panorama perforation, July 2004

Lutherstadtumbau

Iris Reuther

Über Konzeptarbeit, den langen Atem und neue Architekturaufgaben in der Lutherstadt Eisleben

Städte, insbesondere kleine Städte in ihrer Überschaubarkeit und ihrem Eigenleben, lassen sich nicht einfach auf einen neuen Entwicklungspfad bringen, wenn man lediglich Indikatoren herausfiltert, Daten extrapoliert und Pläne beschließt. Hier gehören Vertrauensbestände, Zugehörigkeits- und Verantwortungsgefühle, gemeinsame Zielvorstellungen sowie die Intensität und Wirksamkeit bürgerschaftlichen Engagements zu den Ressourcen der Entwicklung. Man spricht von sozialen Kapitalen[1], die es zu erschließen gilt. Dabei kommt den Transferwegen eine besondere Bedeutung zu. Sie beruhen oft auf Verhandlungslogiken oder Vereinbarungspraktiken, die mittels Vertrauen oder auch Macht in Bewegung kommen. In der Regel werden Entscheidungen über die Transferierung und Verteilung der sozialen Kapitale in kommunikativen Akten getroffen, die noch im Vorfeld von Kooperationen angesiedelt sind oder diese auch begleiten. Neben den verfassten Institutionen der Städte – gemeint sind hier vor allem die Stadträte und Verwaltungen – geschieht dies in informellen Gremien und Netzwerken. In einer kleinen Stadt sind sie sehr stark an Nachbarschaften und Milieus und damit an die typischen Formen der Stadtteile, Wohnhäuser und Räume der Gemeinschaft gebunden. Dabei spielen die Eigentums-, Verfügungs- und in gewisser Weise auch die Gewohnheitsrechte eine erhebliche Rolle.

Hier liegt die Wurzel für den „Lutherstadtumbau" und das IBA-Motto der Lutherstadt Eisleben „K³ – kleiner, klüger, kooperativ". Bereits zu Beginn der Arbeit am Beitrag zum „Bundeswettbewerb 2002 Stadtumbau Ost" kamen auf Initiative des Vereins Haus&Grund Mansfelder Land e.V. die Eigentümer einiger Grundstücke im Quartier Lutherstraße/Badergasse auf das Technische Dezernat der Stadt zu. Sie wünschten sich konzeptionelle Unterstützung beim Umbau des dichtesten Quartiers in der historischen Altstadt mit vier leer stehenden Gebäuden und erheblichen strukturellen Mängeln auf allen neun Parzellen. Durch eine geschickte Moderation seitens der Verwaltungsmitarbeiter wurde im Dialog mit allen neun Eigentümern ein städtebaulicher Entwurf in verschiedenen Varianten entwickelt und Mitte 2002 als Pilotprojekt auf einem „Tafelfest", das unmittelbar vor Ort in der Badergasse stattfand, in der Öffentlichkeit vorgestellt. So konnten die Eigentümer gemeinsam mit den Planern, aber auch mit dem zuständigen Denkmalpfleger und interessierten Bürgern die Vorschläge zur Entfernung erheblicher Teile der vorhandenen Bausubstanz diskutieren. Die im Quartier ansässige Gaststätte avancierte an diesem Nachmittag zum Gesprächsort für den bevorstehenden Stadtumbau in der Lutherstadt Eisleben. Das unmittelbare Umfeld und die konkrete Betroffenheit der Inhaberin und ihrer Nachbarn boten genügend Stoff dafür.

Auf der Basis des 2002 präsentierten Konzeptes einigten sich die Grundstückseigentümer der Lutherstraße/Badergasse nicht auf formaler, sondern auf privater Basis dahingehend, dass die Gebäudesubstanz von vier Grundstücken vollständig und von zwei weiteren Grundstücken teilweise entfernt werden sollte. Für zwei Grundstücke wurde dauerhaft die Nutzung als Freiraum verabredet. Für die beiden übrigen Grundstücke wurden eine Neuordnung, eine Zwischennutzung und längerfristig der Bauplatz für ein kleines Wohnprojekt konzipiert. Im Arbeitsprozess an diesem Quartier wuchsen die Vertreter der Stadtverwaltung gemeinsam mit den Planern und schließlich auch den Experten des IBA-Büros in die Rolle von Projektentwicklern hinein. Ihre Aufgabe war es, die Aktionen zu bündeln, zwischen Interessenlagen zu vermitteln und zunächst die Beantragung von Fördermitteln, dann die Abwicklung der Abbruchmaßnahmen und inzwischen auch die Verständigung zur Entwicklung der neuen Freiräume zu managen.

Indes ist vor Ort die städtebauliche Struktur in der Lutherstadt Eisleben perforierter, die verbliebene Bausubstanz deshalb kleiner und die beteiligten Akteure sind um einiges klüger geworden. Das betrifft zuerst die Grundstückseigentümer jener Parzellen, auf denen die Häuser verschwunden sind. Das betrifft auch die Nachbarn und Passanten, die plötzlich mehr Licht haben und auf dem Weg vom Luthergeburtshaus nur wenige Schritte weiter an der Lutherstraße den Turm der Andreaskirche sehen. Und es betrifft die Architekten und Landschaftsplaner, die zunächst im Rahmen eines IBA-Workshops Ende 2003 und später dann in konkreten Entwürfen nach Lösungen zur künftigen Einfriedung und Nutzung der neuen Freiflächen suchen mussten. Mit dem Verlust der Gebäude in einer ursprünglich geschlossenen Straßenflucht schoben sich nach dem Abbruch plötzlich die Giebel der verbliebenen Häuser ins Straßenbild und verlangten ebenfalls eine entsprechende Behandlung – zunächst bautechnisch und schließlich auch im Sinne einer Antwort auf das stark veränderte Stadtbild.

Wegen der neuen und bis dato auch ungewohnten Fragen zu den umgekehrten Vorzeichen im Städtebau war es notwendig, sich zu verständigen. Das geschah in intensiven Gesprächen, Workshops und gemeinsamen Überlegungen mit Eigentümern, Stadträten, Planern, Denkmalpflegern u. a. Dabei ist die Idee des „Gemeinschaftswerkes Lutherstadtumbau" entstanden. Es trägt diesen Namen, weil es sich sowohl beim Pilotprojekt in der Lutherstraße/Badergasse als auch bei den nachfolgenden IBA-Projekten und den mit ihnen verknüpften konzeptionellen Überlegungen nicht um formale Akte einer Verwaltung handelt, sondern um eine echte Kooperation, die auf gegenseitigem Vertrauen und wechselseitigen Vereinbarungen beruht. Die Idee für eine Qualifizierung der „Adresse Weltkulturerbe" – inzwischen ebenfalls ein konkretes IBA-Projekt in Eisleben – entstand infolge kontroverser Debatten mit den Vertretern des Landesamtes für Denkmalpflege und als Ergebnis der städtischen Aktivitäten im schwierigen Umfeld des Luthergeburtshauses. Die Lutherstadt Eisleben hatte vorsorglich zwei brach gefallene Grundstücke in der unmittelbaren Nachbarschaft erworben, um eine Neuordnung dieses Bereiches zu ermöglichen. Innerhalb weniger Tage einigten sich die Vertreter der Stiftung Luthergedenkstätten des Landes Sachsen-Anhalt mit der Stadt über ein gemeinsames Projekt zur Entwicklung eines Besucherzentrums mit Tourismusangeboten im gesamten Mansfelder Land. Bereits im Rahmen des Entwurfs-Workshops des Gemeinschaftswerkes Lutherstadtumbau im November 2003 stellte sich heraus, dass es sehr unterschiedliche Positionen bei der Etablierung einer solchen Nutzungsart an einem historisch bedeutsamen Ort (und als Ersatz für zwei abzubrechende Gebäude) gab. Während die Vertreter der Denkmalbehörden die Kontinuität des historischen Stadtbildes favorisierten, plädierten die Lutherstiftung und auch die Stadt für die Entwicklung eines einprägsamen und gut funktionierenden Ortes im Sinne einer neuen öffentlichen Adresse. Auf der Basis einer gemeinsam ausgehandelten Aufgabenstellung wurde im Herbst 2004 ein VOF-Verfahren zur Suche nach zeitgenössischen Architekturlösungen für das Projekt durchgeführt.

Die Vorschläge, den brachliegenden Bereich an der Rammtorstraße als neuen Freiraum zu entwickeln, erwuchsen aus der Beschäftigung mit verschiedenen Problemflächen in der Altstadt, die aus der jahrelangen Arbeit im Sanierungs- und URBAN-Gebiet bekannt waren: Hier hatte sich aus dem Wissen um die Schwierigkeiten bei den Grundstückseigentümern einfach der Bedarf nach neuen, vielleicht auch nur zeitweiligen Lösungen abgezeichnet. Nachdem der Standort an der Nahtstelle zum Stadtgraben ebenfalls im Entwurfs-Workshop des Gemeinschaftswerkes Lutherstadtumbau von verschiedenen Architekten aus der Stadt und Region behandelt worden war, entwickelte ein Landschaftsarchitekt einen Vorschlag für die Gestaltung der Eingangssituation in die Altstadt. Bereits das Modell für das topographisch bewegte Areal zeigt, dass sich auch hier das Stadtbild gravierend verändern wird. Umso wesentlicher scheint es, dass mit der zukünftigen Gestaltung vor allem Aufenthaltsqualitäten entstehen, die den Eislebenern und ihren Gästen helfen, die neuen Freiräume in der Altstadt wirklich zu nutzen. Hier geht es darum, Konventionen zu verändern: Man darf ein ursprünglich privates und bebautes Grundstück betreten und sich dort aufhalten. Es ist ein Teil des öffentlichen Raumes in der Stadt geworden, vielleicht nicht für immer, falls doch einmal wieder jemand hier bauen möchte, aber gewiss für eine längere Zeit.

„Lutherstadtumbau" in Eisleben meint die Verknüpfung eines neuen Arbeitsprinzips mit den veränderten städtebaulichen Entwicklungsmöglichkeiten in einem Zeitalter, in dem die Städte nicht nur nicht mehr wachsen, sondern tatsächlich schrumpfen. Dabei müssen vor Ort und im Detail sehr komplexe Fragen beantwortet und anspruchsvolle gestalterische Lösungen gefunden werden. Man braucht einen langen Atem für die Betreuung dieser Veränderungen der Stadt.

1 Die Autorin bezieht sich im folgenden auf eine Position von Christine Weiske, Technische Universität Chemnitz, Institut für Soziologie, Regionalforschung und Sozialplanung in einem unveröffentlichten Manuskript vom Oktober 2003.

Remodelling Lutherstadt Eisleben

Iris Reuther

Concepts, Patience and New Architectural Challenges

We cannot expect cities – and especially small cities with their compact and independent qualities – to set out on new development simply because indicators have been clarified, data extrapolated and plans accepted. Trust, a sense of belonging and responsibility, shared aims, and intense, effective commitment among citizens are also resources of development in smaller communities. They are known as "social capital"[1] and they must be tapped. The modes of transfer within this process are particularly significant. They are often based on the logics of negotiation or on agreement practices set in motion by trust or power. In general, decisions concerning the transfer and distribution of social capital are made by mutual agreement before or parallel to cooperation. This takes place in informal committees and networks in addition to the constituent institutions of the city – i.e. the council and administration offices. In any small city, such informal groups are closely bound up with neighbourhood and milieu, and thus tied to the typical manifestations of city districts, residential property and communities. A leading role is played by right of ownership, disposal and, to some extent, the force of custom.

These represent the roots of remodelling in Lutherstadt Eisleben and provide the IBA motto: "C3 – Compacter, Cleverer, Cooperative". At the beginning of work on the city's contribution to the federal competition "Urban Redevelopment East" in 2002, owners of certain lots in the district Lutherstraße/Badergasse approached the city's engineering department on the initiative of the association Haus&Grund Mansfelder Land e.V. They sought conceptual support for the redevelopment of the densest-built district in the historical old city, which suffers from numerous empty buildings and considerable structural faults on all new lots. By means of skilled moderation on the part of the administration, discussion with all nine owners resulted in several variants of a scheme for urban development, and in mid 2002 this pilot project was publicly presented at a gala in Badergasse itself. It was thus possible for the owners – together with the planners, those responsible for the preservation of monuments and interested citizens – to discuss suggestions for knocking down a considerable number of the existent buildings. That afternoon, the district's restaurant became the site of debate concerning future redevelopment in Lutherstadt Eiseleben. The immediate surroundings and the fact that the owner herself and all her neighbours will be directly affected meant that there was more than enough material for discussion.

On the basis of the concept presented in 2002, the property owners in Lutherstraße/Badergasse privately agreed to tear down all the buildings on four lots and to demolish part of what stood on two other sites. It was decided to use two lots as a permanent open space, and a concept for a new layout of the other two was developed, proposing an interim use and the construction of a small residential property in the long term. During work on this area, the representatives of the city administration, the planners and the experts from the IBA office grew into the role of project developers. It was their task to concentrate activity, to negotiate between different interests, and to manage the application for funds, the realisation of the demolition measures and finally an agreement on the development of the new open spaces.

In the meantime, the urban structure in Lutherstadt Eisleben has become more perforated, the fabric of buildings has been reduced, and the protagonists have become shrewder. First of all, this is true of the owners of the sites where houses have disappeared. But it also applies to neighbours and passers-by; suddenly they have more light, and when making their way to Luther's house of birth they can now see the tower of St. Andrew's Church only a short distance along Lutherstraße. And it is true of the architects and landscape designers, who have had to search for ideas for the enclosure and future utilisation of the new open spaces – in the context of an IBA workshop at the end of 2003 and in subsequent, concrete plans. After the demolition of buildings in what was originally a self-contained street, suddenly the gables of the remaining houses began to dominate the road and demanded corresponding attention – firstly with respect to their structural condition, later as a response to the changing face of the city.

It was necessary to come to an agreement because of previously unfamiliar questions raised by today's reverse indications in urban planning. Assent was reached in intense discussions, workshops and joint consideration with owners, city councillors, planners, those responsible for the preservation of monuments etc. It was in this context that the idea of the "Cooperative Works to Remodel Lutherstadt Eisleben" emerged. The choice of name indicates that this is not a matter of formal action by the administration alone, but of real cooperation based on mutual trust and agreement – with respect to the pilot project in Lutherstraße/Badergasse and to the subsequent IBA projects with all the associated conceptual decisions and ideas.

The aim to qualify as a site of "world cultural heritage" – now also a concrete IBA project in Eisleben – emerged after controversial debate with the representatives of the State Office for the Preservation of Monuments concerning the city's activities within the difficult area surrounding Luther's house of birth. To assure its own involvement, Lutherstadt Eisleben had acquired two vacant lots in the direct vicinity of the house in order to be able to remodel the area. Within a few days, representatives of the Foundation of Luther Memorials of the State of Saxony-Anhalt came to an agreement with the city on a joint project to develop a visitors' centre here, which would offer services for tourists in the entire Mansfelder Land region. In the context of the planning workshop Redevelopment of Lutherstadt Eisleben in November 2003, very different standpoints had already emerged with respect to this form of usage on a historically important site (and as a replacement for two buildings to be demolished). While the representatives of the Office for the Preservation of Monuments favoured the continuity of the historical city image, the Luther

Foundation and the city itself pleaded for the development of a modern, memorable and efficient public site. On the basis of a jointly developed assignment of tasks, a public competition was launched to search for contemporary architectural solutions for the project in autumn 2004.

Suggestions that the vacant lots on Rammtorstraße could be developed into a new open space grew from past concerns with various problem areas in the old city. These problems were familiar after years of work in the restoration and URBAN areas; the need for new, perhaps temporary solutions emerged from an awareness of difficulties with property owners in the past. After the location by the old city moat had been examined by various architects from the city and the region at the planning workshop of the Cooperative Works to Remodel Lutherstadt Eisleben, a landscape architect produced a suggestion for the design of this district, as the gateway into the old city. The model for the topographically important site already indicates that far-reaching alterations will be made to the cityscape. It is all the more important, therefore, for the plans to concentrate on creating qualities which will encourage people to spend their time here, so helping Eisleben and its guests to use the new open spaces within the old city in an active way. There is a need to alter conventions: it will now be possible to enter an originally private, developed site and spend time there. It will become part of the city's public sphere, perhaps not permanently – if anyone should decide to build here again in the future –, but certainly for a longer period of time.

"Remodelling Lutherstadt Eisleben" means combining a new principle of work with altered opportunities for development in an age of shrinking rather than growth. Very complex, detailed questions must be solved and quality planning solutions must be found. Patience is an essential factor in the supervision of such changes to the city.

1 In the following, reference is made to the standpoint adopted in an unpublished manuscript by Christine Weiske from the Institute for Sociology, Regional Research and Social Planning at the Technical University Chemnitz (October 2003).

Lutherstadt Eisleben: Gemeinschaftswerk K³ , Ideen- und Entwurfsworkshop, November 2003
Lutherstadt Eisleben: joint project C³, workshop for ideas and designs, November 2003

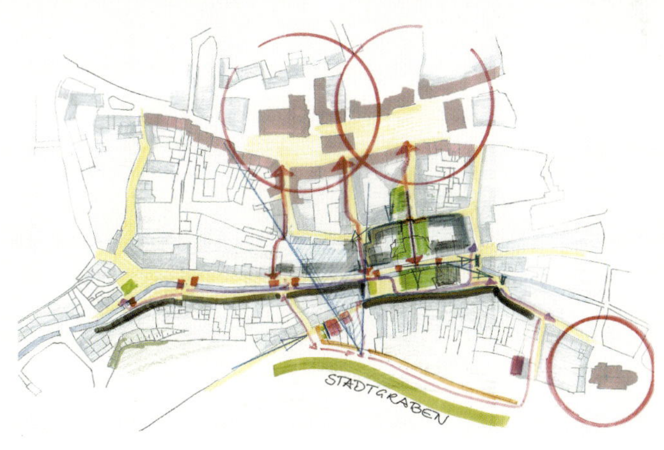

STADTGRABEN

Pilotprojekt Wohnquartier Lutherstraße/Badergasse: Abriss Leerstand, Januar 2004
Pilot project residential district Lutherstraße/Badergasse: demolition of vacancies, January 2004

Pilotprojekt Wohnquartier Lutherstraße/Badergasse: Aufräumarbeiten, Juni 2004
Pilot project residential district Lutherstraße/Badergasse: clearing-up operations, June 2004

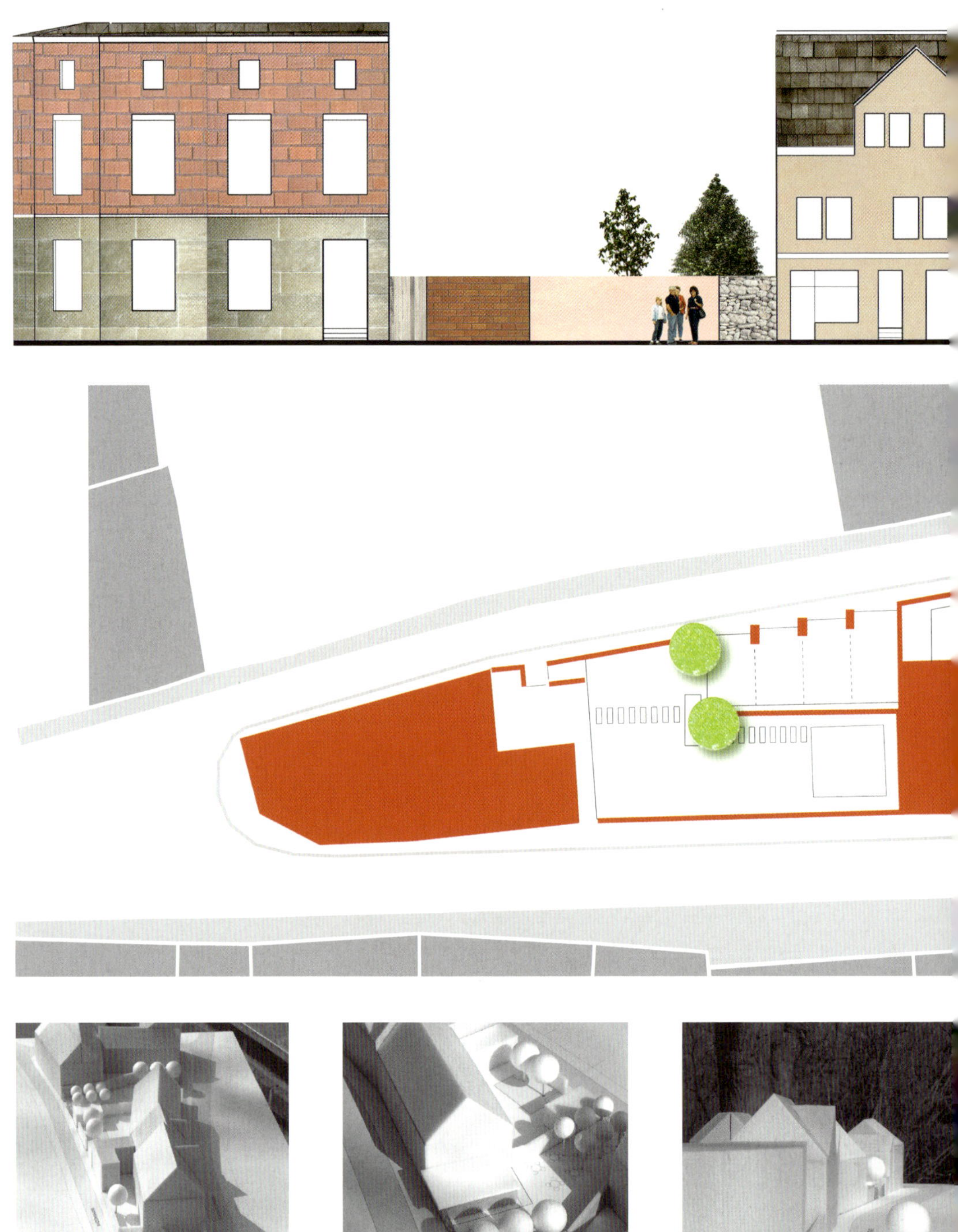

Pilotprojekt Wohnquartier Lutherstraße/Badergasse: Nachnutzungskonzept für den Freiraum
Pilot project residential district Lutherstraße/Badergasse: concept for subsequent use of new open space

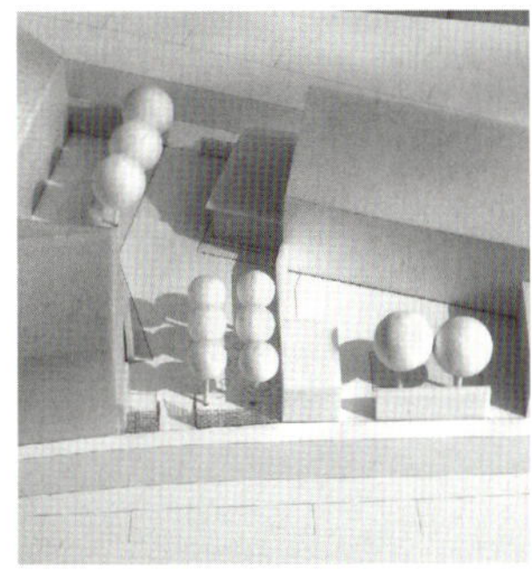

„Sesam öffne dich": Sammelaktion von Türen zur Markierung von Freiraumpotential für Neunutzung
"Open sesame": collection of doors to mark the potential for new use of space

Busmann + Haberer, Gesellschaft von Architekten mbH

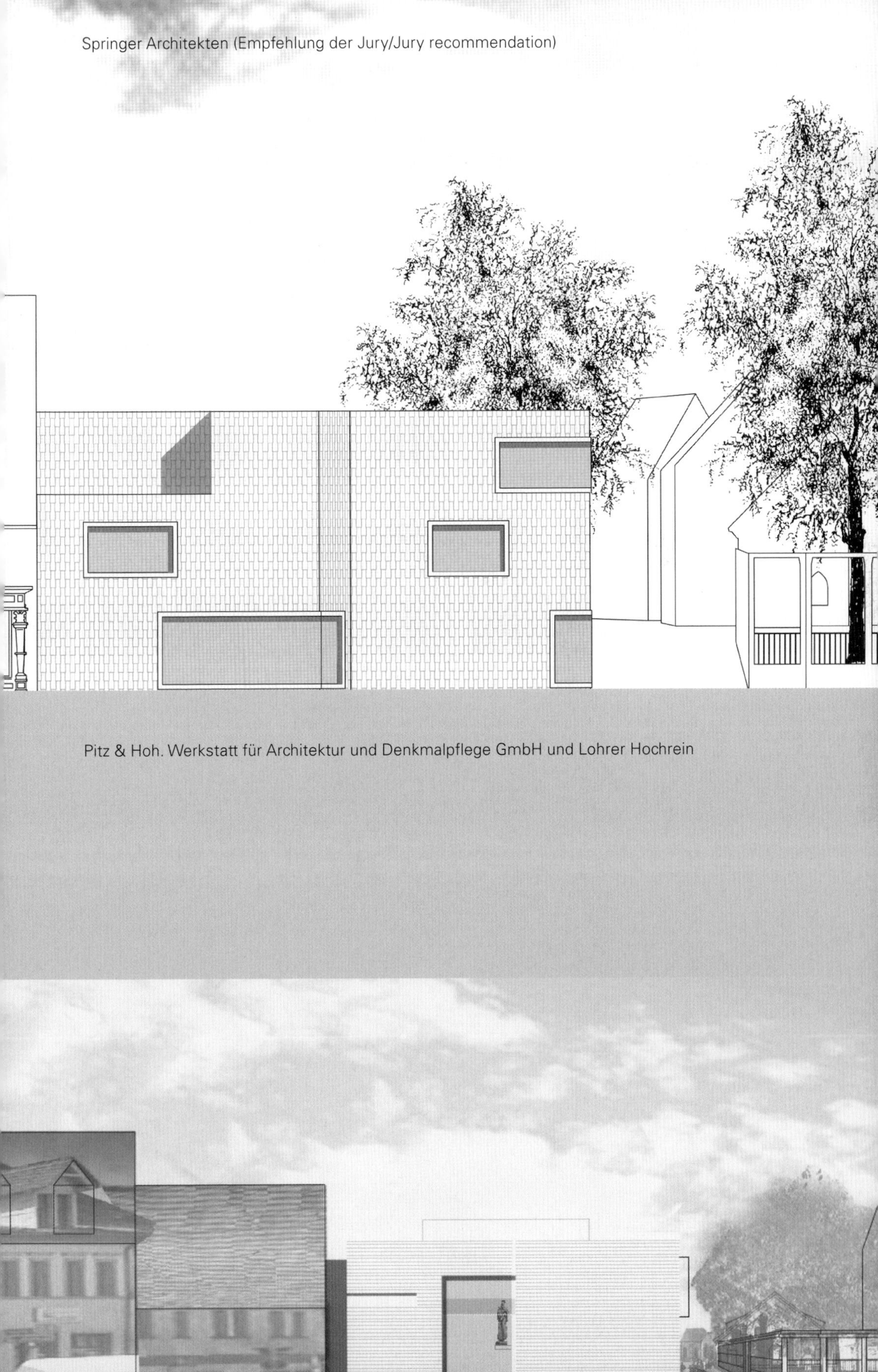

Springer Architekten (Empfehlung der Jury/Jury recommendation)

Pitz & Hoh. Werkstatt für Architektur und Denkmalpflege GmbH und Lohrer Hochrein

Anderhalten Architekten

Arge Schneider + Schuhmacher, Rufert + Partner, Brendel Ingenieure

Acerplan GmbH und Gernot Schulz: Architektur

Rittmannsperger + Partner

Dessau

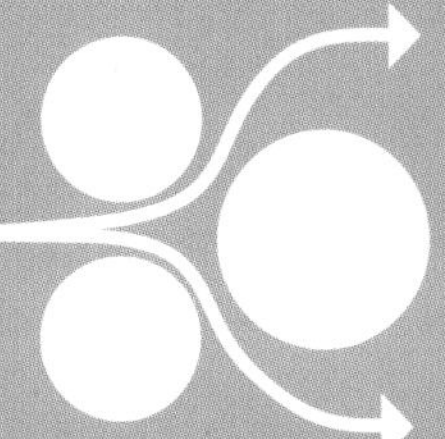

Dessau: Lesbarmachen neuer Raumsituationen, September 2004
Dessau: conveying new environmental situations, September 2004

MÜLL
ABLADEN
VERBOTEN

Parkordnung

Jeder hat sich im Park so zu verhalten, dass das Landschaftsbild nicht verdeckt wird und die Anlage uneingeschränkt der Erholung und insbesondere dem Kinderspiel dienen kann.
• Die Anordnungen des Landschaftsbildpersonals sind zu befolgen.
• Das Ausführen kleiner Schafherden in der Anlage ist gestattet, solange dadurch das Landschaftserlebnis unterstützt wird.
• Hunde sind unerwünscht und in jedem Falle anzuleinen. Hundekot ist gefälligst vom Hundebesitzer mitzunehmen.
• Das Lagern und Grillen in der Anlage ist erlaubt, hat jedoch in einer Art und Weise zu erfolgen, dass dies bei Betrachtern möglichst Assoziationen an Szenen aus der Landschaftsmalerei weckt.
• Es ist verboten, den Park mit Fahrzeugen aller Art zu befahren. Das Rad fahren ist verboten.

Wer diese Vorschriften missachtet, handelt gemäß § 6 (1) Nr. 3 Grünflächensatzung der Stadt Dessau ordnungswidrig und kann mit einer Geldbuße von bis zu 2.500 Euro bestraft werden.

Transformation in einen unbekannten Zustand

Heike Brückner

Planungswerkstatt Stadtumbau in Dessau

Die Stadt Dessau stellt sich mit ihrem IBA-Thema der Herausforderung, nicht einfach nur kleiner zu werden, sondern angesichts der neuen Vorzeichen für Stadtentwicklung auch Methoden und Instrumente einer neuen Planungskultur zu entwickeln und zu praktizieren.

Wie sieht eine Stadt aus, die im Jahre 2010 nicht mehr 100.000, sondern vielleicht 65.000 und im Jahr 2015 noch 52.000 Einwohner haben wird? Wie sieht eine Stadt aus, die im Zeitraum von nur 25 Jahren auf ungefähr die Hälfte ihrer Einwohner schrumpft?

Wir wissen es nicht. Stadtumbau „rückwärts" ist ein Prozess mit vielen Unbekannten und noch wenigen Erfahrungen: Kredite und Fördermittel, Planungsrecht, Bodenrecht und Eigentümerkonstellationen, Nachnutzung, Pflege und Flächenumwidmungen – all das sind Themen, die neue Fragen aufwerfen und mit den alten Instrumenten zu den bekannten Pattsituationen im Stadtumbau führen.

Es stellt sich die Frage: Wie macht man unter diesen Bedingungen, bei denen sich gesetzlicher Rahmen, individueller Blickwinkel, Standpunkte, Einschätzungen und Akteure permanent ändern, einen Plan?

Die Pläne

Das Stadtumbaukonzept von Dessau sieht vor, den Stadtumbau so zu gestalten, dass mit dem Rückbau leer stehender Häuser nicht beliebig Löcher in die Stadt geschlagen werden, sondern in einer Art „gestaltendem Abriss" die defekte und in großen Teilen unwirtliche Stadtstruktur Dessaus neu organisiert wird. Nach dem Modell der „Verinselung" wurde die Idee eines großzügigen Landschaftszuges geboren, der die Stadt neu gliedern helfen soll. In der Ausdifferenzierung von urbanen Kernen und landschaftlichen Zonen äußert sich der Anspruch auf mehr Maßstäblichkeit, auf ansprechende Räume, attraktive städtebauliche Zonen, in denen sich urbanes Leben entfalten kann, die Konzentration verfügbarer Ressourcen, soziale Vielfalt, die Integration historischer und stadttypologisch interessanter Elemente. Der Landschaftszug birgt in Kombination mit den Stadtkanten die Chance für eine qualitativ wertvolle Spannung zwischen Stadt und Freiraum in Bezug auf Nutzung und Atmosphäre.

Wie – oder sogar ob überhaupt – ein solcher Landschaftszug als gliederndes Element entstehen kann, ist indes sehr vage. Zwar wurde er im Flächennutzungsplan der Stadt als ein in diesem Sinne „umzustrukturierendes Gebiet" festgesetzt, auch existiert ein sogenannter „Konsens-Plan", in dem der schrittweise, geordnete Ab-

riss durch die großen Wohnungsgesellschaften vereinbart ist, aber die Realität sieht
anders aus.

Es werden Wohngebäude abgerissen (1200 Wohneinheiten in den letzten beiden
Jahren), aber großenteils an ganz anderen Stellen der Stadt. Wohnungsmarktwirt-
schaftliche Interessen und eine nach wie vor bestehende Wettbewerbsituation
zwischen den verschiedenen Eigentümern dominieren den praktischen Umbauprozess, so dass bei der Umsetzung des Grünzuges die klassischen Planungsinstrumente und Aushandelungsmuster geradezu versagen müssen. Der Plan hilft nicht
mehr weiter.

Die Planungswerkstatt

Vor diesem Hintergrund haben die Stadt Dessau und die Stiftung Bauhaus Dessau
im Rahmen der IBA Stadtumbau 2010 eine „Planungswerkstatt Stadtumbau" ins
Leben gerufen, deren Aufgabe es ist, ein zeitlich und räumlich flexibles Stadtumbaukonzept für das Dessauer Stadtumbaugebiet „Heidestraße Nord" zu entwickeln. Im Mittelpunkt steht ein strategisches Grundgerüst, das mit der Unbestimmtheit des Stadtumbauprozesses offensiv operiert und dennoch zu einer
konkreten Gestalt, ja zu Gestaltverbesserungen führt. Es geht aber auch um neue
Planungskultur, um neue Planungsinstrumente in einer neuen Situation. Ziel ist es,
ein Instrument zu schaffen, das die Stadt befähigt, den Umbauprozess jenseits
partikularer und rein wirtschaftlicher Interessen zu steuern.

In fünf Arbeitsgruppen werden die stadtumbaurelevanten Fragen integriert betrachtet, um geeignete Strategien und Steuerungsinstrumente ableiten zu können:
Infrastruktur, Flächen- und Umzugsmanagement, Aktivierung von Akteuren als
Partner und Paten des Stadtumbaus, aber auch konkrete Projekte als „Eisbrecher"
sowie die Kommunikation des Stadtumbaus in die Öffentlichkeit.

Auf sechs methodischen und strukturellen Ebenen (Stabilisierung, Kultivierung,
Realisierung, Aktion, Kommunikation und Institution) und in drei räumlichen Maßstäben (Gesamtstadt, Stadtumbaugebiet und konkreter Rückbaustandort) agierte
die Planungswerkstatt gleichzeitig. Die Arbeit wurde nach dem „Ping-Pong-Prinzip"
in den einzelnen Arbeitsgruppen angespielt und in geeignete Formen, Maßnahmen
und Aktionen zurückübersetzt.

Als Ergebnis entstand ein Repertoire an Methoden und Instrumenten, das viel
mehr ist und leistet als ein Plan. Dazu gehören:

- ein strategisches Grundgerüst, das räumlich und zeitlich flexibel ist
- eine methodische Anleitung als 3-D-Animation
- ein Katalog der Akteure
- der Grundstock einer Bürgerstiftung
- Aktionen und Labore
- ein Stadtumbau-Modell als Puzzle

Planungskultur

Stadtumbau ist ein Prozess mit vielen Unbekannten. Das einzig Beständige scheint der fortdauernde Wandel zu sein. Gestaltung wird auf diese Weise zum permanenten schöpferischen Akt einer „Stadt im Übergang", der der fortwährenden Vergewisserung und Vereinbarung bedarf. Nicht das lineare Hinsteuern auf einen Finalplan, sondern die permanente Konfiguration und Rekonfiguration von Wissen, Formen, Bündnissen sind dabei der eigentliche und zu gestaltende Prozess.

Dabei entsteht auch eine neue Bildsprache, die vermittelt werden muss. Der Stadtumbau zeitigt große chirurgische Eingriffe, die dramatische Bilder hervorbringen. Daneben erwachsen aus dem konkreten Tun der Beteiligten Gestaltungen, die kleiner sein werden, unspektakulärer, spröder – auch flüchtiger. Sie laden ein, sie verstören, sie entfalten ihre Schönheit erst auf den zweiten Blick. Manchmal brauchen sie eine Erklärung, manchmal sind sie einfach nur präsent durch die Poesie ihrer authentischen Sprache und gar nicht als Gestaltung erkennbar. Sie befragen unser gängiges Bildrepertoire. Der Begriff der „Angemessenheit" wird dabei zum Leitmotiv.

Die wohl wichtigste Eigenschaft dieser Gestaltungen ist: Sie sind nicht fertig. Sie laden ein zum Mittun, zum Andocken, zum Improvisieren und öffnen auf diese Weise auch Raum für Visionen – Visionen, die nicht in Abstraktion verfallen oder Wunschdenken eines Einzelnen sind, sondern die aus einer kollektiven Verfasstheit, aus den realen Wünschen und Diskursen vor Ort erwachsen.

In diesem Prozess verändert sich die Rolle des Planers. Er wird zum Übersetzer und Anreger. Vielleicht ist dieses „In-Bewegung-Halten" von Prozessen und von Bildern das eigentlich Neue an der „neuen Planungskultur": seismographisch auf die momentane Situation reagieren – und handeln, die konkrete Veränderung wiederum reflektieren, den Plan dabei immer wieder anpassen, darin liegt die neue Gestaltungsarbeit des Planers. Mit einer Idee im Kopf sind Rahmenbedingungen zu formen und zu formulieren, damit Bilder überhaupt reifen können. Es gilt, Beziehungen zwischen Einzelaktivitäten herzustellen, aus denen am Ende ein zusammenhängendes Ganzes erkennbar wird.

Der Planer ist Moderator, Supervisor und „Kümmerer" zugleich. An ihm ist es, zur richtigen Zeit und am richtigen Ort den nächsten Impuls zu geben und dafür zu sorgen, dass dieser sich entfalten kann. Den kleinen Aktivitäten Gewicht verleihen und die großen Ideen nicht aus den Augen verlieren, für gute Laune sorgen und dennoch eine Atmosphäre der Verbindlichkeit schaffen, sich als Planer zurücknehmen und trotzdem den Gesamtprozess modellieren, dies sind die Aufgaben des Planers. Er muss eine Dynamik der ständigen Erneuerung stimulieren und zugleich strukturelle Möglichkeiten organisieren, wie im langen Zeitraum des praktischen Umbaus konkret Verantwortung übernommen werden kann. All diese wechselseitig aufeinander bezogenen Funktionen umreißen das Spektrum des strategischen, planerischen und praktischen Handelns in seiner Gleichzeitigkeit und Open-Source-Qualität. Die Planungswerkstatt hat in diesem Sinne experimentiert und stellt ihre Ansatzpunkte zur Diskussion:

Stabilisierung

Folgende Prämisse bestimmte die Arbeit: Je flexibler und unbestimmbarer die Rahmenbedingungen sind, desto wichtiger ist die Definition stabiler, entwicklungsfähiger Elemente und Strukturen. Die Definition von urbanen Kernen folgt dabei dem prinzipiellen Wunsch, die Innenstadt von Dessau als Zentrum zu stärken und damit zugleich einer ungesteuerten Perforation entgegenzuwirken.

Das Prinzip: Ausschneiden + Einfügen

Durch Vor-Ort-Analyse wurden die einzelnen Quartiere typologisch-morphologisch und infrastrukturell untersucht und in stabile, instabile und abgehende Bereiche eingeteilt. In einer filmischen 3-D-Animation werden potentielle urbane Kerne beschrieben und – ganz im Sinne der zeitlichen und räumlichen Flexibilität – geeignete Strategien zur Stabilisierung aufgezeigt. Indem man dem Prinzip des Ausschneidens und Einfügens folgt, destabilisierende Elemente entfernt und fördernde Maßnahmen hinzufügt, werden die Kerne qualitativ aufgewertet. Dazu gehören beispielsweise der Erhalt oder die Neu-Ausbildung von Stadt- und Raumkanten, das Anpassen der Innenstadt an neue Wohnbedürfnisse, Maßnahmen, um den Umzug in die Kerngebiete zu stimulieren, die Herausbildung einer neuen Spannung zwischen Stadt und Landschaft bzw. Kante und Raum, Maßnahmen zur Imageförderung usw.

Kultivierung

Zwischen den Kernen soll sich Schritt für Schritt der Landschaftszug herausbilden. In einer Art „kultivierender Pflege" werden dazu schon vorhandene (Landschafts-) Qualitäten herausgeschält und in Wert gesetzt. Überall dort, wo ein Gebäude abgerissen wird, wird zudem ein Landschaftsmodul eingefügt.

Das Bild: das Gartenreich in die Stadt holen

Die einzusetzenden Landschaftsmodule müssen zu einem Bild führen, das eine neue Identität zu stiften vermag. Im Verlauf der Planungswerkstatt wurde diese Frage nach dem neuen Bild von Landschaft immer wieder diskutiert. Als tragfähig und imagefördernd hat sich dabei das Bild und das Image des Dessau-Wörlitzer Gartenreichs herauskristallisiert, zunächst als Marke, später, so die Hoffnung, vielleicht auch als Programm …

Realisierung

Die Gewinnung von potentiellen Nutzern und Akteuren ist vor allem auch eine ökonomische Frage, denn die „billigste" gestaltete Landschaft ist eine durch Nutzung kultivierte Landschaft. Freiwerdende Flächen werden deshalb – so das Modell – für eine In-Kulturnahme durch „Akteure" freigegeben, sei es durch Erwerb, Pacht, Patenschaften oder temporäre Nutzungen.

Die Methode: Pixelierung

Um den Prozess der In-Kulturnahme zu stimulieren, wird ein symbolisches Raster von 20 x 20 Metern über die Stadt gelegt: Kleine Akteure übernehmen eine einzelne Pixelfläche, größere Akteure zum Beispiel mehrere nebeneinanderliegende. Das Raster ist ein methodischer Kniff, um der entstehenden Vielfalt und der zeitlich-räumlichen Unbestimmtheit dennoch eine Ordnung zu geben – eine Ordnung, die zugleich Überraschungen, Wildheit und Chaos, Selbstregulierung zulässt bzw. ganz bewusst impliziert. In der Struktur des Pixelrasters entsteht so eine ästhetische Möglichkeit für ein Nebeneinander von Geplantem und Ungeplantem, Konventionellem und Unkonventionellem, Kleinem und Großem, Spontannutzung (und auch Spontanvegetation), das dennoch zu einer konkreten Gestalt geführt werden kann. In-Kulturnahme löst Programmierung ab.

Das Instrument: Katalog der Akteure

Unter dem Motto „In-Kulturnahme" fanden mit ca. 80 Leuten themenspezifische Gesprächsrunden statt, um Vorschläge und Ideen für Nach- und Zwischennutzungen zu erörtern. 20 konkrete Nutzungsinteressen konnten katalogisiert werden, von denen wiederum acht bis zehn auch räumlich zu verorten sind. Der Katalog der Akteure und Nachnutzungsvorschläge bildet den Grundstock für die künftige Arbeit mit den Akteuren und das Management von Flächennutzungen auf frei werdenden Stadtumbauflächen. Er kann permanent erweitert und präzisiert werden.

Aktion

Zeitgleich zur Arbeit an der Gesamtstrategie wurde mit der Arbeit an Projekten und Laboren begonnen. Labore sind Demonstrations- und Experimentierräume, die mit Aktionen und Bildern den Gesamtprozess befördern helfen sollen.

Unter dem Motto „Zeichen setzen" stellt sich die Frage nach dem ersten Schritt, der dazu ermutigt, ein Projekt in Angriff zu nehmen und dazu einlädt, an der Entstehung eines Gesamtbildes mitzuwirken.

Das Beispiel: Ruderalvegetation auf Stadtbrachen

Auf einer der ersten Abrissflächen im Umbaugebiet ist auf den ehemals bebauten Flächen ein ungefähr acht Meter breiter Streifen Ruderalvegetation aus Wildkräutern, Gräsern, einzelnen Gartenpflanzen gewachsen. Stechapfel, Wermut, Beifuß, Bittersüßer Nachtschatten und andere Pflanzen erzeugen das interessante Bild einer typischen Spontanvegetation. In diesem Streifen sollen in den nächsten Jahren möglichst wenige pflegende Eingriffe erfolgen, so dass die natürliche Entwicklung von Sukzessionsflächen als Teil des neuen Landschaftszuges sichtbar gemacht, inszeniert und mit ihrem ästhetischen und ökologischen Wert kommuniziert werden kann.

Das Projekt: Eichen-Pflanzung

Mit einem wiederkehrenden Motiv – einer Solitär-Eichengruppe, sogenannten Eichen-Quincums, wie sie typisch ist für die umgebende Auenlandschaft – soll eine übergeordnete Struktur entstehen, die den Landschaftszug als solchen kenntlich macht. Schrittweise kann so die Landschaft in die Stadt wachsen. Als erster Schritt erfolgt die Pflanzung von sechs solcher Eichen-Quincums auf den im Jahre 2004 realisierten Abrissflächen.

Kommunikation

Das „Tatsachen-Schaffen" löst eine Bewegung aus: des Beobachtens, Reagierens, Assoziierens – eben Gestaltens als künstlerischem Prozess. Eine Kommunikationsstrategie, die mit der Ergebnisoffenheit des Stadtumbaus operiert, sie produktiv macht, hat eben diese Aufgabe: Sie muss stimulieren, in Bewegung halten, Verantwortungen zuspielen und ermöglichen, den sozialen Dialog fördern. Die Entwicklung eines Stadtmodells der etwas anderen Art und ein Spaziergang durch das Dessauer Stadtumbaugebiet sind zwei Instrumente, die auf performative und spielerische Art diese Möglichkeiten zum Mitmachen offerierten und zugleich die *community* der Stadtumbau-Aktivisten stärkten.

Die Intervention: Stadtspaziergang als Performance

Beim Stadtspaziergang werden die Teilnehmer auf den immer wieder neu entstehenden Raum und auf vorhandene Qualitäten aufmerksam gemacht und für die neue Stadtlandschaft sensibilisiert. Konkrete Nutzungsinteressen und Gestaltungsvorschläge werden vor Ort zur Diskussion gestellt.

Mit kleinen künstlerischen Interventionen wird an der Stellschraube gedreht: Nicht reglementieren, sondern ermöglichen, nicht bevormunden, sondern wecken und hervorrufen, nicht einmal investieren, sondern dauerhaft pflegend kultivieren.

Das Modell: Geduldsspiel für den Dessauer Stadtumbau

Am Stadtumbau-Puzzle wird das Prinzip des Ausschneidens und Einfügens spielerisch mit den Dessauer Bewohnern ausprobiert und damit die Kommunikation über Vorstellungen für die künftige Stadtlandschaft angeregt. Die Stabilisierung urbaner Kerne ist dabei genauso zu verhandeln wie die Art künftiger Landschaftsgestaltung.

Institution

Ein dynamisches Modell wie die Steuerung und Umsetzung des Stadtumbauprozesses bedarf beweglicher Strukturen, in denen den Prozessen strukturelle Dauerhaftigkeit verliehen wird. Die Planungswerkstatt zeigt: Das muss gar nicht die Begründung einer neuen Megastruktur sein, sondern ein Gemenge aus aufeinander bezogenen Gruppierungen und Institutionen, die in permanenter Wechselwirkung stehen, arbeitsteilig operieren und sich gegenseitig befördern. Dabei geht es überhaupt nicht mehr um einen bloßen Interessensabgleich.

Die in der Planungswerkstatt angelegten Strukturen wären weiterzuführen: Koordinierung der Arbeit mit den Akteuren in Zusammenarbeit mit dem Arbeitskreis Stadtumbau bei der Lokalen Agenda Initiative, Flächen- und Nutzungsmanagement zur Realisierung von Modellflächen, Öffentlichkeitsarbeit als Gestaltungsaufgabe, Management des wachsenden Grünzuges, sprich: des realen Umbauprozesses, Eichenstiftung und Bürgerstiftung als langfristig wirkende Strukturen, in denen neue Formen der Teilhabe, Zivilität und demokratischer Entscheidungsfindung im Gemeinwesen Stadt ermöglicht und kultiviert werden können.

Fazit: Gestaltung als permanenter schöpferischer Akt

Im Moment der Veränderung besteht die Chance zur kreativen Intervention, sei es durch Schützen und In-Wert-Setzen einer neu gewonnenen Qualität, durch Reparatur einer dünn gewordenen Stelle, durch Konservierung eines interessanten Zustandes oder Setzung einer gestalterischen Provokation, die eine Bewegung auslöst (der berühmte „Ruck") oder auch durch Duldung, Beförderung, Stimulierung subkultureller, anarchischer und anachronistischer Momente.

Nicht der am Plan ausgedachte „große Wurf" bringt die einzig richtige Lösung, sondern jeder einzelne Fall ist ein besonderer und muss – auch mit neuen Entwurfs- und Gestaltungsmethoden – vor Ort geprüft, verworfen und entwickelt werden.

Gestaltung ist in diesem Verständnis kein ontologischer Begriff, sondern ein kinetischer Vorgang. Die sich in ununterbrochener Bewegung befindlichen Strukturen wachsen vollkommen in den Raum hinein. Die Strukturen bestehen aus den einzelnen Sachverhalten. Die Gesamtheit der bestehenden Sachverhalte schließlich bildet die neue Stadt-Landschaft.

Neue Formen der Kommunikation und Aktion sind zu entwickeln und zu entfalten. Der Bürger ist nicht mehr Partizipierender im Sinne von „Zu-Beteiligender", sondern wird zum „Mitmacher". Er muss in diesen Prozess mitgenommen werden, mitwachsen können – genau wie wir Planer auch.

Mit der Planungswerkstatt zum Stadtumbau hat die Stadtverwaltung in Dessau dafür einen ersten mutigen Schritt getan, der den Umbauprozess als breite Bewegung in Gang gebracht hat und den es nun zu verstetigen gilt.

Transformation into the Unknown

Heike Brückner

The Planning Workshop Urban Redevelopment in Dessau

The city of Dessau has selected its IBA theme in response to a challenge; it is not only becoming smaller, but also needs to develop and put into practice innovative urban-planning methods and instruments, given the new omens in urban development.

How should we visualise a city that will have 65,000 inhabitants rather than 100,000 in the year 2010, and will perhaps be reduced to a mere 52,000 inhabitants by 2015? How should we visualise a city that shrinks to around half its population in the course of only 25 years?

We do not know. City development "in reverse" is a process with many unknown quantities; a field in which we lack experience. Loans and funding, planning rights, land rights, constellations of owners, subsequent usage, cultivation and new functions for land – if the old instruments are applied, all these are themes which will only raise new questions and lead to the familiar checkmate situations in city redevelopment.

We must ask ourselves how we can make plans when the legal framework, individual opinions and standpoints, assessments and the protagonists themselves are constantly changing.

The Plans

The urban redevelopment plan for Dessau aims to remodel the city so that the demolition of vacant houses does not lead to arbitrary gaps, but to a reorganisation of the defect, in many ways inhospitable urban structure through a form of "designed demolition". The idea of a broad stretch of landscape was born from the initial model of "creating islands"; green areas that will help to shape the city in a new way. By differentiating urban core areas and landscape zones, the city indicates its intention to establish a suitable scale, create attractive areas in which urban life can unfold, concentrate the available resources, encourage social diversity, and integrate historical and typologically interesting elements. Together with urban peripheries, the landscape area offers the opportunity for a qualitatively valuable balance between city and open space – in terms of both use and atmosphere.

However, there is uncertainty as to how – or even if at all – such a band of landscape can emerge as a shaping factor. It has already been laid down as an "area for restructuring" in the city's land-usage plan, and there is also a so-called "consensus plan" outlining step-by-step, organised demolition which has been agreed to by the property companies. The reality, however, is quite different.

Residential property is being demolished (during the last two years), but much of this is situated in different parts of the city. Interests on the property market and the competition that continues to exist between the different property owners dominate the practical process of redevelopment, meaning that the classical instruments of planning and negotiation patterns are doomed to failure with regard to the realisation of this landscape area. The plan has become useless.

The Planning Workshop

Bearing all this in mind, the city of Dessau and the Foundation Bauhaus Dessau initiated a "Planning Workshop on Urban Redevelopment" in the context of the IBA Urban Redevelopment 2010; its task is to develop a dynamic and spatially flexible concept of urban redevelopment for the Dessau district "Heidestraße Nord". This centres around a basic strategy, which operates offensively; it takes into account the indeterminate quality of the urban redevelopment process and yet leads to concrete form or to improvements in that respect. It also represents a new mode of planning and the application of innovative planning instruments in a new situation. The aim is to create a tool which will enable the city to direct the process of redevelopment above and beyond particularised, purely economic interests.

In order to generate strategies and instruments, the questions relevant to the remodelling programme are examined in five integrated working groups: infrastructure, management of areas and movement, activation of protagonists as the partners and sponsors of redevelopment, concrete projects to "break the ice", and the communication of urban redevelopment to the public.

The planning workshop operated on six methodological and structural levels simultaneously (stabilisation, cultivation, realisation, action, communication and institution) and on three scales (the entire city, the redevelopment area and concrete locations). The work of the individual groups was set in motion according to the "ping-pong principle" and transposed back into suitable forms, measures and actions.

The outcome was a repertoire of methods and instruments which achieves far more than a plan. It includes:

A basic strategic framework that is flexible with regard to time and space, a methodological introduction in the form of a 3D animation, a catalogue of the protagonists, the basis of a citizens' foundation, actions and laboratories, and a city redevelopment model in the form of a puzzle.

Planning Culture

Urban redevelopment is a process with many unknown quantities. Indeed, the only constant appears to be continuing change. In this sense, development becomes the permanent, creative activity of a "city in transition"; activity calling for constant reinforcement and agreement. The actual process requiring guidance is not linear progress towards a final plan, but the permanent configuration and reconfiguration of knowledge, forms and alliances.

A new visual language emerges. Urban redevelopment makes considerable "surgical" interventions which can lead to dramatic images. Alongside these, however, the concrete actions of those involved will lead to urban forms that are smaller, less spectacular, rougher – and passing. They draw and disturb us, and they only reveal their attraction at a second glance. Sometimes they require an explanation, sometimes they simply exist in the poetry of their authentic language and cannot be recognised as planning developments at all. They question our familiar repertoire of images, and the concept of "suitability" becomes a leitmotif.

Probably the most important quality of these developments is that they are not finished. They invite people to collaborate, to join in and to improvise, and in this way they open the way for visions – visions which do not drift into abstraction, for they are not the dreams of an individual; they grow from a collective starting point, from the true wishes and discourse of people on the spot.

The role of the planner alters in this process. He becomes a translator and a stimulator. Perhaps keeping processes and images "in motion" is the really innovative aspect of the "new planning culture": the creative work of the planner is now a seismographic reaction to the momentary situation – and action that reflects on concrete changes as they occur, constantly adjusting the plan to suit the situation. With an idea in mind, framework conditions must be shaped and formulated so that images can mature. The key is to create links between individual activities so that ultimately, a coherent whole becomes recognisable. The planner is a moderator, supervisor and "the one who looks after things", all at the same time. It is his job to offer the right impulse at the right time and in the right place, and to make sure that it can then develop. He must lend weight to smaller activities without losing sight of the big ideas, maintain a positive mood and yet create an atmosphere of responsibility, withdraw personally as the planner and yet still model the overall process – all these are tasks faced by today's planner. The dynamics of constant renewal must be stimulated, and yet at the same time the planner must organise structural possibilities, which enable people to take on concrete responsibility over the long period of concrete, practical redevelopment. All these interrelated functions encompass the spectrum of strategic planning and practical action with its simultaneity and open-source quality. The planning workshop experimented in this spirit and now presents the following starting points for discussion:

Stabilisation

The following premises determined the work: the more flexible and indeterminable the framework conditions are, the more important it is to establish stable, developable elements and structures. The definition of urban core areas thus follows the principal aim to consolidate the inner city of Dessau and to work against arbitrary perforation.

The Principle: Cut and Paste

The typology, morphology and infrastructure of individual areas were examined in an on-the-spot analysis and these were subsequently categorised as stable, unstable and dying districts. In a 3D animation film, potential urban core areas are described and – emphasising temporal and spatial flexibility – suitable strategies for stabilisation are indicated. By following the principle of cut and paste, of removing elements that cause instability and inserting supportive measures, the quality of the core areas is improved. This includes the preservation or development of urban and spatial peripheries, the adjusting of the inner city to accommodate new residential needs, measures by which to stimulate movement to the core areas, the creation of a new balance between city and landscape, measures to promote the city image etc.

Cultivation

The expanse of landscape between the core areas is to emerge step by step. A form of "cultivating attention" will locate and emphasise already existing (landscape) qualities. Wherever a building is demolished, a landscape module is inserted.

The Image: Bringing the Garden Kingdom into the City

The landscape modules to be inserted must produce an image that is capable of engendering fresh identity. In the course of the planning workshop, the question of the new landscape vision was discussed repeatedly. The Dessau-Wörlitz Garden Kingdom appeared quite clearly as a positive, effective image booster for the city; initially as a trademark, and perhaps later – we hope – as a programme…

Realisation

Winning over potential users and actors is also an economic question, since the "cheapest" landscape planning is for a landscape that is cultivated through its usage. According to the model, therefore, lots which become vacant are "released for cultivation" by various protagonists, whether through acquisition, leasing, sponsorship or for temporary use.

The Method: Pixels

In order to stimulate the "release for cultivation", a symbolic raster of 20 x 20 metres is laid over the city: small-scale protagonists take over a single pixel and larger actors several adjacent pixels. The raster is a methodological trick to bring order into the emerging diversity and temporal-spatial uncertainty – an order which also permits surprises, spontaneity, chaos and self-regulation, or indeed consciously implies them. The structure of the pixel raster thus presents an aesthetic possibility to combine the planned and the unplanned, the conventional and the unconventional, small, large and spontaneous use (and also spontaneous vegetation), but all this may still be directed towards concrete form. Acculturation takes the place of programming.

The Instrument: A Catalogue of Protagonists

Under the overall heading "acculturation", thematic discussions with around 80 people took place in order to consider suggestions and ideas for subsequent or interim usage. 20 concrete, valuable ideas could be listed, of which eight to ten foresaw a specific location. The catalogue of protagonists and suggestions for use forms the basis for future collaboration between the actors on the spot and the management of land use with respect to redevelopment areas which become vacant. It can be continually extended and differentiated.

Action

Work began on projects and laboratories at the same time as the consideration of overall strategy. Laboratories are spheres of demonstration and experiment, which are intended to promote the overall process by means of actions and the creation of images.

The motto "making a signal" is indicative of the first step, which encourages people to take on the realisation of a project and thus invites them to contribute to the growing overall picture.

The Example: Rural Vegetation on Vacant Urban Lots

A strip of rural vegetation about eight metres across – consisting of weeds, grass and isolated garden plants – has grown on a previously built-up lot, one of the first demolition sites in the redevelopment area. Thorn apple, wormwood, mugwort, woody nightshade and other plants create a picture of typical spontaneous vegetation. During the coming years, there is to be as little intervention as possible in this green area. This means that the natural development of successive areas as part of the new band of landscape can be visualised and communicated, along with the aesthetic and ecological advantages.

The Project: Planting Oaks

The repeated motif of a solitary group of oaks – the so-called oak "quincums" typical of the surrounding meadows – will be used to create an overall structure delineating the new landscape area. In this way, step by step, the landscape will be able to grow into the city. The first stage involves planting six such oak quincums on the demolition areas produced in the year 2004.

Communication

The "creation of facts" triggers movement: it leads to observation, reaction and association – in other words, to development as an artistic process. A strategy of communication which acknowledges the fact that the outcome of urban redevelopment is open, and wishes to make it productive, must also accept the need to stimulate, to keep things in motion, to pass on responsibilities and to promote social dialogue. The development of an unusual city model and a city walk through the redevelopment area in Dessau are two instruments which offer opportunities for active, playful participation and also consolidate the community of activists involved in the city's remodelling programme.

The Intervention: A City Walk as a Performance

During the city walk, the participants' attention is drawn to the newly emerging spaces and existing qualities, and they are able to develop sensitivity to the new city landscape. Discussion of concrete interests with regard usage and suggestions for development are stimulated. Fine adjustments are made by means of small artistic interventions. The aim is not regimentation, but enabling; not making people's decisions for them, but awakening interest and arousing awareness; it is not one-time investment, but careful, long-term cultivation.

The Model: A Game of Patience for the Inhabitants of Dessau

The urban redevelopment puzzle gives the city inhabitants an opportunity to experiment with the principle of cut and paste in a playful way, and communication is stimulated by ideas for the future city landscape. The stabilisation of urban core areas is approached in the same way as the formation of the future landscape.

Institution

A dynamic model such as the direction and realisation of the process of urban redevelopment demands flexible structures that lend a structural permanence to the processes involved. The planning workshop demonstrates that there is no need for the foundation of a new megastructure. Instead, a combination of interrelated groups and institutions operates by sharing tasks and mutually supporting each other. This is by no means only a matter of coordinating the interests concerned.

The structures adopted in the planning workshop should be developed further. These include coordination of the protagonists' collaboration with the Working Group for Urban Redevelopment at the local Agenda Initiative, management of areas and land-use for the realisation of case study areas, publicity work as a creative task, and management of the developing landscape area: in other words, the real process of redevelopment, the Oaks Foundation and the Citizens' Foundation as viable long-term structures facilitating and cultivating new forms of participation, civil action and democratic decision-making within the communal body of the city.

Conclusion: Planning as a Permanent Creative Act

At times of change, there will always be opportunity for creative intervention, whether this consists of protecting and evaluating a newly-won quality, repairing a place that has thinned out, conserving an interesting state of affairs or implementing provocative measures that trigger action (the famous "Ruck"). It may also mean the toleration, promotion and stimulation of subcultural, anarchic and anachronistic elements.

The plan focusing on an "ultimate triumph" is not the only means of finding a possible solution; every individual case is a special one and must be tested using new methods of planning and design, then abandoned or developed in context.

This understanding of urban planning does not view it as an ontological concept, but as a kinetic process. Structures which are constantly in motion are integrated into the environment. Ultimately, the overall progress made will shape the new city-landscape.

New forms of communication and action must be conceived and developed. The citizen is no longer a participant in the sense of someone who "must be involved" – he becomes a "co-actor". He must be assimilated into the process and given the chance to grow with it – just like the planners themselves.

The planning workshop on urban redevelopment represents a courageous first step by the city administration in Dessau, triggering the process of redevelopment as a broad movement; this must now be maintained.

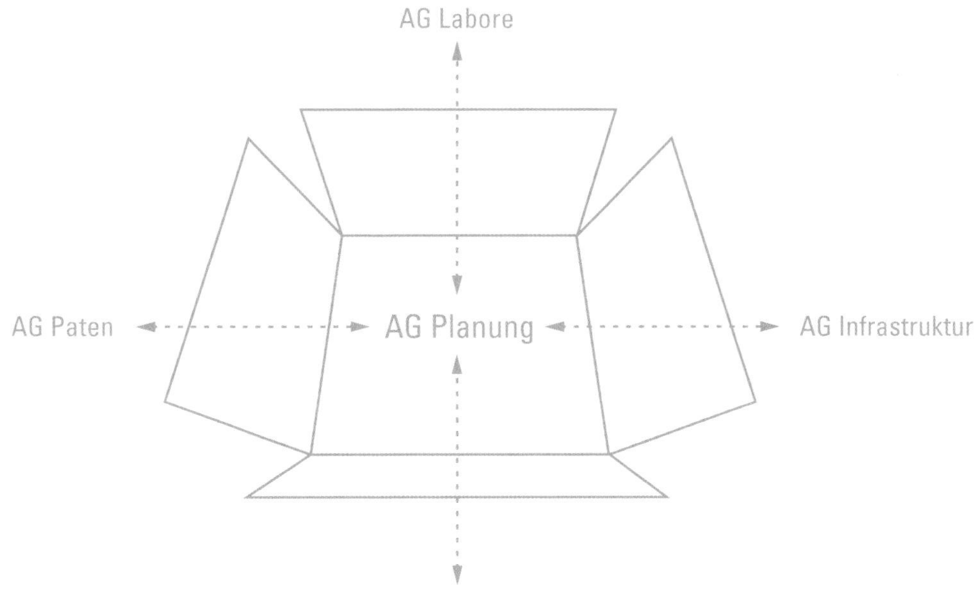

Organigramm Planungswerkstatt
Organigramme planning workshop

Zeitlich und räumlich flexibles Stadtumbaukonzept
Flexible urban redevelopment concept

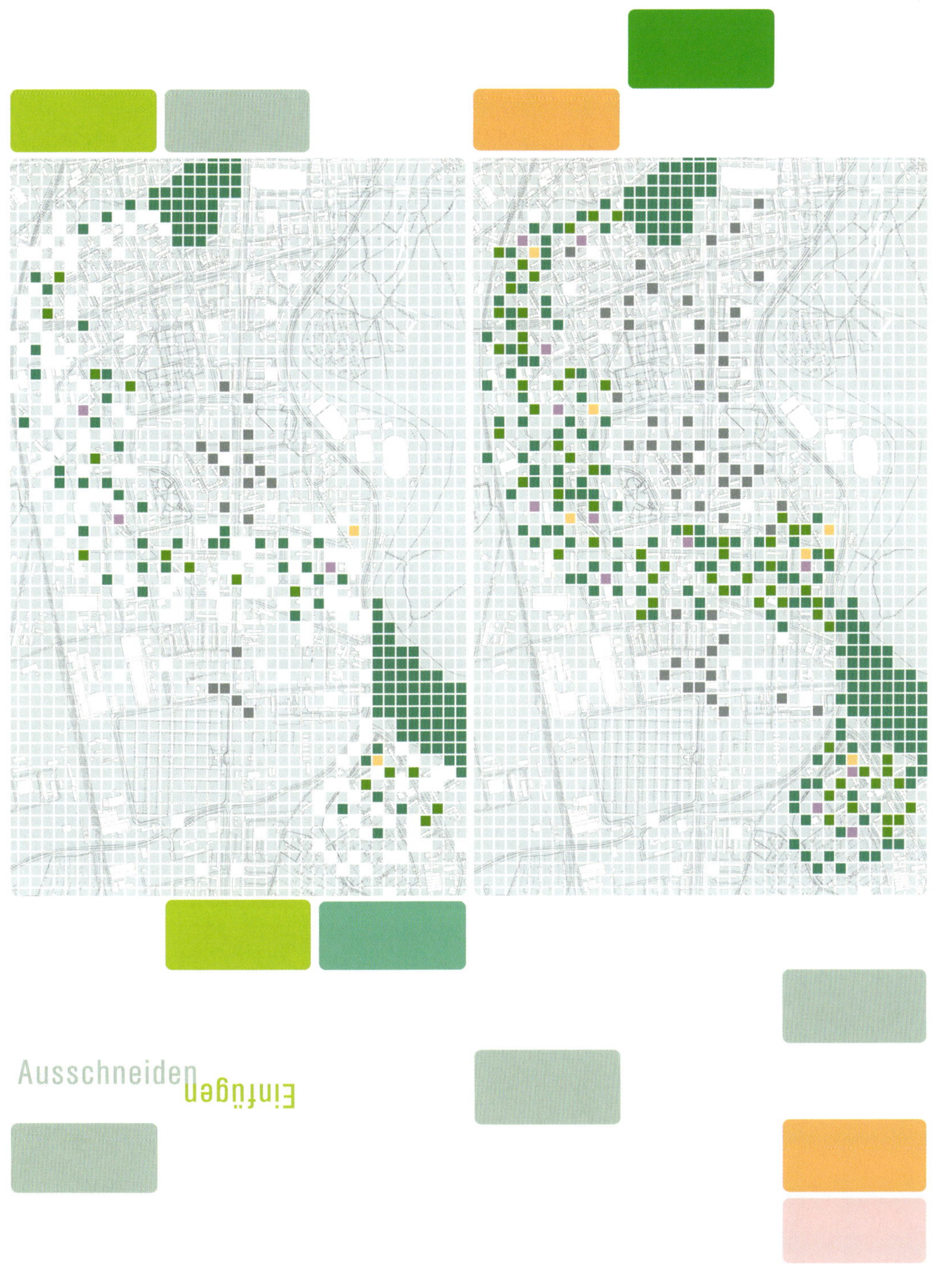

Ausschneiden

Entwicklung des Landschaftszuges
Development of the new landscape area

2010
2020

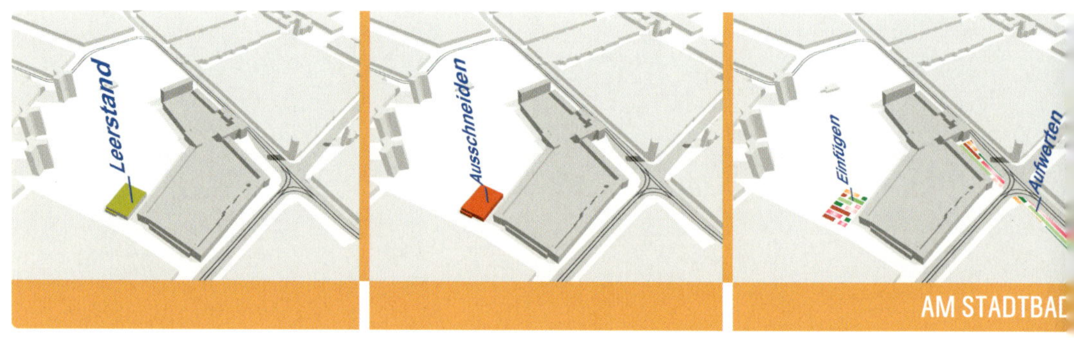

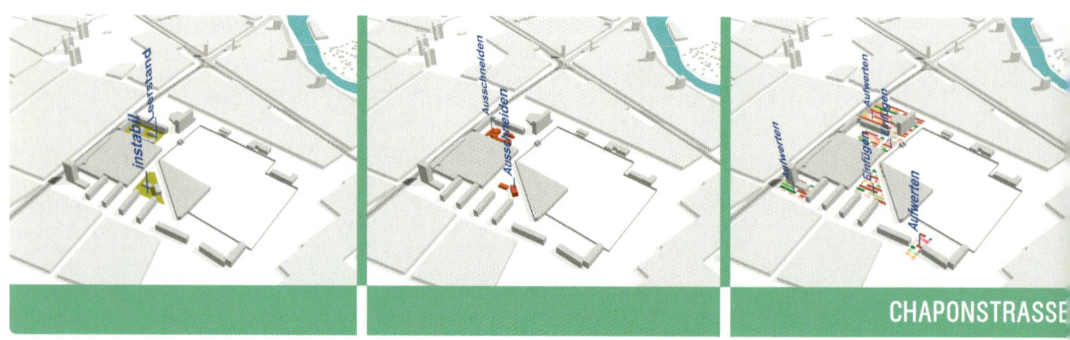

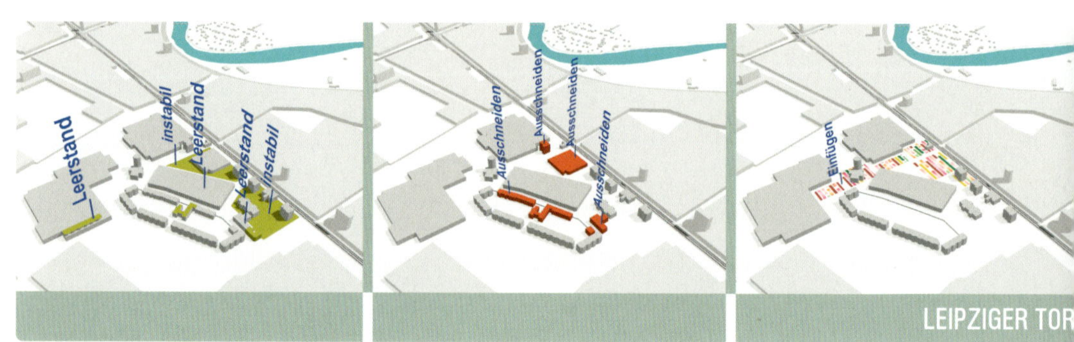

Stärkung der Kerne
Consolidation of core areas

instabil
Leerstand
MARIANNENSTRASSE
Ausschneiden
Einfügen
instabil
Ausschneiden
Einfügen
AM PHILANTHROPINUM
Leerstand
Leerstand
instabil
Leerstand
Ausschneiden
Einfügen
AM RONDELL

Freiflächenkonzepte: Ideen und Akteure
Concepts for new open spaces: ideas and protagonists

234

Acker

   temporäre Eventräume 

Retentionsfläche für Hochwasser

Backpackerhostel

Ausstellungsräume für Sprayerjugend

neuer Radweg

Stadtwald

 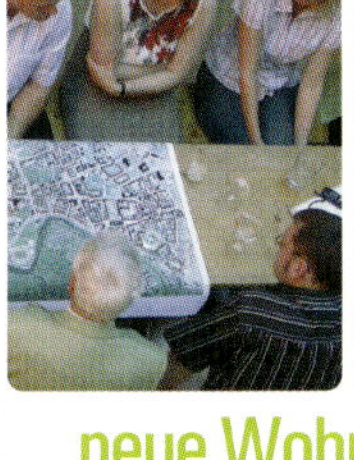 

neue Wohnformen für junge Familien

Generations- /Themengarten

1500 qm interkultureller Garten

Apothekergarten

80 qm für
Gesundheitssport

Solarkraftwerk

Entwicklungsszenario Dessau: Prinzip Ausschneiden + Einfügen
Development scenario Dessau: the principle of cut + paste

Aschersleben

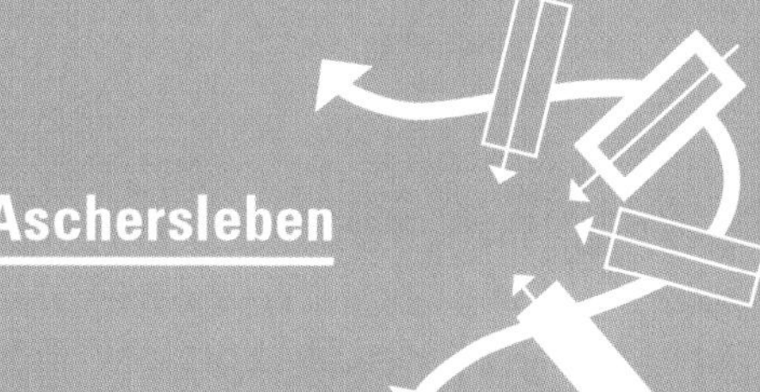

Aschersleben: Kommunikationsprojekt „Optimator", Juli 2004
Aschersleben: communication project "Optimator", July 2004

DER OPTIMATOR
DER OPTIMATOR
DER OPTIMATOR
STADT UMBAU 2010
STADT UMBAU 2010
OPTIMATOR

Moving Towards the Centre

Sonja Beeck

Impressions of Urban Redevelopment in Aschersleben

At the first discussions in Aschersleben during 2001, it became quite clear that here was a city that had been concerned with aspects of structural change for some time. Those responsible had already arrived at a firm standpoint: a determined decision to take an active role in redevelopment! In Aschersleben, people are convinced that urban redevelopment holds an opportunity to make qualitative improvements in the city structure – and that past mistakes can be put right.

There was immediate agreement on the general, formal approach to change – indeed, as the oldest city in Saxony-Anhalt, there could be no real alternative. A great deal of care and investment had just gone into a restoration of the inner city. Now there was a need for strategies to fill these lovely houses with residents and develop buying power. By no means a matter of course; on the one hand, many of the buildings no longer comply with the standards of the 21st century, and on the other hand, Aschersleben is situated in a deep valley, meaning that the climate of the inner city is not particularly attractive. The problem of the "insufficiently used" inner city in Aschersleben is exemplary for many other beautifully restored city centres, and in a rather melancholy way, it reflects the echoing myth of the European city. But perhaps there will be a revival for completely different reasons, and there can surely be no doubt that the chosen path of development from the outside towards the centre is the correct approach for Aschersleben. An interdisciplinary team is therefore working on its realisation: some areas of prefabricated housing have now been demolished, the WEMA engineering works has been moved to the city ring, and the city administration is encouraging people and businesses to move into the city centre by means of a long-term transfer policy. Any movement from the periphery towards the centre crosses the inner ring at some point. It lies protectively around the hub of the city like a rubber seal. Entirely different in character to the idyll in the centre, it is practical and functional – delivering goods and vitality to the inner city, leading guests into, out of and around the centre. Yet it still poses problems: three important national roads intersect here; the traffic is terrible, the small urban road is far too narrow, and the noise is unbearable. As there are alternatives available, many residents have already moved away, and the dreariness is only increased by vacant buildings. What can be done with this transitional space, which gives an entirely false impression of the city?

Von außen nach innen

Sonja Beeck

Impressionen vom Stadtumbau in Aschersleben

In den ersten Gesprächen 2001 in Aschersleben wurde deutlich, wie lange sich diese Stadt mental schon mit dem Strukturwandel beschäftigte. Eine innere Haltung zu dem Problem hatte man bereits gewonnen und die hieß kraftvoll: „Das gestalten wir aktiv!" In Ascherleben ist man davon überzeugt, dass im Stadtumbau eine Chance für die qualitative Verbesserung der Stadtstruktur liegt – Fehler der Vergangenheit können behoben werden.

In Bezug auf den typologisch-morphologischen Transformationspfad war man sich sicher, denn als die älteste Stadt Sachsen-Anhalts hatte man eigentlich keine Alternative. Die Innenstadt war gerade mit viel Liebe und viel Geld schön restauriert worden. Es fehlten nun Strategien, wie man die schönen Häuser wieder mit Bewohnern und Kaufkraft füllen konnte, denn diese bieten oft nicht mehr die Standards des 21. Jahrhunderts; zudem liegt Ascherleben im Talkessel, so dass das Klima in der Innenstadt auch nicht das Beste ist. Das Problem der „nicht ausgelasteten" Innenstadt in Ascherleben ist exemplarisch für viele andere ansprechend sanierte Stadtkerne und reflektiert in melancholischer Weise den nachklingenden Mythos der europäischen Stadt. Doch vielleicht gibt es ein Revival aus ganz anderen Gründen, und in jedem Fall ist der gewählte Entwicklungspfad von außen nach innen für Ascherleben der richtige Weg. So arbeitet an seiner Umsetzung ein interdisziplinärer Stab: Teile von Plattenbaugebieten sind mittlerweile abgerissen, die WEMA ist an den Stadtring verlegt worden und in einer gezielten Umzugspolitik, die langen Atem braucht, versucht die Stadtverwaltung die Umzugsbewegung in Richtung Innenstadt zu stimulieren. Jede Bewegung von außen nach innen kreuzt irgendwann den Stadtring. Er legt sich wie ein Gummireifen schützend um die heilige Stadtkrone. Er ist so anders als das Idyll in der Mitte, denn er ist nützlich und funktional, beliefert und belebt die Innenstadt, führt Gäste ein und aus und drum herum, und dennoch ist er ein Problem: Es kreuzen sich hier drei Bundesstraßen, der Verkehr ist höllisch, die kleine Ortsdurchfahrt ist viel zu eng und der Lärm unerträglich. Da es genug Alternativen gibt, sind viele Bewohner dieser Straße schon längst weggezogen und die Tristesse wird durch den Leerstand noch potenziert. Was tun mit diesem Transitraum, der ein völlig falsches Bild der Stadt vermittelt?

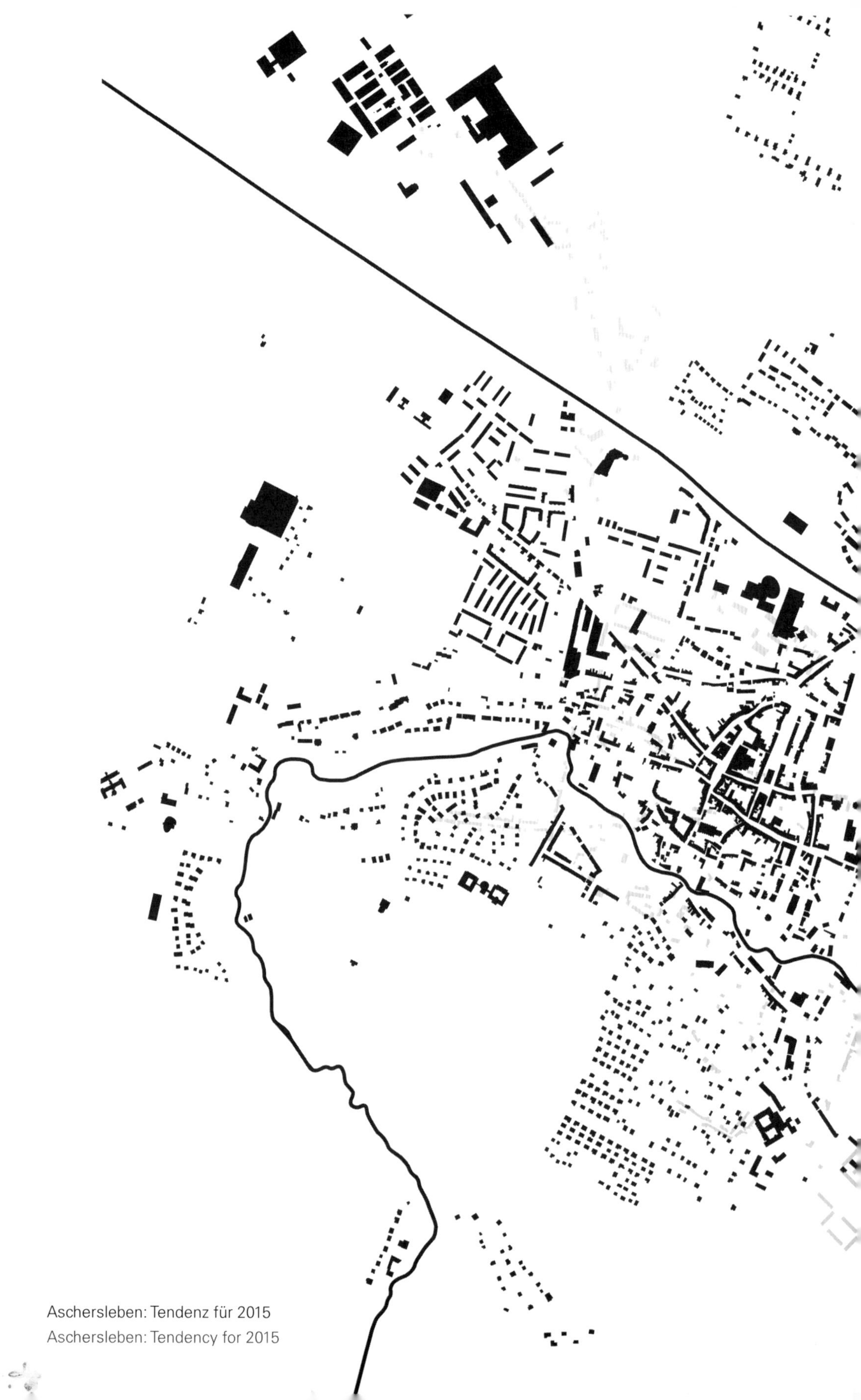

Aschersleben: Tendenz für 2015
Aschersleben: Tendency for 2015

Schrumpfungsgebiete bis 2015

Areas of shrinkage by 2015

Mere Façade or a Space for Something New?

Kai Vöckler

Together, the city and the project team of the IBA office developed a concept for the area around the main route through Aschersleben, which is to be transformed into a "city ring" by means of considered changes.

The city ring could become the hub and catalyst within the overall scheme of urban development. Here space is being created to integrate various functions which are moving back into the city. At the same time, however, the inner city is protected and maintained as a future residential area.

The main thoroughfare and the course of the River Eine represent the structural framework for future development. They form the ring, and their differing potentials are exploited. The natural environmental features of the river will be developed in order to improve the atmosphere, the residential location and the network of pedestrian routes. In the same way, new public services and businesses may be established along the road. In this context, the links with the existing city will be given a new structure (filter block).

As a consequence of planning alterations to the new sites – at present without buildings, but not "empty" – along the road through the city, the urban area is being prepared for future development, while a lively image of the city is also communicated: Aschersleben presents itself as a city facing the question of redevelopment in an offensive and creative way, providing space for the necessary structural changes. It is a city which is directing the process of transformation tactically; a city that sets its own priorities and realises the consequences.

Potemkinsche Dörfer oder Platz für das Neue?

Kai Vöckler

Gemeinsam entwickelten die Stadt und das Projektteam des IBA-Büros ein Konzept für den Bereich der Ortsdurchfahrt, die durch die abzusehende Transformation des Gebietes zum „Stadtring" werden soll.

Der Stadtring könnte zum Ort und zum Katalysator für die gesamtstädtische Entwicklung werden. Hier wird Raum geschaffen, unterschiedliche Funktionen und Nutzungen zu integrieren, die in die Stadt zurückwandern. Zugleich aber wird die Innenstadt als zukünftiger Wohnstandort geschützt, versorgt und gehalten.

Die Durchgangsstrasse wie auch der Eine-Flusslauf bilden das räumlich-strukturelle Rückgrat der kommenden Entwicklung. Sie formen den Ring, und ihre unterschiedlichen Potentiale werden genutzt. Die naturräumlichen Qualitäten des Flusses sind zur Erhöhung der Aufenthaltsqualität, für die Qualifizierung des Wohnstandortes und die fußläufige Wegebeziehung zu entwickeln. Ebenso können sich entlang der Straße neue öffentliche wie gewerbliche Nutzungen anlagern. In diesem Zusammenhang sind die räumlichen Verknüpfungen mit der bestehenden Stadt neu zu strukturieren (Filterblock).

Durch die städtebauliche Qualifizierung der neu entstehenden, vielleicht zunächst unbebauten, aber nicht „leeren" Flächen entlang der Ortsdurchfahrt wird der Stadtraum für die zukünftige Entwicklung vorbereitet und zugleich ein lebendiges Bild der Stadt kommuniziert: Es präsentiert sich

- eine Stadt, die den Stadtumbau offensiv und kreativ angeht und Raum für den Strukturwandel bereitstellt.
- eine Stadt, die taktisch klug den Prozess der Transformation steuert.
- eine Stadt, die Prioritäten setzt und die Konsequenzen verwirklicht.

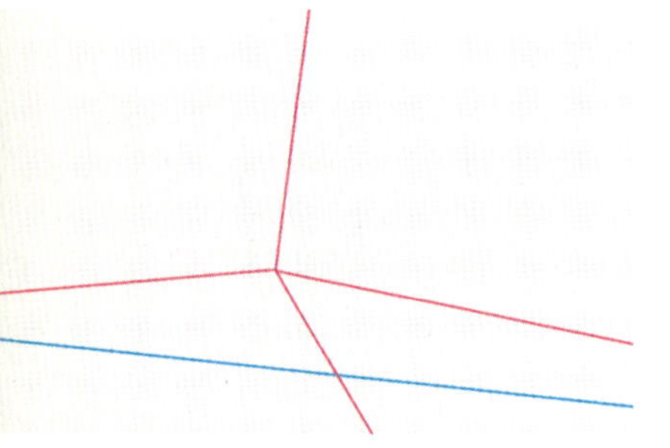

Wege (Frühzeit)
Paths (early Christian times)

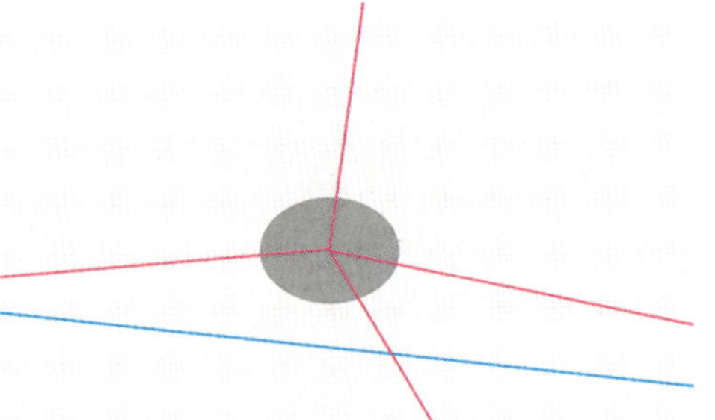

Ort (Frühzeit)
Site (early Christian times)

Stadtmauer (Mittel...
City wall (Middle A...

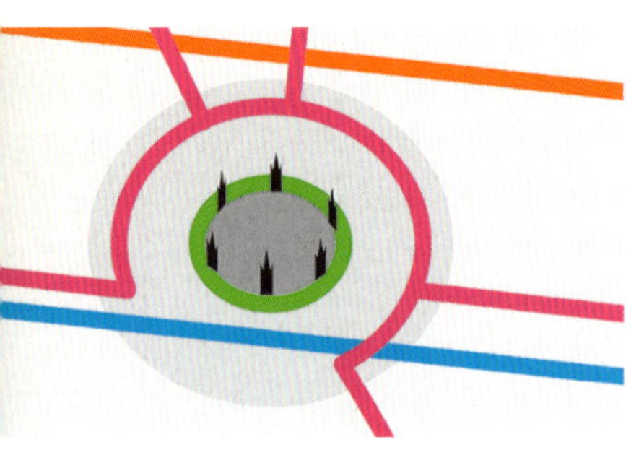

Erweiterung (Gründerzeit)
Extension (Gründerzeit)

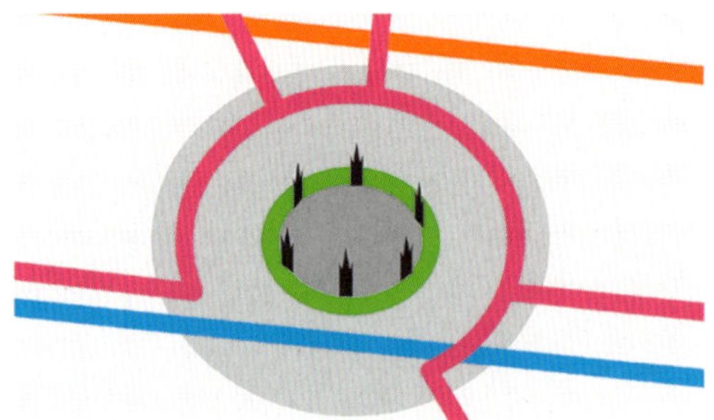

Verdichtung (Anfang 20.Jh.)
Densification (early 20th century)

Erweiterung (Mitte...
Expansion (mid 20t...

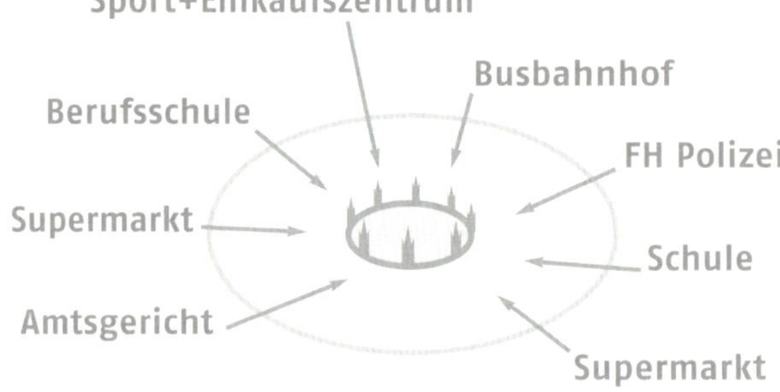

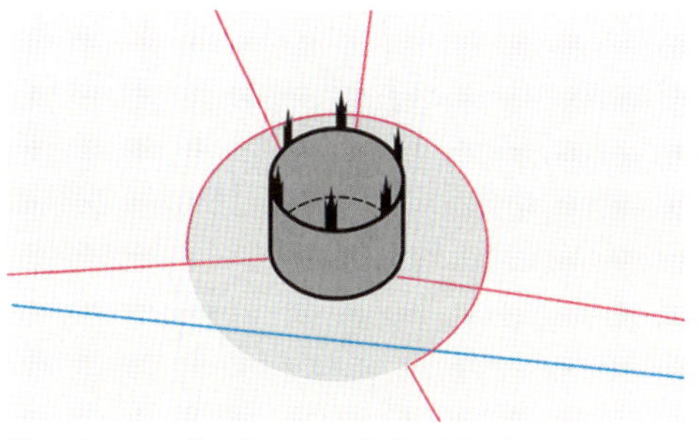

Erweiterung Stadtmauer (Mittelalter)
Extension to city wall (Middle Ages)

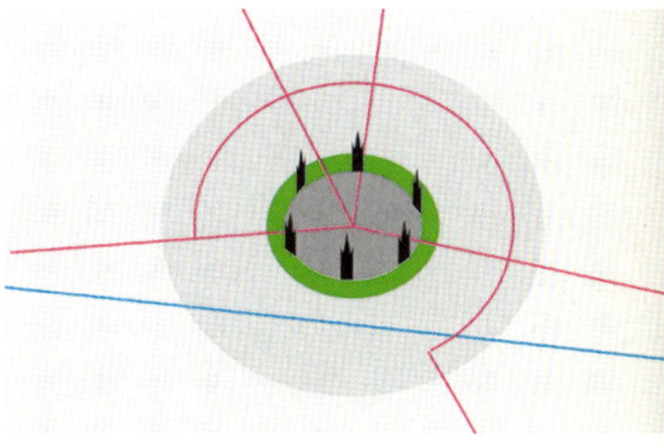

Stadtmauer-Promenade (Gründerzeit)
City wall promenade (Gründerzeit)

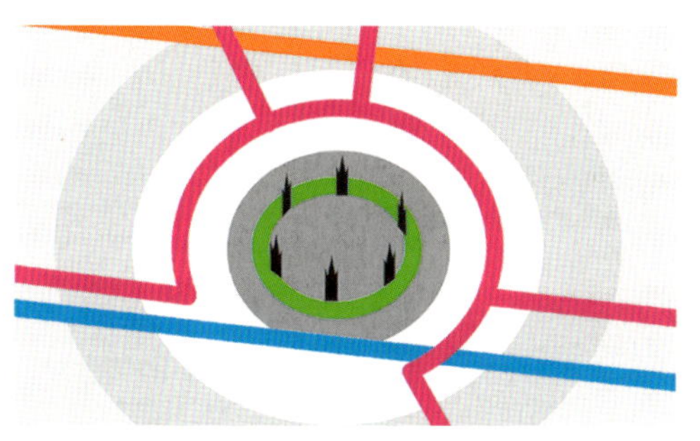

Leerstand Ortsdurchfahrt (Ende 20.Jh.)
Vacant properties alongside through road
(late 20th century)

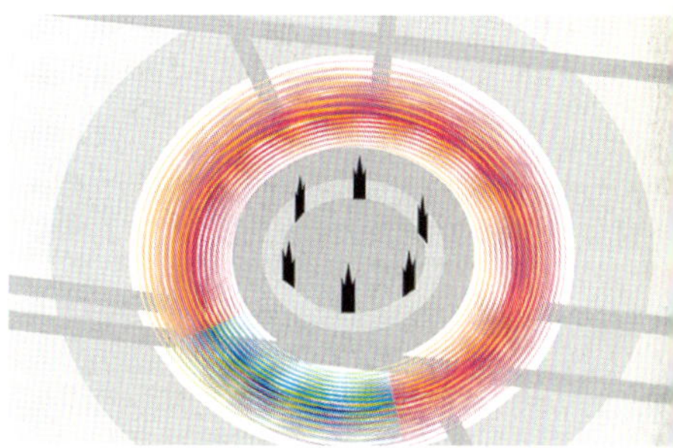

Transformation Ortsdurchfahrt (bis 2010)
Transformation of through road area
(until 2010)

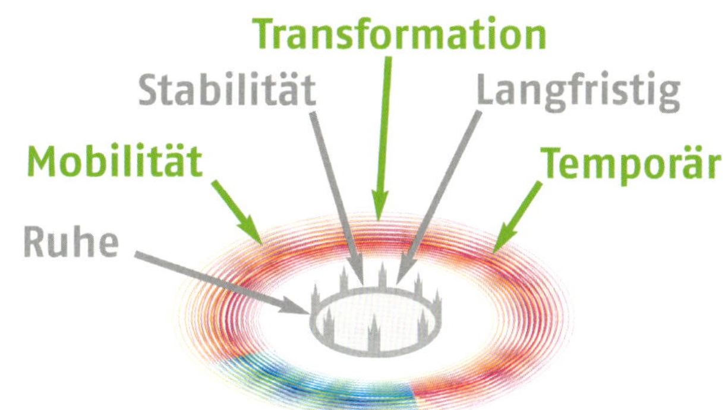

Filterblock – Durchwegung eines Blockes
Filter block – creating the way through a block

Lärmschutzwälle – Abgrenzung des Straßenraumes
Noise protection barriers – fencing off the road

Anbindung an benachbarte Quartiere
Links to neighbouring districts

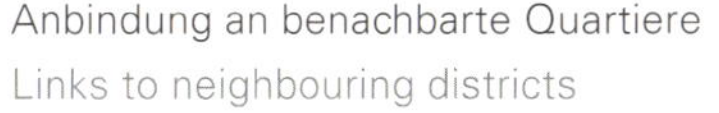

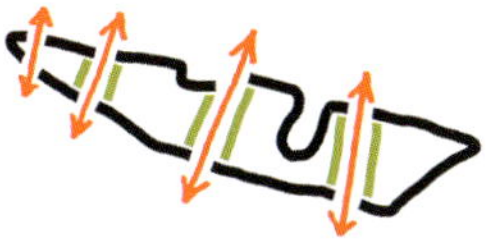

Entwicklung neuer Raumsituationen
Development of new space

hybridwall – the story

Christian Schünemann/Detlef Weitz

The houses are decaying alongside the main road through Aschersleben, where up to twenty thousand cars and lorries thunder past daily. They are due for demolition and will leave holes in the panorama of the city, but these do not need to be filled; instead, the aim is to find methods with which to transform the ring into an area that meets change confidently. But how?

In November 2002, the lord mayor pointed to some preliminary sketches – the visualisation of a hybridwall by the scenographers at chezweitz – and said: "This could be the answer!" Those present in the room exchanged glances. That garish graffiti?

Twenty months later, the hybridwall has been realised beside the road "Hinter dem Zoll": at a height of six and a half metres, it is divided into four sequences and extends over two hundred metres. Expanses of cloth offer a playground for ambitious sprayers, and steel ropes strain across them, creating a vertical garden which resembles a green, three-dimensional dress. The narrow, dismal road has become a bright approach to the city, perceived by pedestrians and drivers differently according to the time of day or night. The planners have involved active art and cultural groups from the graffiti scene in the realisation of the wall.

It was not until autumn 2003 that the funds for the hybridwall were actually granted. The building application and the structural engineering had passed through the necessary channels. The first step was taken on 13th May 2004: some spectacular pile-drilling, driving the foundations seven metres deep into the ground. The frame for the wall received its metal roots. At the same time, the graffiti artists in the old "carpenter's shop" were spraying large-scale pictures onto tarpaulins of up to 260 m^2, while chezweitz drew precise plans for the attachment of the pictures to the steel frame by means of 1,775 loop fastenings.

At the dedication on 1st July 2004, the director of the Municipal Office for Building Work, the lord mayor and the state's Minister for Building solemnly unveiled the giant graffiti, which resemble panel pictures. In the evenings, the floodlights are switched on, turning the walls into huge light boxes and the dreary road into a fantastic sphere of light. The narrow road becomes a media sculpture. Pedestrians gather, cars suddenly slow down to a snail's pace. A TV team conducts interviews on the "shrinking city".

hybridwall – die Story

Christian Schünemann/Detlef Weitz

An der Ortsdurchfahrt in Ascherleben, durch die sich täglich bis zu zwanzigtausend Lkws und Pkws wälzen, zerfallen die Häuser. Sie werden zum Abriss freigegeben und hinterlassen Löcher im Stadtbild. Diese müssen aber nicht gestopft werden – vielmehr geht es darum, die Transformation des Rings selbstbewusst aufzugreifen und zu steuern. Aber wie?
Im November 2002 zeigt der Oberbürgermeister mit dem Finger auf die Ideenskizze der Szenographen von chezweitz, die Visualisierung einer hybridwall, und sagt: „Das ist eine Antwort!" Die Anwesenden im Sitzungssaal schauen sich an. Das bunte Graffitiding?
Zwanzig Monate später steht die hybridwall an der Straße Hinter dem Zoll: sechseinhalb Meter hoch, unterteilt in vier Sequenzen, die sich über eine Länge von zweihundert Metern erstrecken; stoffbespannte Flächen als Spielwiese für ambitionierte Sprayer und kreuz und quer gespannte Stahlseile für einen vertikalen Garten wie ein dreidimensionales, grünes Kleid. Die enge, düstere Straße wird zum lichten Stadteingang und soll von Fußgängern und Autofahrern bei Tag und Nacht unterschiedlich wahrgenommen werden. Die Planer binden den in der Graffiti-Szene engagierten Ascherslebener Kunst- und Kulturverein ein.
Erst im Herbst 2003 sind die Mittel für das Ascherslebener Projekt, die hybridwall, bewilligt. Bauantrag und Prüfstatik werden genehmigt. Der erste Spatenstich am 13. Mai 2004 ist eine spektakuläre Bohrpfahlversenkung, bei der die Fundamente sieben Meter tief in die Erde getrieben werden. Das Wandgerüst erhält sein metallisches Wurzelwerk. Zur gleichen Zeit sprühen Graffiti-Künstler in der Alten Hobelei ihre Großbilder auf Planen von bis zu 260 Quadratmetern, während chezweitz zentimetergenau die Maße für die Befestigung der Großbilder am Stahlrahmen berechnet und für die Herstellung 1.775 Ösen zeichnet.
Bei der Einweihung am 1. Juli 2004 enthüllen die Bauamtsleiterin, der Oberbürgermeister, die IBA-Geschäftsführung und der Bauminister des Landes feierlich die Riesen-Graffitis, die wie Tafelbilder wirken. Am Abend gehen die Scheinwerfer an: Sie machen die Wände zu riesigen Leuchtkästen und die düstere Straße zu einem phantastischen Lichtraum. Die Straßenschlucht wird Medienskulptur. Fußgänger sammeln sich, Autos fahren plötzlich Schritttempo. Ein TV-Team macht Interviews zum Thema „Schrumpfende Stadt".

Aschersleben: Hybridwall, Fertigstellung Juni 2004
Aschersleben: Hybridwall, completion June 2004

DANK FÜR ORGANISATION AN BERNHARD LOHE & MARJAN GWIAZZA
AUSFÜHRENDE FIRMEN
AUFTRAGGEBER STADT ASCHERSLEBEN
EIN PROJEKT DER INTERNATIONALEN
BAUAUSSTELLUNG SACHSEN-ANHALT IBA 2010
KAI VÖCKLER, RALF NIEBERGALL, JÖRG SCHLINKE, KATHARINA SCHÜTZE,
HEIKE SPERLING, TOM UNVERZAGT, DETLEF WEITZ
AGW ASCHERSLEBENER GEBÄUDE- UND WOHNUNGSGESELLSCHAFT MBH
BAUHERR ASCHERSLEBENER GEBÄUDE- UND WOHNUNGSGESELLSCHAFT MBH
KÜNSTLER
SZENOGRAPHIE UND ARCHITEKTUR CHEZWEITZ

Zentrum
andere Ziele
P Seegraben
Junkersfeld
Berufsschule
Feuerwehr
Kino/Museum
Kreisverwaltung Haus II
Rathaus
Wema-Sporthalle

ASL-V 923
trafic
ASL-HN 97

ASCHER...
STADT
IBA
AGW
KUNST
CHEZWEITZ

Prof. Dr. Omar Akbar
Architekt, Geschäftsführer des IBA-Büros,
Direktor der Stiftung Bauhaus Dessau
Architect, manager of the IBA Office,
director of the Bauhaus Dessau Foundation

Dr. Sonja Beeck
Architektin, IBA-Büro
Architect, IBA Office

Torsten Blume
Kulturwissenschaftler, Wissenschaftlicher
Mitarbeiter der Stiftung Bauhaus Dessau
Cultural studies expert, academic assistant
at the Bauhaus Dessau Foundation

Prof. Dr. Wolfgang Böhmer
Ministerpräsident des Landes Sachsen-
Anhalt
Minister President of the State of Saxony-
Anhalt

Heike Brückner
Landschaftsarchitektin, Wissenschaftliche
Mitarbeiterin der Stiftung Bauhaus Dessau
Landscape architect, academic assistant at
the Bauhaus Dessau Foundation

Dr. Karl-Heinz Daehre
Minister für Bau und Verkehr des Landes
Sachsen-Anhalt
Minister for Building and Transport of   the
State of Saxony-Anhalt

Jochen Korfmacher
Stadtplaner und Stadtsoziologe, Büro für
Stadtplanung, Berlin
City planner and urban sociologist, Office
for Urban Development, Berlin

Elisabeth Kremer
Stadtsoziologin, Wissenschaftliche
Mitarbeiterin der Stiftung Bauhaus Dessau
Urban sociologist, academic assistant at
the Bauhaus Dessau Foundation

Martin Krems
Historiker, IBA-Büro
Historian, IBA Office

Dr. Walter Prigge
Stadtsoziologe, Wissenschaftlicher
Mitarbeiter der Stiftung Bauhaus Dessau
Urban sociologist, academic assistant at
the Bauhaus Dessau Foundation

Prof. Dr. Iris Reuther
Architektin für Stadtplanung, Büro für
urbane Projekte, Leipzig
Architect for urban planning, Office for
Urban Projects, Leipzig

Rüdiger Schulz
Architekt, Geschäftsführer des IBA-Büros,
Geschäftsführer der Landesentwicklungsgesellschaft SALEG
Architect, manager of the IBA Office, man-
aging director of the state development
company SALEG

Christian Schünemann
Schriftsteller und Journalist, Berlin
Writer and journalist, Berlin

Kai Vöckler
Künstler und Publizist
Artist and journalist

Detlef Weitz
Szenograph, chezweitz, Berlin
Scenographer, chezweitz, Berlin

IBA-Büro, Gropiusallee 38, 06846 Dessau
Telefon 0049(0)3406508207
Fax 0049(0)3406508470
www.iba-stadtumbau.de

Abbildungsverzeichnis
Picture credits

Die trotz intensiver Nachforschungen unbekannt gebliebenen Copyright-Inhaber bitten die Herausgeber um Mitteilung an das IBA-Büro.
The editors kindly request the copyright owners, whom they have been unable to contact despite intensive efforts, to make themselves known to the IBA Office.

Buchumschlag // Kerstin Faber

S. 1–7: „Aufheben der Mitte" // Workshop in Staßfurt, Januar 2004 // Photo: René Weißbarth

S. 10/11: Schrumpfungsmodelle // konzentrisches Schrumpfen, Archipelago // Graphik: Kerstin Faber

S. 18: Bevölkerungsdynamik von 1997 bis 2015 // Institut für Länderkunde, Leipzig (Stand 2001), Druckquelle: Nationalatlas, Bucher/Kocks, Bundesamt für Bauwesen und Raumordnung // Graphikneubearbeitung: Kerstin Faber, Doreen Ritzau

S.19: 3. Regionalisierte Bevölkerungsprognose 2002 bis 2020 // Statistisches Landesamt Sachsen-Anhalt (Stand 04.03.2004) // Graphik: Doreen Ritzau

S.38–41: Postsozialistische Raumsituationen // Minsk, Oktober 2003 // Photo: Kai Vöckler

S.42–45: Verstädterung ohne Stadt // Smolensk, Oktober 2003 // Photo: Kai Vöckler

S.56–63: Bestandsaufnahme Schrumpfung // Dessau, Februar 2004 // Photo: Peter Thieme

S. 80–85: „Excavations" // Internationales summer_lab Dessau, Tongji Universität Shanghai, August/September 2004 // 1. Phase: Abstraktion – Subtraktive Manipulation einer Apfelsaftpackung // Photo: Stefan Fischer

S. 98–105: Ein Modell wird 40. Überlegungen zur Aktualisierung der Moderne // Studie Halle-Neustadt, Oktober 2004 // Kai Vöckler in Zusammenarbeit mit Rainer Mühr

S. 117–125: „Excavations" // Internationales summer_lab Dessau, Tongji Universität Shanghai, August/September 2004 // Das summer_lab hat auf die Situation der schrumpfenden Stadt Dessau mit einer bewusst zugespitzten Aufgabenstellung reagiert: Gestaltung durch pure Subtraktion. // Teilnehmer: Li Li, Bin Huizhong, Song Yunfeng , Li Hongli, Chen Kkangquan, Cheng Yi , Zhan Sheng, Zhang Xinran, Hu Yingdong, Zhu Zhengtao, Gan Jing, Wu Yan, Wang Meng, Hou Qing, Xue Jia, Wang Ying, Bu Yu, Manuel Güemes // Betreuer: Torsten Blume, Matthias Hollwich // Photo: Stefan Fischer

S. 132/133: Organigramm IBA/Arbeitsnetzwerk // Graphik: Doreen Ritzau

S.148/149: Stadtumbaupanorama: IBA-Städte und Themen // Graphik: Doreen Ritzau

S. 151–177: Städtecollagen // Kerstin Faber unter Verwendung von Photos von: Anja Schlamann, Sebastian Kaps, Stadt Wanzleben/Fredi Fröschki, Detlef Weitz: chezweitz, Büro für urbane Projekte

S. 178/179/206/207/238/239: Graphikintro Lutherstadt Eisleben/Dessau/Aschersleben // Doreen Ritzau

S. 180–185: Panorama Perforation // Lutherstadt Eisleben, Juli 2004 // Photo: René Weißbarth

S. 192/193: Gemeinschaftswerk K^3 // Lutherstadt Eisleben, Ideen- und Entwurfsworkshop, Bearbeitung Pilotprojekte: Wohnquartier Lutherstraße/Badergasse, Adresse Weltkulturerbe, Nahtstelle Stadtgraben, November 2003 // Photo: Büro für urbane Projekte // Skizze Lutherstraße/Badergasse: Köhler // Skizze Nahtstelle Stadtgraben: Büro Larisch

S. 194/195: Abriss Leerstand // Lutherstadt Eisleben, Pilotprojekt Wohnquartier Lutherstraße/Badergasse, Januar 2004 // Photo: Büro für urbane Projekte

S. 196/197: Aufräumarbeiten // Lutherstadt Eisleben, Pilotprojekt Wohnquartier Lutherstraße/Badergasse, Juni 2004 // Photo: Büro für urbane Projekte

S. 198/199: Nachnutzungskonzept Freiraum // Lutherstadt Eisleben, Pilotprojekt Wohnquartier Lutherstraße/Badergasse, Juli 2004 // Graphik/Projekt: Kerstin Faber, René Weißbarth // Modellstudien/Photo: Landschaftsarchitekturbüro Därr

S. 200/201: „Sesam öffne dich" // Lutherstadt Eisleben, Konzept für Sammelaktion von Türen zur Markierung von Freiraumpotenzial für Neunutzung, Juli 2004 // Collage: Kerstin Faber

S. 202–205: „Weltkulturerbe – Luthergeburtshausensemble 2006" // VOF-Verfahren, Lutherstadt Eisleben, Oktober/November 2004 // Photo: René Weißbarth // Teilnehmer: Pitz & Hoh. Werkstatt für Architektur und Denkmalpflege GmbH und Lohrer Hochrein; Anderhalten Architekten; Springer Architekten; Acerplan GmbH und Gernot Schulz: Architektur; Busmann + Haberer Gesellschaft von Architekten mbH; Arge Schneider + Schuhmacher, Rufert + Partner, Brendel Ingenieure; Rittmannsperger + Partner

S. 208–213: Lesbarmachen neuer Raumsituationen // Dessau, September 2004 // Photo: Maria Zander, Henry Mertens

S. 227: Organigramm Planungswerkstatt // Graphik: Doreen Ritzau

S. 228–237: Zeitlich und räumlich flexibles Stadtumbaukonzept // Dessau, Planungswerkstatt „Heidestraße Nord" Stiftung Bauhaus Dessau // Ergebnisse, September 2004 // Projektleiter: Heike Brückner, Martin Stein, Visualisierung: René Weißbarth, Graphik: Kerstin Faber, Layout: Doreen Ritzau // Photo: Maria Zander, Henry Mertens

S. 240–245: „Optimator" // Kommunikationsprojekt in Aschersleben, Juli 2004 // Photo/Projekt: Kerstin Faber, René Weißbarth

S. 248–251, 254–257: „Der Innenstadtring – Schnittstelle im Stadtgefüge" // IBA-Thema Aschersleben // Kai Vöckler, Ralf Niebergall, Tom Unverzagt, Heike Sperling, Katharina Schütze, Jörg Schlinke, Detlef Weitz

S. 260/261: Hybridwall // Sprayaktion in Aschersleben, Mai/Juni 2004 // Photo: Anne Rudolph

S. 262–267: Hybridwall // Fertigstellung in Aschersleben, Juni 2004 // Photo: Detlef Weitz, chezweitz